Gütersloher Taschenbücher / Si[illegible]stern 233

Was glauben die andern?

27 Selbstdarstellungen

Im Auftrage des Bildungswerkes der Arbeitsgemeinschaft der Kirchen und Religionsgesellschaften e. V.
herausgegeben von Kurt Eberhardt

Gütersloher Verlagshaus
Gerd Mohn

Originalausgabe

CIP-Kurztitelaufnahme der Deutschen Bibliothek

Was glauben die anderen?: 27 Selbstdarst. / im Auftr. d. Bildungswerkes d. Arbeitsgemeinschaft d. Kirchen u. Religionsges. e. V. hrsg. von Kurt Eberhardt. – 3. Aufl., 21.–24. Tsd. – Gütersloh: Gütersloher Verlagshaus Mohn, 1985.

(Gütersloher Taschenbücher Siebenstern; 233)
ISBN 3-579-03633-5

NE: Eberhardt, Kurt [Hrsg.]; GT

ISBN 3-579-03633-5

3. Auflage (21.–24. Tsd.), 1985

Gesamtherstellung: Clausen & Bosse, Leck
Umschlagentwurf: Dieter Rehder, Aachen
Printed in Germany

Inhalt

Vorwort

Das vorliegende Werk muß auf dem Hintergrund einer interkonfessionellen Zusammenarbeit gesehen werden, die seit drei Jahrzehnten in Berlin praktiziert wird. Unsere Arbeitsgemeinschaft stellt sich dem Leser in dieser einführenden Darstellung vor.
In der Vier-Sektoren-Stadt bahnte sich 1945 ein Zusammenschluß aller religiösen Kreise an. Er konstituierte sich am 14. April 1947 in der »Arbeitsgemeinschaft der Kirchen und Religionsgesellschaften in Groß-Berlin« (AKR). Auf Initiative von Propst D. Heinrich Grüber, der unermüdlich die notwendigen Vorarbeiten leistete, wurde eine Satzung beschlossen und von folgenden Persönlichkeiten unterzeichnet:

Bischof D. Dibelius für die Evangelische Kirche,
Pfarrer Tomberge für die Römisch-Katholische Kirche,
Siegmund Weltlinger für die Jüdische Religionsgemeinschaft,
Superintendent Pieper für die Evangelisch-Freikirchliche Gruppe,
Superintendent Grube für die Evangelisch-Lutherischen Freikirchen,
Pfarrer Dr. Buchta für die Altkatholische Kirche und
Pfarrer Dr. Vermehren für die Christengemeinschaft.

Der Nationalsozialismus hatte zahlreiche Religionsgemeinschaften verfolgt oder verboten. Erst nach seiner Zerschlagung konnte ein neuer Anfang gemacht werden. Wichtige Impulse gingen hierbei von führenden Persönlichkeiten des religiösen Lebens aus, die aus Gefängnissen oder Konzentrationslagern zurückkehrten. Angesichts der Bedrohung, die sie existentiell erfahren und erlitten hatten, waren sie innerlich aufgeschlossen, »für die Werte und die Freiheit religiösen Wirkens gemeinsam einzutreten«, wie es in der Präambel zur Satzung heißt. Dreißig Glaubensgemeinschaften nahmen damals diese Einigungsformel an. Wer das Spannungsfeld des religiösen Lebens kennt, versteht das Maß an Einsicht, das hierin zum Durchbruch gekommen war. Der Berliner Ökumeniker und Sozialpfarrer Dr. Harald Poelchau († 1972) wies kurz vor seinem Tode darauf hin, daß die AKR ein praktisches Beispiel gegeben hat für »Partnerschaft und Gleichberechtigung von Kirchen und Religionsgemeinschaften«. So lautet der Titel seines Aufsatzes, der am Schluß dieses Bandes wiedergegeben ist; darin wird der Leser über die vielseitigen Aktivitäten der AKR informiert.

1954 veröffentlichte die AKR in erster und zweiter Auflage das Sammelwerk »Was glauben die andern?«. Dieses Buch wird hiermit in einer völlig neuen Bearbeitung vorgelegt. Es ist als Lehrbuch, Quellenband und Nachschlagewerk anzusprechen. Die Mitgliedsgemeinschaften der AKR geben darin Auskunft über ihre Geschichte, Glaubensgrundlagen und gestaltende Kräfte in Frömmigkeit, Lebensformen, Dienst und Sendung. So haben ihre Beiträge den Charakter von authentischen Äußerungen. Aus verschiedenen Gründen hat es mehr als zwanzig Jahre gedauert, bis die vorliegende Neuausgabe erscheinen konnte. Sie unterscheidet sich von den beiden ersten Auflagen insofern, als die eingereichten Aufsätze zunächst von einem interkonfessionell zusammengesetzten Redaktionskomitee durchgearbeitet und gegebenenfalls mit den Autoren besprochen wurden. Dem Herausgeber Kurt Eberhardt und seinen Mitarbeitern sei für diese verantwortungsvolle Arbeit besonders gedankt. So kann die Dokumentation als Ausdruck gegenseitigen Vertrauens und als erfreuliches Ergebnis einer langjährigen Zuammenarbeit gewertet werden.

Der Leser gewinnt mit diesem Sammelwerk nicht nur Kenntnis anderer Glaubensformen; er wird darüber hinaus zur Vertiefung des eigenen Glaubens angeregt. Angesichts des Umbruchs der Zeiten, den wir erleben, stehen wir alle vor der Frage nach der Wirksamkeit des göttlichen Geistes. In unserer Arbeitsgemeinschaft stellen wir uns dieser Frage, um zu Sammlung und Sendung gemeinsam befähigt zu werden.

Dr. Hermann Delfs
Archivar der Evangelischen Kirche in Deutschland

Berlin, den 14. April 1977

Vorwort zur 2. Auflage

Wenige Monate, nachdem dieses Taschenbuch im August 1977 wieder erschienen ist, mußte die 2. Auflage hergestellt werden. Dies ist ein Zeichen dafür, daß das Buch einem wirklichen Bedürfnis entspricht, es hat eine Lücke in der ökumenischen Literatur ausgefüllt. Die Aufsätze sind in dieser 2. Auflage wenig verändert worden; nur einzelne Autoren hielten es für nötig, Korrekturen anzubringen. Völlig neu gestaltet wurde aber das am Schluß des Buches befindliche Namen- und Sachregister. Helga Tönges und Dr. Hermann Delfs vom Archiv der Evangelischen Kirche in Deutschland unterzogen sich dankenswerterweise dieser Mühe; sie haben damit ein wichtiges Orientierungsmittel für dieses Buch geschaffen.

Berlin, 1. Februar 1978 *Kurt Eberhardt*

Die altkatholische Kirche

1. Geschichte

Die altkatholische Kirche ist entstanden aus dem Abwehrkampf gegen die beiden römisch-katholischen Glaubenssätze von der Lehrunfehlbarkeit und dem bischöflichen Alleinanspruch des Papstes, die auf dem I. Vatikanischen Konzil 1869/70 verkündet wurden. Ursprünglich lehnten viele Bischöfe und Theologen die neuen Dogmen als der katholischen Lehre widersprechend ab. Ihr geistiger Führer war einer der damals bedeutendsten Theologen, der Münchener Stiftspropst Prof. Ignaz von Döllinger. Mit ihm verbanden sich führende Theologen und Laien und taten im August 1870 in der sog. Nürnberger Erklärung den ersten Schritt zum Zusammenschluß der altkatholischen Bewegung. Diese Erklärung berief sich auf den Grundsatz des Vinzenz von Lerin (gest. um 450), daß nur das als verbindliche katholische Lehre zu gelten habe, »was immer, überall und von allen geglaubt worden ist«. Auf diesem Grundsatz ist das Glaubensverständnis der altkatholischen Kirche aufgebaut. Diese Zusammenhänge erklären und rechtfertigen auch den Namen, den sich die Gemeinschaft gegeben hat: »altkatholisch«. Man verstand sich gegenüber den neuen Lehren des Vatikanums als Bewahrer der alten katholischen Lehre und sah in der Rückkehr zu den Lehren und Prinzipien der alten, ungeteilten Kirche des 1. Jahrtausends Aufgabe und Berufung. An vielen Orten im Westen und Süden Deutschlands bildeten sich »Alt-Katholiken-Vereine«, deren Mitglieder durch die Exkommunikation gezwungen wurden, sich eine eigene kirchliche Heimat zu schaffen. So ist in zäher Arbeit gegen schwerste Widerstände langsam aus der altkatholischen Bewegung die altkatholische Kirche hervorgegangen. Für diese Kirchenbildung waren die ersten drei Altkatholiken-Kongresse (1870–1873) grundlegend.

Am 4. Juni 1873 wurde der bisherige Breslauer Theologieprofessor Dr. Josef Hubert Reinkens zum Bischof der deutschen altkatholischen Kirche gewählt und von den Regierungen in Preußen, Baden und

Hessen als »Katholischer Bischof der Altkatholiken des Deutschen Reiches« anerkannt und vereidigt. Die Bischofsweihe empfing der Gewählte durch einen Bischof der altkatholischen Kirche Hollands, Bischof Heykamp von Deventer. In Holland bestand nämlich eine von der römisch-katholischen Jurisdiktion getrennte, selbständige katholische Kirche schon seit 1723, sie nannte sich »Römisch-Katholische Kirche der alt-bischöflichen Klerisei«; jetzt heißt sie auch »altkatholisch«. Da Rom die Gültigkeit der holländischen Weihen anerkannte, war der deutsche altkatholische Bischof gültig geweiht, die sog. successio apostolica gewahrt. Der Sitz des deutschen Bischofs war und ist heute noch Bonn. Die Regierungen von Preußen und Baden haben in den sog. »Alt-Katholikengesetzen« die altkatholische Kirche als »Katholische Kirche« und als Körperschaft öffentlichen Rechts anerkannt und ihr den Mitgebrauch von Kirchen, Friedhöfen und den alten katholischen Pfründen eingeräumt.

2. Lehre und Kultus

Getreu ihrer Verpflichtung auf die alte und ungeteilte Kirche haben die Altkatholiken kein eigenes Glaubensbekenntnis aufgestellt und keine Sonderlehren. Sie anerkennen als einzige Bekenntnisgrundlage »den Glauben der ganzen Kirche, wie er in den ökumenischen Symbolen, im apostolischen und nicäischen Glaubensbekenntnis und in den allgemein anerkannten dogmatischen Entscheidungen der allgemeinen Konzilien des 1. Jahrtausends ausgesprochen ist«. Die Tradition ist nicht Quelle des Glaubens – das ist und bleibt allein die Heilige Schrift –, sie gilt aber als regulatives Prinzip der Wahrheitsfindung und bezeichnet die Grenzen der christlichen Lehrbildung.
In der Rechtfertigungslehre vertritt sie den Standpunkt, »daß der durch die Liebe wirksame Glaube, nicht der Glaube ohne die Liebe das Mittel und die Bedingung der Rechtfertigung des Menschen vor Gott ist«. Die Heiligenverehrung wird in dem Sinne verstanden, daß die Heiligen unsere Vorbilder und Zeugen der göttlichen Kraft und Liebe sind. Die altkatholische Kirche hält an der Siebenzahl der Sakramente fest, ist sich jedoch bewußt, daß die Feststellung dieser Zahl erst im 12. Jahrhundert in die Lehre der Kirche aufgenommen wurde. Taufe und Abendmahl sind die wichtigsten Sakramente. Die hl. Kommunion (Abendmahl) wird überall in beiderlei Gestalt gespendet, vielfach in der Form des Eintauchens der konsekrierten Hostie in den konsekrier-

ten Wein (Intinktion). Der Altkatholik glaubt, daß er unter den Gestalten von Brot und Wein den lebendigen, gegenwärtigen Herrn empfängt. Die römisch-katholische Lehre von der Transsubstantiation[1] wird als Erklärungsversuch abgelehnt; denn das Geheimnis der Eucharistie läßt sich begrifflich nicht deuten.
Im Kultus hat die Kirche gegenüber der römisch-katholischen Praxis einschneidende Reformen im altkirchlichen Sinne durchgeführt. Bedeutend war die Einführung der Landessprache in der ganzen Liturgie, also bei der Sakramentenspendung und vor allem in der Eucharistie. Ihre Liturgie ist gegenüber dem Missale Romanum (Römisches Meßbuch) vereinfacht; Meßstipendien und Privatmessen gibt es nicht. Das Pflichtzölibat der Geistlichen und der Zwang zur Ohrenbeichte ist abgeschafft; freiwillig sind Beichte und Zölibat vorhanden. Prozessionen, Rosenkranzgebet, Reliquienverehrung und Formen der unbiblischen Marienverehrung werden abgelehnt.

Ökumenische Gesinnung
Aus ihrem Verständnis der Katholizität will die altkatholische Kirche der Wiedervereinigung aller Christen und Kirchen dienen. Wiedervereinigung wird dabei nicht verstanden als das gewaltsame Einzwängen der verschiedenen Bekenntnisse in die Uniformität einer Einheitskirche. Gemeint ist vielmehr das Bekenntnis des einen Glaubens, der die wesentlichen Grundwahrheiten des christlichen Glaubens in den verschiedenen Bekenntnisformen zusammenfaßt. Seit Gründung des Weltrates der Kirchen ist die altkatholische Kirche aktives Mitglied der ökumenischen Bewegung und beteiligt sich an allen wichtigen ökumenischen Konferenzen.
Mit der Kirche von England seit 1931 in voller Sakramentsgemeinschaft, erhofft sich die altkatholische Kirche durch ein Panorthodoxes Konzil die volle kirchliche Union mit den orthodoxen Kirchen und hält von sich aus Sakramentsgemeinschaft mit der römisch-katholischen Kirche für möglich und erwünscht. Eine »Vereinbarung« zwischen der altkatholischen und der römisch-katholischen Kirche soll in Notfällen den Mitgliedern beider Kirchen den Sakramentenempfang ermöglichen, und zwar sowohl in der einen wie in der anderen Kirche.

1. Wesensverwandlung. Verwandlung der Substanz des Brotes und des Weines in die Substanz des Leibes und Blutes Christi. Dabei bleiben die äußeren Gestalten von Brot und Wein erhalten, werden aber ihrem Wesen nach verwandelt.

Diese 1975 gefaßte und von beiden Kirchen gebilligte Vereinbarung bedeutet einen ersten Schritt zur vollen Sakramentsgemeinschaft.

3. Rechtsform und Organisation

Die altkatholischen Kirchen sind in den verschiedenen Ländern selbständige Bistümer mit bischöflich-synodaler Verfassung. Das Bistum der Altkatholiken in Deutschland wurde 1874 gegründet. 1889 schlossen sich die altkatholischen Kirchen Deutschlands, der Niederlande und der Schweiz[2] zur Utrechter Union zusammen, die regelmäßige Konferenzen der altkatholischen Bischöfe unter dem Vorsitz des Erzbischofs von Utrecht abhält. Unter Wahrung ihrer Eigenständigkeit schufen sie in der gemeinsamen Bischofskonferenz ihr Organ für die geistliche Koordination und die gesamte kirchliche Vertretung. Später traten der Union bei die altkatholische Kirche Österreichs und der Tschechoslowakei, die Polnische Katholische Nationalkirche in Amerika, die Polnisch-Katholische Kirche in der Volksrepublik Polen sowie die drei zum Bund altkatholischer Kirchen in Jugoslawien zusammengeschlossenen Kroatischen, Serbischen und Slowenischen Nationalkirchen. Eine altkatholische Mission gibt es in Paris und in Italien.
Die Leitung der Landeskirchen bzw. Bistümer untersteht, soweit das Hirtenamt in Frage kommt, den einzelnen Bischöfen. In der kirchlichen Verwaltung sind jedoch die Bischöfe an die Beschlüsse der Synode gebunden, einer aus Geistlichen und Abgeordneten der Gemeinden bestehenden Kirchenversammlung. Die Synode ist das Organ der kirchlichen Verwaltung und Gesetzgebung; sie genehmigt den Haushaltsplan, bildet die oberste Berufungsstelle im Dienst- und Strafverfahren, wählt die Schöffen zum Synodalgericht, den Synodalrat, den Bischof auf Lebenszeit. Der Synodalrat stellt die aus Geistlichen und Laien gewählte Vertretung der Synode dar, die Verwaltungs- und Leitungsaufgaben hat, er ist also ein dauernder Beirat des Bischofs. In allen Verwaltungsfragen ist der Bischof an die Zustimmung des Beirats gebunden. Wenn das Bischofsamt vorübergehend nicht besetzt ist, übernimmt der Synodalrat die Leitung der Kirche, ernennt den Bistumsverweser und bereitet die Bischofswahl vor. Der Bischof kann mit Zustimmung des Rates einen Generalvikar bestellen.
Auch in der Gemeindeversammlung kommt der synodale Charakter

2. In der Schweiz ist die Bezeichnung der Kirche »Christkatholisch«.

zum Ausdruck. Wohl ist der Geistliche in den seelsorgerischen Angelegenheiten selbständig und nur dem Bischof verantwortlich; in Verwaltungsfragen jedoch entscheidet der Kirchenvorstand, der wiederum der Gemeindeversammlung verantwortlich ist. Diese wählt auch den Pfarrer und die Abgeordneten zur Synode.

Als Körperschaft öffentlichen Rechts erhebt die altkatholische Kirche von ihren Gemeindegliedern Steuern. Die Eingliederung in die altkatholische Kirche erfolgt durch die Taufe, sie wird in der Firmung zum bewußten Bekenntnis. Bei Übertritten in die altkatholische Kirche wird die von anderen Kirchen vollzogene Taufe anerkannt, dasselbe gilt für die Ehe.

Die altkatholische Kirche hat ca. 500000 Mitglieder in Europa und in den Vereinigten Staaten. In der Bundesrepublik Deutschland sind 25000 Mitglieder in 43 selbständigen Kirchengemeinden und 156 Nebengemeinden erfaßt. Die Struktur ist gekennzeichnet von der Diasporasituation. Der Bischofssitz ist in Bonn a. Rh. Dort befindet sich außerdem ein Theologisches Seminar an der Universität.

Versucht man, das Anliegen der altkatholischen Kirche auf einen Nenner zu bringen, so will diese Kirche eine offene, katholische Kirche sein, in der die echte Freiheit und die Gewissenshaltung ihrer Glieder entscheidend sind für das Leben aus der Kraft und Seinsmacht des lebendigen Herrn Jesus Christus.

4. Literatur

Schulte, Joh. Friedrich von: Der Altkatholizismus. Geschichte seiner Entwicklung, inneren Gestaltung und rechtlichen Stellung in Deutschland, Aalen; Scienta-Verlag 1965.

Herzog, Eduard: Der religiöse Standpunkt der christkatholischen Kirche, Basel; Christkathol. Schriftenlager 1920.

Demmel, Hans Josef: Was ist alt-katholisch? Bonn 1966 (in Neubearbtg.).

Küry, Urs: Die alt-katholische Kirche, Stuttgart 1966.

Conzemius, Victor: Katholizismus ohne Rom, Zürich und Köln: Benziger Verlag 1969.

Krahl, Wolfgang: Ökumenischer Katholizismus, hg. von der Bonner alt-katholischen Parochie St. Cyprian, 1970.

Das Altarbuch. Rituale für Kasualien und Verwaltung der Sakramente. Katechismus, Biblische Geschichte und ein Abriß der Kirchengeschichte. Kirchliche Ordnungen und Satzungen, hg. von der Bischöfl. Kanzlei Bonn, 1967.

Zeitschriften

Amtliches alt-katholisches Kirchenblatt, hg. von der Bischöflichen Kanzlei Bonn.
Internationale Kirchliche Zeitschrift (erscheint vierteljährl.), Bern: Verlag Stämpfli und Cie.
Alt-katholisches Jahrbuch, Bonn.
Alt-katholische Kirchenzeitung, Bonn.
Anschrift des Katholischen Bistums der Altkatholischen Kirche in Deutschland: Gregor-Mendel-Str. 28, 5300 Bonn.

Pfarrer Benno Schöke

Das Apostelamt Jesu Christi

1. Geschichtliche Grundlagen

Die geschichtliche Gründung des Apostelamtes wurde mit der Berufung und dem Einsatz der Jünger Jesu vollzogen. Christus legte nach den Worten des Neuen Testaments alle Vollmachten und die Verantwortung seiner Hirtenschaft in die Hände der Apostel. Er gab ihnen den Sendungsauftrag, seine Lehre zu verbreiten, die Völker in seinem Namen zu taufen, den Heiligen Geist zu spenden, Sünden zu erlassen und zu behalten (Matthäus 28,19–20; Apostelgeschichte 19,3 ff.; Johannes 20,23). Das Apostelamt wurde damit das Fundament des christlichen Lebens. Die ersten Christen waren apostolisch Gläubige. Christus gab dazu seine Verheißung dieser immer geltenden Wahrheit: »So ihr bleiben werdet an meiner Rede, so seid ihr meine rechten Jünger« (Johannes 8,31). Und die Apostelgeschichte (2,42 und 46) beschreibt den weiteren Weg: »Sie blieben beständig in der Apostellehre und in der Gemeinschaft und im Brotbrechen und im Gebet.«
Die Heilige Schrift schildert, wie neue Apostel nach der Kreuzigung Christi erstanden, z. B. Apostel Matthias und Apostel Paulus, der auch für seine Gemeinden Apostel einsetzte. Die Berufung von Aposteln hat seit dieser Zeit nicht aufgehört. Sie sind nach Aussage der Bibel der Grund der erbauten Gemeinschaft in Christo Jesu. Im Epheserbrief steht (4,11): »Und er hat etliche zu Aposteln gesetzt, etliche aber zu Propheten, etliche zu Evangelisten, etliche zu Hirten und Lehrern«. Im 1. Korintherbrief heißt es 12,28: »Und Gott hat gesetzt in der Gemeinde aufs erste die Apostel ...«
In Deutschland trat diese apostolische Lehre und damit das Apostelamt erst in der Neuzeit an die Öffentlichkeit. Besonders seit dem 19. Jahrhundert fand es eine stärkere Entwicklung in Mitteldeutschland. Der Gründer des heutigen »Apostelamtes Jesu Christi« ist Apostel Juda (Julius Fischer). Nach einer göttlichen Offenbarung begann er am 2. Mai 1902 mit dem Aufbau dieses Werkes. Er ging aus der apostolischen Lehre hervor. Bis dahin bekleidete er das dienstliche Amt eines

Ältesten bei den Reformiert-apostolischen Gemeinden, die sich aus den Katholisch-apostolischen Gemeinden entwickelt hatten (1894). Der wesentliche Anlaß zur Gründung des Apostelamtes – unter dem Namen Juda – war die Abkehr von immer wieder neu gesetzten Daten des Weltunterganges. Gerade um das Jahr 1900 war die Endzeiterwartung in vielen christlichen Kreisen besonders groß. Die Hauptaussage des Apostelamtes war: Christus ist bei uns alle Tage, wir brauchen auf keinen Weltuntergang zu warten. Die Gemeinschaft ist der Leib Christi. Er selbst ist das Haupt (Epheser 4,15ff.). Im Laufe der Jahre wurden weitere 12 Apostel berufen. Nach dem Heimgang des Apostels Juda (2. 3. 1923) trat ein von ihm bereits am 20. 2. 1921 berufener Apostel namens Simeon in seine Nachfolge. Die Gemeinschaft erhielt darauf den Namen »Apostelamt Simeon in Jacobsgeschlecht«. Dieser Apostel führte das Werk bis zum 3. Januar 1933. Nach seinem Abschied von der Erde übernahm sein Prophet die Leitung des Apostelamtes. Am 20. Februar 1933 erhielt dieser nach einer prophetischen Offenbarung den Namen Apostel Naphthali.
Am 5. November 1934 wurde das Apostelamt lt. Verfügung der Geheimen Staatspolizei verboten und aufgelöst, das kirchliche Eigentum wurde beschlagnahmt und eingezogen. Schwere Jahre der Prüfung und Läuterung folgten. Viele Amtsbrüder und Gemeindemitglieder wurden verhaftet und z. T. verurteilt. Die seelsorgerische Arbeit wurde aber trotzdem – oft unter Lebensgefahr – fortgeführt. Nach dem Zweiten Weltkrieg nahm das Apostelamt seine öffentliche Tätigkeit in Deutschland wieder auf. Am 20. 2. 1947 erhielt das Apostelamt seinen endgültigen Namen »Apostelamt Jesu Christi«. Der Hauptsitz ist Berlin.

2. Lehre und Glaubensgrundlagen

Die Lehre des Apostelamtes steht auf dem Grund der Heiligen Schrift, dem Alten und Neuen Testament. Die Umsetzung der biblischen Lehren in Rat und Tat für die heutige Zeit und für das Ziel des ewigen Lebens sind Hauptanliegen der Verkündigung. Menschen, die ihre Glaubensheimat verloren oder noch nicht gefunden haben, wird die Gemeinschaft in Jesus Christus angeboten. Außerdem will das Apostelamt der Christenheit eine Hilfe sein, die kraftvollen Quellen des ersten christlichen Lebens wieder freizulegen und zu veredeln. Das Apostelamt achtet jeden Gottesglauben, gleich welchen Bekenntnis-

ses. Mit dem Streben »Näher mein Gott zu dir!« wird jeder Gläubige dazu angehalten, die höchste Form göttlichen Glaubens für sich zu finden.
Die wichtigsten Merkmale der Lehre des Apostelamtes Jesu Christi, die z. T. Besonderheiten darstellen, sind die folgenden:

1. Das Apostelamt Jesu Christi verkündet keine besondere Wiederkehr des Heilandes Jesus Christus, verbunden mit einem »Jüngsten Gericht«, einem »Weltuntergang« im wörtlichen Sinne. Es erkennt die Aufzeichnungen der Bibel über die Wundertaten Christi und geschichtlichen Ereignisse an und bestreitet nicht, daß in Zukunft ähnliches geschehen kann. Es erklärt alle Worte der Bibel als »Brot des Lebens« – auch für heute –, als Speise für den inwendigen Menschen. Sie hat nur dann einen Wert, wenn das Wirken und Schaffen Gottes in seiner Dreieinigkeit auch in der Gegenwart erkannt wird. – Jesus Christus ist nicht nur den Kreuzestod gestorben, sondern er ist auch auferstanden. Er wirkt immer; denn die Bibel beweist Gottes Wirken als Vater, Sohn und Heiliger Geist zu jeder Zeit. Deshalb sprach Christus: »Ehe denn Abraham ward, bin ich« (Johannes 8,58). Jesus war der Name des Menschensohnes, und Christus ist der Name des göttlichen Sohnes, der immer da war und wirkte. Der Irrtum im Glauben ist von alters her, die jeweiligen Söhne Gottes nicht zu erkennen und immer eine besondere Erscheinungsform zu suchen. Die Verheißungen im Alten Testament vom Kommen des Messias, vom Kommen des göttlichen Sohnes lauteten: »Ein neuer Himmel, eine neue Erde werden erstehen ..., die Berge werden zu Tälern werden ..., alle Könige werden ihm zu Füßen fallen . .« Weil sich diese Verheißungen nicht wörtlich im Sinne irdischen Denkens vollzogen haben, wurde Jesus Christus nur von einer Minderheit erkannt. Man wartete weiter auf den Gottessohn, auf einen neuen Himmel und eine neue Erde. Man wollte einen König haben, wie er im Alten Testament buchstäblich verheißen war. Die geistige Sprache der Propheten wurde nicht verstanden. So sind Himmel und Erde schon oftmals vergangen, ohne daß es für die natürlichen Augen sichtbar war. Gott hat mit seinem Wirken nie die Erde verlassen. Er wäre sonst ein Ungerechter, und Christi Worte wären nicht Wahrheit: »Ich bin bei euch alle Tage« (Matthäus 28,20). Die Offenbarung des Johannes wird in diesem Zusammenhang nicht als Verheißung für einen bestimmten Zeitpunkt der Menschheitsgeschichte angesehen, der sich erst erfüllen muß. Das Apostelamt Jesu Christi lehrt, daß sich diese Offenbarung

des Johannes bereits erfüllt hat und sich zu allen Zeiten für den Menschen erfüllt, dessen Augen im geistlichen Leben sehend geworden sind.

2. Der Mittelpunkt des Glaubens an den dreieinigen Gott als allmächtigen Schöpfer Himmels und der Erde ist der wahre »lebendige Glaube«, ist der »Glaube an Gott im Fleisch«. Denn wie es bei Mose hieß: »Du sollst sein Gott sein« (2. Mose 4,16), so sprach auch Christus: »Niemand kommt zum Vater denn durch mich (Johannes 14,6). Den damals Gläubigen hat nicht allein der Glaube an Gott als allmächtigen Schöpfer Himmels und der Erde geholfen, sondern dieser Glaube war tot, wenn nicht der Sohn (Gott im Fleisch) erkannt wurde (vgl. 1. Johannes 4,2–3).
So rief Christus aus: »Das ist aber das ewige Leben, daß sie dich, der du allein wahrer Gott bist, und den du gesandt hast, Jesum Christum, erkennen« (Johannes 17,3). Auch die Jünger Jesu, seine Apostel, taten viele Zeichen und Wunder mit dem Hinweis, daß es nicht ihre Kraft sei, sondern die Kraft Jesu Christi in ihnen.

3. Die Gaben des Heiligen Geistes wirken auch heute: Weisheit, Erkenntnis, Glaube, Wunder zu tun, Weissagung, Geister zu unterscheiden, mancherlei Sprachen und sie auszulegen (1. Korinther 12). Wie sich die Kraft des Heiligen Geistes einst durch Menschen offenbarte, so bleiben diese Grundlagen allein entscheidend dafür, daß nicht menschliche Weisheit, sondern der Heilige Geist die Menschen in alle Wahrheit leitet. So sind auch Neu-Offenbarungen durch Gaben des Gesichtes zusätzliche Wegweiser und Hilfen für Glaubensentscheidungen.

4. Die Berufung der Diener Gottes erfolgt ohne Ansehen der Person, ohne Vorbedingung eines theologischen Studiums, allein aufgrund göttlicher Offenbarung. Nach den Aufzeichnungen der Heiligen Schrift waren alle Diener Gottes aus dem Volk, deren Eignung von den Mitmenschen fast ausnahmslos angezweifelt wurde. Göttlicher Geist ist nicht auf Schulen zu erlernen oder zu erkaufen, er ist Gnade. Wohl gehört die Kenntnis vom Worte Gottes zum Wirken in Gott; jedoch gibt das Verhalten der von menschlicher Obrigkeit berufenen Seelenhirten, der Pharisäer und Schriftgelehrten gegenüber Christus, und das Bekenntnis des Paulus den Beweis: »Der Buchstabe tötet, der Geist macht lebendig!« (2. Korinther 3,6).

5. Die dienenden Ämter des Apostelamtes arbeiten grundsätzlich ehrenamtlich; eine Bezahlung, auch bei kirchlichen Handlungen, erfolgt nicht. Dies ergibt sich aus dem Gebot Christi: »Umsonst habt ihr's empfangen, umsonst gebt es auch!« (Matthäus 10,8). Wie jeder im Alten Testament geschilderte Niedergang mit der Überschätzung irdischer Reichtümer zum Erkaufen göttlicher Gnade und göttlichen Segens begründet ist, so wandte sich Jesus Christus gegen ein Erkaufen und Verkaufen göttlichen Heils mit irdischen Gütern. Auch Petrus sagte zu Simon, der den Geist Gottes erkaufen wollte: »Daß du verdammt werdest mit deinem Gelde, darum daß du meinest, Gottes Gabe werde durch Geld erlangt!« (Apostelgeschichte 8,20). Bei Luther begegnet uns ebenfalls der Kampf gegen die Abhängigkeit vom Gelde.

6. Als Vollendung der Taufe mit Wasser steht als höchste Stufe die Taufe mit dem Heiligen Geist, die Versiegelung. Johannes der Wassertäufer war ein Vorläufer Christi und wies darauf hin, daß nach ihm Christus mit Feuer und dem Heiligen Geist taufen werde. So hat auch Paulus bei einem Besuch in Ephesus die dortige Gemeinde mit dem Heiligen Geist getauft, nachdem er erfahren hatte, daß sie nur die Wassertaufe des Johannes erhalten hatte (Apostelgeschichte 19,1–7). Die Wassertaufe ist das erste Bündnis mit Gott. Bei dem Apostelamt Jesu Christi kann nach der Vollendung des 12. Lebensjahres die Taufe mit dem Heiligen Geist erfolgen. Die Versiegelung wird als Segenshandlung durch Auflegung der Apostelhände vollzogen. – Während die Wassertaufe anderer Konfessionen anerkannt wird, kann eine Versiegelung nur erfolgen, wenn keine andere Kirchenzugehörigkeit besteht.

7. Alle Menschen sind vor Gott gleich. Wenn sie Gott als ihren Vater er- und bekennen, müssen sie untereinander Geschwister, Schwester und Bruder sein. Dies ergibt sich aus allen Briefen des Neuen Testaments. Damit stehen alle Angehörigen des Apostelamtes mit gleichen Rechten und Pflichten im Leben der Gemeinschaft der Glieder am Leibe Jesu Christi. Als Anrede gilt das »Du«.

8. Jede Gemeinde soll geistig gesehen wie eine Familie sein. Das Beispiel des guten Hirten ist in den Gemeinden so verkörpert, daß jeder Hirte (Priester) seine Schafe (Geschwister) kennt, so wie die Schafe ihren Hirten kennen. Deshalb verzichtet das Apostelamt auf

jede nominelle Zugehörigkeit. Durch Spenden oder Zuwendungen kann keine Mitgliedschaft erworben werden. Jeder Zustand, der Hilfe erfordert, ist dem Priester bekannt, und die entsprechende Betreuung erfolgt nach Wunsch und im Einvernehmen mit den Betroffenen.

9. Die Erhaltung und der Aufbau sämtlicher Einrichtungen wird durch freiwillige Spenden und Gaben der Mitglieder ohne jede bindende Verpflichtung nach Selbsteinschätzung gebracht. Auch für kirchliche Handlungen gibt es keine finanziellen Erhebungen, weil diese in ihrem Ablauf und in ihrer Wirkung nicht durch Geld beeinflußt werden können. Nur die Freiwilligkeit garantiert nach Auffassung des Apostelamtes einen Maßstab über den Wert und Unwert des Glaubens und seiner Verwirklichung.

10. Die Dienstkleidung der Amtsbrüder, die in Gottesdiensten oder bei kirchlichen Handlungen mitwirken, besteht aus einem schwarzen Anzug, weißem Oberhemd und entsprechender Krawatte. Dadurch wird die feierliche Form gewahrt, die dem Gläubigen eine Stütze für die Würde und Heiligkeit göttlicher Handlungen bietet.

3. Gottesdienst und Handlungen

Gottesdienst ist sonn- und feiertags. Sein Schwergewicht liegt in der Predigt, die als Aufgabe die Klärung und Auslegung eines jeweils vorgegebenen Textwortes hat. Die Textwortauswahl geht über den Rahmen der üblichen Bibellesezettel hinaus. Sie erfaßt alle wesentlichen Stellen des Alten und Neuen Testaments.
Als kirchliche Handlungen werden durchgeführt: Abendmahl, Wassertaufe, Versiegelung, Einsegnung, Trauung, Bestattung. Außerdem werden zu allen entscheidenden Lebenslagen Segnungen erteilt, z. B. zu Geburtstagen, bei besonderen Gedenk- und Feiertagen einzelner Personen oder Familien, in Krankheits- und Prüfungszeiten. Voraussetzung dafür ist die tiefe innere Zuneigung zur Gotteshilfe. Die Entscheidung für eine Segenshandlung liegt vornehmlich bei den Priestern und den höheren Ämtern.
Zur Pflege des Gemeindelebens werden Chorstunden, Religionsunterricht, Zeugnisdienste für Glaubenswerbung, Aufbaustunden zur Festigung der Glaubenserkenntnisse durchgeführt; auch gibt es Ge-

sprächszusammenkünfte. Ferner werden die Geschwister in gewisser Regelmäßigkeit von den Gemeindeämtern besucht.

4. Rechtsform und Organisation

Das Apostelamt Jesu Christi ist eine freie Religionsgemeinschaft, im Osten nach BGB, im Westen Körperschaft des privaten Rechtes (Eingetragener Verein). Sie verwaltet sich nach den allgemeingültigen Gesetzen selbst und genießt den Schutz des Staates wie jede andere Kirche.

Die Leitung ist zentral in einem Hauptamt zusammengefaßt und im Osten durch einen Stammapostel und im Westen durch einen Hauptapostel repräsentiert.

Regional gliedert sich die Betreuung der Gemeinden in Apostelbezirke. Jedem Apostel unterstehen Charakterämter (Propheten, Evangelisten, Hirten), Bischofsämter, Älteste und für die Gemeinden Priester, Diakone und Unterdiakone. Die ämterliche Berufung erfolgt durch die Apostel. Außer regionaler Zuordnung gibt es Amtsbrüder für Jugend-, Chor- und Sozialarbeit.

Das Apostelamt hat z. Zt. 182 Gemeinden in Deutschland und rund 1600 ehrenamtliche Ämter. In verschiedenen Ländern der Welt bestehen kleinere Gemeindepunkte.

Zur Lösung besonderer Aufgaben stehen ein Sozialwerk, ein Förderungswerk und Jugendgruppen zur Verfügung.

Nähere Auskünfte erteilt das Hauptamt: Apostelamt Jesu Christi, Chamissostr. 8, 1000 Berlin 20.

Prof. Horst Trubach

Apostolische Kirche – Urchristliche Mission

Die Apostolische Kirche in Deutschland ist Teil der weltweiten Apostolischen Kirche, die in 40 Ländern der Erde und auf allen Kontinenten Gemeinden hat. Die Größenordnungen sind dabei sehr unterschiedlich, sie liegen zwischen 50 Mitgliedern in einem neueröffneten Missionsfeld und mehreren hunderttausend in Afrika.
In Deutschland ist die Apostolische Kirche eine kleine Freikirche, die bereit ist, örtlich und überörtlich mit allen Christen und allen christlichen Gruppierungen, die sich auf das am Kreuz vollbrachte Erlösungswerk Jesu gründen, Kontakt zu pflegen.

Geschichte

Die Apostolische Kirche verdankt ihren Ursprung einer Erweckung in Wales (Großbritannien), die in den Jahren 1904/1905 in den Kohlenbergbaurevieren entstand und sich schnell über das ganze Land ausbreitete. Die Kirchen füllten sich an den Wochenenden mehrfach und für viele Stunden mit Menschen, die Gott suchten und bereit waren, ihr Leben zu ändern. Oft kam es zu keiner Predigt, weil Gottes Geist Erkenntnis der Sünde wirkte, so daß viele in öffentlichem Gebet und unter Tränen ihre Sünden bekannten und ihr Leben Gott weihten. Täglich berichteten die Zeitungen über große Versammlungen, die sehr lebendig verliefen. Nach dem Abklingen dieser Volksbewegung entstanden Hausgemeinschaften und neue Gruppen gläubig gewordener Menschen, in denen geistliche Gaben, wie sie im Neuen Testament beschrieben werden (1. Korinther 12 und 14), vor allem Prophetie, Krankenheilung, Sprachenrede (Glossolalie) und Auslegung wirksam wurden.
Zur Gründung der Apostolischen Kirche in Wales kam es im Jahr 1916 durch Prophetien, die schon seit 1910 über die persönliche Erbauung

der Gläubigen hinausgingen und direkte konkrete Anweisungen zur Bildung einer Gemeindeleitung nach dem Muster des Neuen Testaments enthielten. Durch derartige Prophetien wurden die Brüder Daniel und Jones Williams, zwei Bergarbeiter, der eine in den Apostel-, der andere in den Prophetendienst gerufen Im Laufe der Jahre folgten weitere Berufungen. Immer wieder hieß es in den prophetischen Äußerungen, daß der Herr Jesus seiner Gemeinde nicht nur die Vielfalt der geistlichen Gaben, sondern auch Dienste gegeben habe: Apostel, Propheten, Evangelisten, Hirten und Lehrer (Epheser 4,11). Man verstand die Benennung bestimmter Männer durch die Prophetie nicht als die eigentliche Berufung, sondern als Aufruf des Heiligen Geistes an die Gemeinde. Sie sollte die ewige Erwählung (Epheser 1,4) und die persönlich erfahrene Berufung dieser Männer nun ihrerseits anerkennen und sie unter Handauflegung zum Dienst aussondern (Apostelgeschichte 13,1–3). Dadurch kam es zu einer besonders geprägten Entwicklung der Apostolischen Kirche.

In Schottland, England und Irland waren unabhängig von der Entwicklung in Wales ähnliche Gemeinschaften entstanden, die durch prophetische Äußerungen und Anweisungen aufeinander aufmerksam wurden. Bis zum Jahre 1922 fanden die Gemeinschaften der vier Teile Großbritanniens zusammen und begannen eine gemeinsame Missionsarbeit in einigen Kolonien des Vereinigten Königreichs.

Die Apostolische Kirche in Dänemark entstand im Jahre 1924. Zunächst schlossen sich hier 700 Mitglieder des »Evangeliehuset« in Kopenhagen der Kirche an. Bald darauf folgten Gruppen von gläubigen Menschen, die mit dem Heiligen Geist erfüllt worden waren und die völlige Wiederherstellung der Gemeinde Jesu mit allen Gaben, Diensten und Kräften des Urchristentums ersehnten.

Nach dem Zweiten Weltkrieg kam durch Führung des Herrn eine Verbindung zwischen der Apostolischen Kirche in Dänemark und der Gemeinde für Urchristentum in der deutschsprachigen Schweiz zustande. Sie besteht fort in einem regen Austausch von Dienern und hier besonders von theologischen Lehrern sowie in der gemeinsamen Wahrnehmung von Missionsaufgaben.

In Deutschland ist die Apostolische Kirche seit 1953 konstituiert und erhielt die zusätzliche Bezeichnung »Urchristliche Mission«[3]. Die ersten Gemeinden entstanden seit etwa 1950 in Berlin und Hamburg unter Mitwirkung dänischer und englischer Brüder, die im apostoli-

3. Erläuterung hierzu am Schluß dieser Darstellung.

schen oder im prophetischen Dienst tätig waren. Sie erhielten finanzielle Unterstützung durch die dänischen und schweizerischen Gemeinden. In den folgenden Jahren bildeten sich Gemeinden in Uelzen, Mülheim, Memmingen und Siegen mit jeweils 50 bis 100 Mitgliedern. Die deutschen Gemeinden unterstützen die apostolische Bewegung in Ungarn, die dort etwa 3000 Mitglieder zählt. Von Deutschland aus wurde auch ein Gemeindewerk in Spanien gegründet. Außerdem fördern die deutschen Gemeinden das Missionswerk in Indien, das von der Apostolischen Kirche in Großbritannien ins Leben gerufen wurde.

Lehre

In der Lehre ist die Apostolische Kirche bibeltreu. Das persönliche Lebensverhältnis des einzelnen zu Jesus Christus als dem Herrn und die Gestaltwerdung des neuen Menschen nach dem Bild Jesu ist das Ziel aller Verkündigung, Lehre und Seelsorge. Durch die Sünde ist der Mensch von Gott getrennt. Er kann nur in einer von Gott gewirkten Wende und nicht aus eigener Anstrengung heraus neu werden. Eine solche Lebenswende erfährt er, wenn Gottes Geist ihm das Werk Christi vergegenwärtigt und er es für sich annimmt. Die dadurch empfangene neue geistliche Erfahrung ist die Teilnahme am Leben des Auferstandenen. Alle Menschen, die in diesem persönlichen Verhältnis zu Jesus Christus leben, sind Glieder seines Leibes, der Gemeinde. Diese ist also ein geistlicher Organismus, eine nach geistlichen Gesetzen strukturierte Gemeinschaft. Zu ihr gehören alle Menschen, die seit dem ersten Pfingsttag durch den Heiligen Geist die persönliche Wende erfuhren und in der Lebensgemeinschaft mit Jesus Christus untereinander bleiben. Wir bezeichnen diese geistliche Einheit, die sich in keiner Kircheninstitution darstellen läßt, als die »Gesamtgemeinde« oder – mit dem biblischen Begriff – als »Leib Christi«.
Die Eingliederung eines Menschen in den Leib Christi ist allein die Tat Gottes. Ihr entspricht das in einer persönlichen Entscheidung begründete Tun des Menschen, sich im Wasser taufen zu lassen und sich einer örtlichen Gemeinde von Christen anzuschließen, die sich im gleichen Lebensvollzug befinden. Seitens der Gemeinde ist die Wassertaufe die demütige Anerkennung des Werkes Christi in einem Menschen und seines Glaubens, der im Akt der Taufe einen exemplarischen Schritt des Gehorsams Gott gegenüber zu gehen sucht. So

werden in unserer Kirche nur Glaubende getauft und zum Herrenmahl zugelassen. Die Mahlgemeinschaft bedeutet uns Erinnerung an Tod und Auferstehung Jesu, Aufnahme des Lebens Christi und Gemeinschaft mit allen Gliedern seines Leibes.
Zum geistlichen Wachstum der Gemeinde müssen alle Glieder beitragen. Der Heilige Geist befähigt sie zu solchem Dienst, indem er sie erfüllt und Charismen zur Wirkung bringt. Der Herr selbst gibt der Gesamtgemeinde Apostel, Propheten, Evangelisten, Hirten und Lehrer. Die Wirksamkeit der Dienste bezieht sich nicht nur auf die örtlichen Gemeinden, auch nicht auf eine Konfession oder Gemeinschaft, sondern auf die Gesamtgemeinde.
Als Institution ist die Apostolische Kirche nur eine unter vielen geschichtlich gewordenen christlichen Kirchen. Sie hat nach unserer Erkenntnis den göttlichen Auftrag, in ihrem partikularen Sein das Wesen der Gemeinde Jesu, wie Gott sie gewollt hat, darzustellen und dem Werden und Wachsen der »Einen, heiligen, katholischen, apostolischen Kirche«[4] zu dienen. Wir glauben, daß auch die anderen christlichen Kirchen und Gemeinschaften diesen göttlichen Auftrag haben.
Die Dienste in der Gemeinde sind geistliche Berufungen, die nur der Herr selbst dem Menschen offenbaren kann und zu denen er allein die entsprechende Vollmacht gibt. Die Berufenen werden durch ihre persönliche Legitimation im Dienst erkannt und von den Aposteln, die in überörtlicher Verantwortung wirken, unter Handauflegung vor der Gemeinde bestätigt. Damit erwerben solche Diener kein anderes Recht als das, in der Liebe Jesu zu dienen. Ihr Dienst zielt darauf hin, die Glieder der Gemeinde in die entscheidende Unmittelbarkeit ihrem Haupt gegenüber zu führen und sie zur Ausübung ihres Dienstes heranzubilden (Epheser 4, 12). Die Gabe der Prophetie kann von allen Gemeindegliedern erstrebt und bestätigt werden, hat sich aber auf Erbauung, Ermahnung und Tröstung zu beschränken (1. Korinther 14,3). Alle prophetischen Äußerungen unterliegen der Prüfung an den Maßstäben der Heiligen Schrift durch andere Diener der Gemeinde.
Wir glauben, daß Gott durch Jesus Christus im Geschehen des Kreuzes und der Auferstehung die Schuldfrage gelöst hat; denn jeder, der an Jesus glaubt, empfängt durch seinen Namen Vergebung seiner Schuld (Apostelgeschichte 10,43). Bei der Wiederkunft Christi auf

4. Formulierung des Nizänischen Glaubensbekenntnisses, 325 n. Chr.

diese Erde wird Gott durch ihn die politische Frage, die Machtfrage, lösen. Mit seiner Erscheinung erreicht die Gesamtgemeinde aus allen Nationen, Rassen, kirchlichen Schattierungen und aus allen Generationen ihr Nahziel. Aller Welt wird dann offenbar werden, daß sie mit Christus unlöslich verbunden ist und daß er sie zur Aufrichtung seines Reiches in Gerechtigkeit und Frieden auf Erden gebraucht hat und gebraucht. Jetzt schon bezeugt der Glaubende die Herrschaft Christi über alle Mächte der Welt und weist damit auf das Wesen des kommenden Gottesreiches zeichenhaft hin. So führt die Erwartung des Reiches Gottes auf Erden zu dem Gebet: »Dein Reich komme, Dein Wille geschehe auf Erden wie im Himmel!« sowie zum Anbruch des Reiches im Zusammenleben der Christusgläubigen. Die Liebesgemeinschaft der Glaubenden findet u. a. ihren Ausdruck in vielfältiger Güter- und Dienstgemeinschaft und im Geben des Zehnten von allen Einkünften als Zeichen dafür, daß dem Herrn alles gehört.
Die Dienste und Beiträge, die der einzelne zum gemeinsamen Leben einbringt, sind äußerst verschieden, weil jeder eine spezielle persönliche Begabung vom Herrn empfangen hat. Es gibt dabei keine Trennung von Materiellem und Geistlichem; denn alles, was wir sind und haben, gehört dem Herrn. Die Verkündigung seines Evangeliums und die zur Welt hin offene Lebensgemeinschaft der Christen sind Orientierungshilfen, die Gott heute allen Menschen anbietet.

Struktur

Organisatorisch ist die Apostolische Kirche in jedem Land selbständig. Eine Ausnahme bilden Missionsarbeiten, die in geistlicher, personeller und finanzieller Hinsicht für eine Selbständigkeit noch zuwenig entwickelt sind. Es besteht keine für alle Länder verbindliche Konstitution. Die Einheit des weltweiten Werkes wird gewahrt durch regen Austausch von Diensten und Informationen, durch internationale Glaubens- und Missionskonferenzen, an denen alle Mitglieder teilnehmen können und durch Entsendung von Vertretern des apostolischen und des prophetischen Dienstes an die Ratsversammlungen anderer Länder.
Die Apostolische Kirche bemüht sich, in ihrer Organisation dem neutestamentlichen Modell des Gemeindeaufbaus – mehr dem Geist als dem Recht nach – möglichst nahezukommen. Jede Ortsgemeinde wird von einer Ältestenschaft geleitet. Älteste werden in ihrem Hir-

tendienst, den sie als Berufung vom Herrn selbst erhalten haben müssen, von Aposteln unter Handauflegung bestätigt. Die Gemeinde hat ein Einspruchsrecht. Dabei muß aber gesagt werden, daß wir uns gegen die sehr menschliche Tendenz wehren, die Beziehungen zwischen den Gemeindegliedern in eine feste Rechtsform zu bringen. Es geht uns weder um Demokratisierung noch um Hierarchisierung, sondern um die sicher schwer zu beschreibende Liebesgemeinschaft der neutestamentlichen Gemeinde, deren Funktionsgeheimnis der Heilige Geist ist. Diese ist mit den Ausdrucksmitteln des Kirchenrechts nicht zu erfassen. So geschieht die Mitwirkung der Gemeindeglieder am Aufbau und an der Willensbildung der Gemeinde in erster Linie durch geistige Befähigung. Menschen können nur in dem Maß ihrer persönlichen Hingabe an Jesus Christus geistliche Vollmacht ausüben. In den Gemeindeversammlungen, die öffentlich sind und von der Ältestenschaft geleitet werden, kann sich jeder in Freiheit äußern und Gnadengaben zum Nutzen aller betätigen. Die Leitung hat darüber zu wachen, daß dies im Geist des Neuen Testaments geschieht. Über Aufnahme und Ausschluß von Mitgliedern entscheidet die örtliche Ältestenschaft.
Propheten, Evangelisten und Lehrer können, je nach ihrer Berufung, entweder im Raum der Ortsgemeinde in Zusammenarbeit mit den Ältesten oder überörtlich in Zusammenarbeit mit den Aposteln ihren Dienst tun. Die Verbindung unter den Ortsgemeinden wird durch eine Gruppe von Brüdern gehalten, die der Herr in eine überörtliche Verantwortung berufen hat. Dabei geht es in erster Linie um Apostel und Propheten, zu denen auch andere Dienste wie Evangelisten, Hirten und Lehrer stoßen können. Diese apostolische Gruppe sorgt für die geistliche Betreuung der Gemeinden. Hierzu gehören die Einsetzung von Ältesten und Diakonen, übergemeindliche Konferenzen, Austausch von Dienern, Bestellung zum hauptberuflichen Dienst, Durchführung von Bibelwochen und Evangelisationen, übergemeindliche Jugend- und Kinderarbeit, Schriftenmission und alle deutschen Arbeiten im Ausland. Außerdem obliegt der Gruppe die Pflege von Verbindungen zu anderen christlichen Gruppen, Kirchen und Gemeinschaften, wobei wieder die Führung des Herrn die entscheidende Rolle spielt. Die apostolische Gruppe ergänzt sich selbst aus solchen Gliedern der Gemeinden, in denen eine Berufung zu überörtlichem Dienst erkennbar oder durch prophetische Äußerungen deutlich wird. Zur Zeit gibt es innerhalb der Apostolischen Kirche in Deutschland nur eine apostolische Gruppe. Rechtlich, d. h. allen weltlichen Instanzen

gegenüber, fungiert sie als »Rat« der Kirche, die ein eingetragener Verein ist. Dieser verwaltet die Grundstücke der deutschen Gemeinden, zahlt die Gehälter aller hauptberuflich tätigen Mitarbeiter aus den freiwilligen Spenden der Gemeinden und verwaltet auch solche Spenden, die von den Gemeinden für die evangelistische und diakonische Arbeit im Ausland gegeben werden. Die praktischen Vorarbeiten für die genannten Aufgaben besorgen Ausschüsse, in denen die örtlichen Gemeinden durch Älteste und Diakone vertreten sind.
Die Strukturen der Kirche dürfen die Wirksamkeit des Heiligen Geistes und das Einswerden aller Christusgläubigen über alle denominationellen Grenzen hinweg nicht behindern, sondern sollen sie durch organisatorische Einfachheit und Flexibilität begünstigen. In diesem Sinn ist auch der Name der Kirche zu verstehen. Der Zusatz »Urchristliche Mission« wird nur in Deutschland verwendet, um die Kirche von Institutionen ähnlichen Namens zu unterscheiden und ihre Bindung an das urchristliche Gemeindebild zu betonen.

Literatur

Schrifttum in englischer Sprache: The Puritan Press Ltd. Great Horton Road, Bradford 7, England.

Schriftenreihe: Urchristliche Botschaft – Lebensfragen der Gemeinde Jesu Christi.

Verlag: Missionsverlag für urchristliche Botschaft, Postfach 223110, 5900 Siegen-Geisweid.

Rat der Apostolischen Kirche

Bund Evangelisch-Freikirchlicher Gemeinden

1. Der geschichtliche Weg

Auf der Bundeskonferenz der deutschen Baptisten in Berlin 1941 kam es zum Zusammenschluß des »Bundes der Baptistengemeinden in Deutschland« und des »Bundes freikirchlicher Christen« (BfC). Der damals neu angenommene Name »Bund Evangelisch-Freikirchlicher Gemeinden in Deutschland« ist also jungen Datums, bezeichnet aber ein altes Missionswerk.

Baptistengemeinden im heutigen Sinne bestehen seit über 350 Jahren. Die ersten Gemeinden wurden 1611/12 in England und 1639 in Amerika gegründet. Ihr Wachstum war vor allem im 19. und 20. Jahrhundert beachtlich an vielen Plätzen der Erde, auch auf dem Festland von Europa. Kaum ein europäisches Land ist ohne organisierte Gemeinden geblieben. Zu einer bemerkenswerten Entfaltung kam es besonders in Rußland und Rumänien. Nahezu 33 Millionen Christen in aller Welt zählen sich heute zu den Baptisten, dazu kommt die dreifache Zahl der Kinder und Freunde.

Auf fünf bedeutende Männer aus den Reihen der Baptisten sei hingewiesen. Vor 300 Jahren lebte *John Bunyan*, ein englischer Kesselflikker und Laienprediger (1628–1688). Nach der Restauration durch Karl II. mußte er aus religiösen Gründen 12 Jahre im Gefängnis verbringen. Sein in der Gefangenschaft geschriebenes Buch »The Pilgrims Progress« (Die Pilgerreise) ist eines der meistübersetzten Bücher überhaupt. – *William Carey*, ein Schuhmacher und ländlicher Baptistenprediger (1761–1834), wurde der Bahnbrecher der neueren Mission. 1792 gründete er das erste moderne Missionsunternehmen, die Britische Baptistische Missionsgesellschaft, ein Jahr später reiste er als ihr Missionar nach Indien. – Der 1892 verstorbene Londoner Baptistenprediger *C. H. Spurgeon* wird mit Recht der »Fürst unter den Predigern« genannt. Seine Predigten werden bis heute in aller Welt gelesen. – Der 1968 ermordete Friedensnobelpreisträger *Martin Luther King* zählte ebenso zu den Baptisten wie der bekannte Evangelist

Billy Graham oder der jetzige Präsident J. Carter. Die Anfänge des Baptismus in Deutschland liegen in den Jahren 1834 in Hamburg und 1837 in Berlin. Er verdankt seine Entstehung dem schlichten Bibelglauben missionarisch gestimmter Menschen, die sich berufen sahen, das von der Gemeinde Jesu Christi im Neuen Testament Berichtete in ihrer Zeit ernstzunehmen. Daher versammelten sie sich als »Gemeinde der Gläubigen«, was für sie im Rückgriff besonders auf die Berichte der Apostelgeschichte zugleich »Gemeinde der Gläubiggetauften« bedeutete. Die Geburtsstunde der Baptistengemeinden ist die Stunde ihrer ersten Taufe gewesen.

Der Pionier des Werkes auf deutschem Boden war *Johann Gerhard Oncken*. Neben ihm sind *Gottfried Wilhelm Lehmann* und *Julius Köbner* zu nennen. Lehmanns Wirkungsfeld war der Berliner Raum. Der Bund selbst konnte erst 1849, nach dem Revolutionsjahr, gegründet werden. Die Körperschaftsrechte wurden ihm 1930 verliehen. Auch die Gemeinden des »Bundes freikirchlicher Christen« (BfC) blickten beim Zusammenschluß 1941 bereits auf eine mehr als hundertjährige Geschichte zurück. Sie kommen aus der sog. »Brüderbewegung«, die in der ersten Hälfte des vorigen Jahrhunderts in England und Deutschland entstand; sie ist mit den Namen *J. N. Darby, Georg Müller* und *Carl Brockhaus* verbunden. Die weitverbreitete »Elberfelder Bibel« stammt aus ihrem Kreis. In Deutschland gingen diese Gemeinden ihren geschichtlichen Weg als »Christliche Versammlung« und als »Offene Brüder«. Beide Gemeinschaften vereinigten sich im Jahre 1937 zum BfC, der vier Jahre später in den erwähnten, mit den Baptisten gemeinsamen »Bund Evangelisch-Freikirchlicher Gemeinden« einging. Im Jahre 1942 zählte dieser Bund 120000 getaufte Mitglieder. – Die 223 Bundesgemeinden in der DDR mit ca. 24000 Mitgliedern gründeten 1969 einen eigenen Bund.

2. Das heutige Bundeswerk

In der Bundesrepublik Deutschland arbeiten gegenwärtig 624 Gemeinden und Zweiggemeinden, denen 66600 Mitglieder angehören; sie sind in acht »Vereinigungen« zusammengefaßt. 300 hauptamtliche Pastoren und eine große Anzahl nebenberuflicher Kräfte sind im Dienst der Verkündigung und Seelsorge tätig. Für die haupt- und nebenamtlichen Mitarbeiter in den Gemeinden bestehen Ausbildungsstätten in Hamburg (Theologisches Seminar und Jugendsemi-

nar) und in Wiedenest Bez. Köln (Bibelschule). Der Bund unterhält auch eine eigene Abteilung »Heimatmission« mit mehreren Missionszelten und einem Missionswagen. Für die umfassenden Aufgaben, auch in der Gesellschaft, stehen zur Verfügung: Ein Verlagshaus (Oncken-Verlag in Kassel und Wuppertal), fünf Diakonissenhäuser oder ähnliche Diakonieverbände, Krankenhäuser, Alten- und Pflegeheime, Erholungs- und Freizeitzentren, Wohnheime und Kindergärten.
Die Vereinigungen halten jährlich einmal Konferenzen ab. In jedem Jahr tritt auch der Bundesrat zusammen, der in allen Bundesangelegenheiten entscheidet. Er besteht aus den Gemeindevertretern, Vereinigungsvertretern und den hauptberuflichen Mitarbeitern des Bundes. Der Bundesrat wählt auch die Bundesleitung, aus deren Mitte der ehrenamtlich tätige Präsident des Bundes hervorgeht. Sitz des Bundes ist Bad Homburg.
Der Bund gehört der »Vereinigung evangelischer Freikirchen in Deutschland« und der »Arbeitsgemeinschaft christlicher Kirchen in Deutschland« an. An der »Evangelischen Allianz« nehmen die Gemeinden regen Anteil. Viele von ihnen pflegen außerdem auf Ortsebene ökumenische Kontakte, so z. B. in Berlin im Rahmen des »Ökumenischen Rates Berlin«. – Der Bund ist dem »Weltbund der Baptisten« (Baptist World Alliance) angeschlossen. Dieser will die wesentliche Einheit der Baptisten in Jesus Christus darstellen, die Bruderschaft stärken und den Geist der Gemeinschaft, des Dienstes und der Mitarbeit auf internationaler Ebene unter den Mitgliedern beleben, jedoch stehen ihm keinerlei kirchenleitende Funktionen zu. Seit 1949 besteht auch ein Zusammenschluß der Gemeindebündnisse in Europa, die Europäische Baptistische Föderation. Diejenigen Bünde, die nicht wie die Engländer und Skandinavier selbst Weltmission trieben, haben miteinander die Europäische Baptistische Missionsgesellschaft (EBM) ins Leben gerufen; sie arbeitet in Kamerun, Sierra Leone und in Südamerika. Mitarbeiter und Mittel kommen zum großen Teil aus den deutschen Gemeinden.

3. Vom Bekenntnisstand und Gemeindeleben

Die Evangelisch-Freikirchlichen Gemeinden sind keine Nachwuchskirche, d. h. sie praktizieren keine Kindertaufe. Die Taufe folgt vielmehr der persönlichen Glaubensentscheidung für Christus. Sie wird

vollzogen auf den Namen des Vaters, des Sohnes und des Heiligen Geistes und ist Zeichen der Vergebung der Sünden und der Erneuerung des Menschen durch den Heiligen Geist. Im Zusammenhang mit der Glaubenstaufe steht die Aufnahme in die Gemeinde. Diese Gliedschaft erfordert eine aktive Beteiligung am Leben der Gemeinde.
Die sonntäglichen Gottesdienste werden von mindestens 60 % der Gemeindeglieder besucht. Daneben arbeiten Mitglieder in den verschiedenen Gemeindegruppen je nach ihrer Begabung mit (z. B. Kinder-, Jugend- und Altenarbeit; Chöre). Gemeinde ist nicht Selbstzweck. Darum bemühen sich die Gemeinden um ein missionarisches Zeugnis. Die Mitglieder werden immer wieder zu missionarischem Dienst ermutigt (Evangelisation, Weltmission), um damit andere zum verbindlichen Christ-Sein aufzurufen. Konfessionelle Werbung liegt den Gemeinden fern. Jeder, der an Jesus Christus glaubt, ganz gleich, welcher Rasse, Generation oder Konfession, gehört nach baptistischer Lehre zu dem Leib Christi. Darum wird in den Evangelisch-Freikirchlichen Gemeinden seit längerer Zeit das offene Abendmahl gefeiert, zu dem alle, die an Christus glauben, zugelassen sind. Sichtbaren Ausdruck findet der Leib Christi in der Einzelgemeinde. Sie ist autonom, d. h. sie besitzt Freiheit in Ordnung und Gestaltung des Gemeindelebens. Die Mitgliederversammlung hat in allen wichtigen Fragen zu entscheiden, z. B. bei Aufnahme und Ausschluß von Mitgliedern, Berufung des Pastors, Genehmigung des Haushaltes u. a. m. Die Mitgliederversammlung wählt eine Gemeindeleitung, der sie bestimmte Aufgaben überträgt. Die Gemeinde lebt von den freiwilligen Gaben und Beiträgen ihrer Mitglieder. Der Zehnte (d. h. der zehnte Teil des Einkommens) gilt als gute Regel, aber nicht als Gesetz. Es entspricht auch dem Freiwilligkeitsprinzip der Kirche, daß sie für die Trennung von Kirche und Staat und für völlige Glaubens- und Gewissensfreiheit eintritt.

4. Literatur

1. Konfessionskundlich

Hughey, John D. (Hg.): Die Baptisten. Die Kirchen in der Welt, B. II, Stuttgart 1964.

– Die Baptisten. Einführung in Lehre, Praxis und Geschichte, Kassel 1959.

Schulz, Otmar: Modell für die Kirche von morgen? Eine kritische

Darstellung der evangelischen Freikirchen. Frankfurt 1970.
Jahrbuch des Bundes Evangelisch-Freikirchlicher Gemeinden, Kassel (erscheint jeweils im Sommer).

2. *Geschichtlich*

Luckey, Hans: Johann Gerhard Oncken und die Anfänge des deutschen Baptismus, 3. Aufl., Kassel 1958.
Donat, Rudolf: Wie das Werk begann. Entstehung der deutschen Baptistengemeinden, Kassel 1958.
– Das wachsende Werk. Ausbreitung der deutschen Baptistengemeinden durch sechzig Jahre (1849 bis 1909), Kassel 1960.

3. *Lehre und Schriftauslegung*

Schneider, Johannes: Die Gemeinde nach dem Neuen Testament, 3. Aufl., Kassel 1955.
Sondheimer, Friedrich: Die wahre Taufe, 4. Aufl., Kassel 1972.
Beasley-Murray, George: Die christliche Taufe, Kassel 1968.
Spurgeon, C. H.: Aus der Schatzkammer Davids, Kassel 1966.
Schütz, Eduard: Werdende Kirche im Neuen Testament. Eine Einführung in die Pastoralbriefe, Kassel 1969.
Pohl, Adolf: Die Offenbarung des Johannes, Wuppertaler Studienbibel, Wuppertal 1971.

4. *Leben der Gemeinde*

Fehr, Hans: Vom Leben in der Gemeinde, Kassel (Neuaufl. im Ersch.).
Pohl, Adolf: Anleitung vom Predigen, 2. Aufl., Kassel 1963.
Lorenz, Günter: Unser Gottesdienst, Berlin 1967.
Thaut, Rudolf: Pastorendienst in der freikirchlichen Gemeinde, in: Jenseits vom Nullpunkt? (Festschrift für Kurt Scharf, hg. von Rudolf Weckerling), Stuttgart 1972.
Wieske, Günter: Weltweite Evangelisation. Eine Handreichung für die Ortsgemeinde, Frankfurt 1961.
Woock, Dietrich: Besuch am Krankenbett, Kassel 1973.
Großmann, Siegfried (Hg.): Christsein 73, Kassel 1972.

5. *Zeitschriften und Liederbücher*

»Die Gemeinde«, »Der Friedensbote« (evangelistisch), »Kinderzeitung«, Erscheinungsweise: wöchentlich. »Wort und Tat« (für Mitarbeiter), »Von b bis y« (für Jugendarbeit), Erscheinungsweise: monatlich.

Liederbücher: »Glaubensstimme für Gemeinde und Haus«, »Ruf zum Glauben« und »Lobet Gott!« (für Kinder).

Die Anschrift des Verlagshauses, bei dem die obigen Bücher zu beziehen sind, lautet: J. G. Oncken Nachf. GmbH, Langenbeckstr. 28/30, 3500 Kassel.

Günter Balders/Wolfgang Lorenz

Bund Freier evangelischer Gemeinden

1. Entstehung und Entwicklung

Die Freien evangelischen Gemeinden wollen Gemeinden von Glaubenden darstellen, die ihr Christsein ernst nehmen. Der Zusammenschluß im Bund bedeutet eine geistliche Lebens- und Dienstgemeinschaft. Ihr Auftrag geht dahin, Jesus Christus der Welt als ihr Heil und als den kommenden Herrn über alles zu verkündigen.
Der Ursprung der Gemeinden liegt in der Zeit der Erweckungsbewegung, die Anfang des 19. Jahrhunderts in der Schweiz entstand. Vom Pietismus geprägte Verkündiger riefen zur persönlichen Umkehr, zur Auslieferung des Lebens an Christus und zum heilsgewissen, lebendigen Glauben. Der Schotte Robert Haldane (1764–1842) löste durch seine Wirksamkeit in Genf 1816 eine Bewegung aus, die zur Bildung freier, unabhängiger Gemeinden in der Schweiz, in Norditalien und in Frankreich führte. Hier entstand in Lyon 1832 durch Prediger Adolphe Monod (1802–1856) eine Freie evangelische Gemeinde. In diese Gemeinde kam 1841 der deutsche Industriekaufmann Hermann Heinrich Grafe (1818–1869) und fand die Gemeinde der Glaubenden, getrennt von der nichtchristlichen Umwelt, unabhängig von staatlichen oder kirchenhierarchischen Bindungen, mit regem geistlichem Leben, nach dem Vorbild im Neuen Testament. Nach Deutschland zurückgekehrt, ertrug es Grafe gewissensmäßig nicht länger, daß in seiner reformierten Kirche Gläubige und Ungläubige ohne jede Kirchenzucht nebeneinander lebten und gemeinsam am Abendmahl teilnahmen. Am 30. November 1854 erklärte er deshalb mit weiteren fünf Kaufleuten schriftlich seinen Austritt. Am gleichen Tag gründeten diese Männer in Elberfeld/Barmen die erste Freie evangelische Gemeinde auf deutschem Boden. Mitglied und erster Prediger dieser Gemeinde war der Theologe Heinrich Neviandt (1827–1901), der Schwager von Grafe. Bald danach entstanden weitere Gemeinden. Am 30. September/1. Oktober 1874 trafen sich in Elberfeld 39 Vertreter aus 22 Gemeinden zu einer »1. Konferenz von Abgeordneten auswär-

tiger Abendmahlsgemeinschaften«. Diese Konferenz führte zur Gründung des Bundes mit den heutigen Schwerpunkten in Rheinland, Westfalen, Siegerland und Hessen.

Die Entwicklung des Bundes wurde entscheidend beeinflußt von den Predigern, die in Witten (Ruhr) tätig waren. Friedrich Fries (1856–1926), von Beruf Schmied, trat aus dem »Brüderverein« aus und bildete hier 1887 eine Freie evangelische Gemeinde, deren Prediger er wurde. Er gründete eine Buchhandlung mit Verlag und gab grundsätzliches Schrifttum, eine evangelistische Zeitschrift und die Gemeindezeitschrift »Der Gärtner« heraus, die bis heute auch über den eigenen Bund hinaus weitverbreitetes Bundesorgan ist. 1896 begann Fries in Wetter das Diakonische Werk »Bethanien«, heute in Solingen-Aufderhöhe. 1896 kam der Kaufmann Otto Schopf (1870–1913), theologisch ausgebildet in Basel, nach Witten und wurde der eigentliche Nachfolger Grafes. 1904 begann Schopf die Inlandmission, durch deren Vermittlung Prediger in Gebiete entsandt wurden, in denen der Ruf zum Glauben nur schwach zu hören war. Dadurch entstanden Gemeinden in Berlin, Ostpreußen, Schlesien, Pommern, an der Lippe, in der Rhön, in Thüringen und in anderen Gebieten. Ermöglicht wurde dies Wachstum durch die Gründung eines eigenen Predigerseminars, 1912 von Schopf angeregt, zunächst in Wuppertal-Vohwinkel, dann bis heute auf dem Kronberg in Dietzhölztal-Ewersbach bei Dillenburg. 1908 wurde Walter Hermes (1877–1935) Prediger in Witten. Er schrieb das grundlegende Werk »Hermann Heinrich Grafe und seine Zeit«, stärkte die Verbindung der Gemeinden untereinander, weckte das Zusammengehörigkeitsgefühl, wirkte dem Selbständigkeitsdrang einzelner Gemeinden entgegen und schirmte sie ab vor Einflüssen durch den Darbysmus und die »Deutschen Christen«. Konrad Bussemer (1874–1944) prägte durch seine Arbeit »Die Gemeinde Jesu Christi« und durch seine Lehrtätigkeit am Seminar die theologische Grundrichtung im Bund. 1934 erhielt der Bund wertvollen Zuwachs durch die Holstenwall-Gemeinde in Hamburg. Ihr Leiter Friedrich Heitmüller, Direktor des Krankenhauses »Elim«, war aus der Landeskirche ausgetreten und schloß sich dem Bund an. Die weitverzweigte Gemeindearbeit dieser Gruppe zeichnet sich durch rege evangelistische und diakonische Tätigkeit aus.

Nach 1945 gingen zwar Gemeinden jenseits der Oder-Neiße-Linie verloren. Dafür entstanden aber in anderen Gebieten neue Gemeinden und neue diakonische Werke für Alte und Kinder. Die Inlandmission schaffte Großzelte an, die Auslandsmission begann Arbeiten in Japan und Brasilien. 1950 erhielt der Bund auf dem Grundstück des Bundes-Verlages in Witten ein eigenes Verwaltungszentrum, das Bundeshaus.

2. Lehre und Leben

Verbindliche Grundlage für Glauben, Lehre und Leben in Gemeinde und Bund ist die Bibel, das Wort Gottes. In den Ortsgemeinden kann Mitglied werden, wer bekennt, durch Jesus Christus Vergebung seiner Sünden empfangen zu haben und wer seine Lebensführung vom Glauben an ihn bestimmen läßt. Fragen biblischer Auslegung und praktischer Anwendung bleiben dem an Gottes Wort gebundenen Gewissen des einzelnen überlassen. Die geistlichen, persönlichen und wirtschaftlichen Kräfte der unterschiedlich gestalteten Gemeinden will der Bund zusammenfassen zu verstärkter Evangelisation, Mission und Diakonie zum Heil unserer Zeitgenossen und zur Ehre Gottes.
Ein eigenes, schriftliches Glaubensbekenntnis gibt es nicht, weil die Gemeinden den wesentlichen Inhalt des Glaubens etwa im Apostolischen Glaubensbekenntnis zutreffend und ausreichend beschrieben sehen.
Haupt und Herr der Gemeinde ist allein Jesus Christus. Er gibt allen Gemeindemitgliedern durch den Heiligen Geist Gaben; deshalb haben auch alle Mitglieder tätigen Anteil am Gemeindeleben. Dies allgemeine Priestertum aller Glaubenden duldet keine Unterscheidung zwischen »Geistlichen« und »Laien«. Zum Dienstamt in der Gemeinde gehören Begabung von Gott und Berufung durch die Gemeinde.
Da das Neue Testament keine Sakramente kennt, werden Taufe und Herrnmahl als besondere Heilszeichen verstanden. Getauft wird nur, wer seinen Glauben an Jesus Christus persönlich bekennt und sich aufgrund eigener Glaubensentscheidung taufen lassen will. Die Taufe wird im Rahmen eines Gottesdienstes durch Untertauchen vollzogen, sie ist nicht Bedingung zur Aufnahme in die Gemeinde. Wer an Jesus glaubt, wird durch diesen Glauben Glied am Leibe des Christus. Deshalb muß er auch einer Ortsgemeinde angehören können, selbst wenn er seine möglicherweise früher empfangene Kindertaufe für biblisch gültig hält. Das Herrnmahl wird in der Regel monatlich in Verbindung mit dem Sonntags-Gottesdienst gefeiert. An ihm soll nur teilnehmen, wer in Glaubensgemeinschaft mit Jesus und im Frieden mit seinen Mitmenschen lebt.

In der Gemeinde muß Raum für alle Glaubenden sein, aber auch nur für Glaubende. Für die Lebensführung des Christen, der sich nach der Ethik im Neuen Testament auszurichten hat, gilt der Grundsatz: Im wesentlichen Einheit, im unwesentlichen Freiheit, in allem Liebe. Bei der Ausübung von Gemeindezucht gemäß dem Neuen Testament (Matthäus 18,15–17) ist die bußfertige Haltung der ganzen Gemeinde geboten.
Die Kinder der Gemeinde erhalten Unterricht, wie man Christ wird und als Christ zu leben hat. Mitglied in der Gemeinde werden sie nur aufgrund einer persönlichen Glaubensentscheidung, selten vor dem 14. Lebensjahr. Neugeborene Kinder werden durch Handauflegung und Fürbitte in der Gemeinde »dargebracht«.
Im Gottesdienst ist Predigt üblich, sie kann auch von einem Nichtprediger gehalten werden. Vereinzelt gibt es auch die Auslegung eines Bibelabschnittes im Gottesdienst durch mehrere Gemeindemitglieder. Die Gebetsstunde ist Kernstück des Gemeindelebens. Die Gemeinde wird geleitet von einem Ältestenkreis; über wichtige Fragen entscheidet die Gemeinde-Mitgliederversammlung. Beschlüsse sollen in geistlicher Einmütigkeit gefaßt werden, nicht durch Mehrheitsabstimmungen.
Alle geldlichen Bedürfnisse in den Gemeinden und im Bund werden durch freiwillige Spenden finanziert. Manche Mitglieder geben den zehnten Teil ihres Einkommens, manche weniger, andere mehr. Auf das Recht zur Besteuerung wird verzichtet, weil dies einer Freiwilligkeitsgemeinde widerspricht.

3. Organisation des Bundes

Die Gemeinden begrenzen durch die Bundesverfassung ihre Eigenständigkeit, soweit es die gemeinsamen überörtlichen Aufgaben fordern. Die Vertreterversammlung aller Bundesgemeinden, der *Bundestag,* ist oberstes Bundesorgan für Entscheidungen von grundsätzlicher Bedeutung. Er nimmt Gemeinden in den Bund auf, wählt den Bundesvorsteher, nimmt den Rechenschaftsbericht der Bundesleitung entgegen, erteilt ihr Entlastung und beschließt Verfassungsänderungen. Der *Bundesrat* verantwortet die laufende Arbeit im Bund, wählt die Bundesleitung und die hauptberuflichen, leitenden Mitarbeiter sowie einen Finanzausschuß. Seine Abgeordneten werden aus den Bundeskreisen entsandt, zu denen geographisch benachbarte Gemein-

den zusammengefaßt sind. Die *Bundesleitung* führt die laufenden Geschäfte und vertritt den Bund nach außen. Sie steht den Gemeinden mit geistlichem und praktischem Rat zur Verfügung, nimmt gemeinsame überörtliche Belange wahr und gibt wegweisende Empfehlungen.
Für den Geldverkehr im Bund gibt es eine eigene Spar- und Kreditbank, für die Grundstücksverwaltung der Gemeinden eine Treuhandgesellschaft. Der Bund ist eine Körperschaft des öffentlichen Rechts, und zwar seit 1924 im früheren Land Thüringen und seit 1956 in den Bundesländern Nordrhein-Westfalen und Hessen.

4. Zahlenschau und Verhältnis zu anderen

1976 umfaßte der Bund 237 Ortsgemeinden, weitere 250 Stationen, 20150 Gemeindemitglieder und außerdem einen fast ebenso großen Freundeskreis. 150 Prediger und 40 Missionare sind hauptberuflich tätig. Im Predigerseminar mit fünf Ausbildungsjahren sind 50 Seminaristen. Zahlenmäßig wächst der Bund langsam, aber anhaltend.
Der Bund Freier evangelischer Gemeinden in der DDR, eine Körperschaft des öffentlichen Rechts seit 1952, hat 30 Gemeinden, weitere 30 Stationen mit insgesamt 1300 Gemeindemitgliedern und 12 hauptberuflichen Predigern. Zum Weltbund der Freien evangelischen Gemeinden gehören in 15 Ländern 17 Gemeindebünde mit ca. 3000 Ortsgemeinden, 300000 Gemeindemitgliedern, 2700 Predigern und 600 Missionaren in fünf Erdteilen.
Die Gemeinden suchen die Gemeinschaft mit allen anderen Christen. Deshalb gehört der Bund zu der 1926 gegründeten »Vereinigung evangelischer Freikirchen« und zur »Diakonischen Arbeitsgemeinschaft evangelischer Kirchen«. Besonders eng ist die Verbundenheit in der »Evangelischen Allianz« mit Christen aus verschiedenen Kirchen, Freikirchen und Gemeinschaften. In der »Arbeitsgemeinschaft christlicher Kirchen« sind wir Gast und schätzen die Informations- und Gesprächsebene sowie die bruderschaftliche Begegnung. Zum Weltrat der Kirchen pflegen wir keine Beziehungen. Die Bundesgemeinschaft trägt als Teil der weltweiten Christusgemeinde zu deren Einheit im biblischen Sinne bei.

5. Literatur

Arnold, Walter/Otto Bamberger: Volkskirche oder Christusgemeinde?, Witten 1961.

Bussemer, Konrad: Die Gemeinde Jesu Christi – ihr Wesen, ihre Grundsätze und Ordnungen, 6. Aufl., Witten 1968.

Ritter, Heinz-Adolf: Die Freien evangelischen Gemeinden in Europa und Übersee, Witten 1966.

Erdlenbruch, E. W./H.-A. Ritter: Freie evangelische Gemeinden, Witten 1978.

Lenhard, Hartmut: Studien zur Entwicklung der Ekklesiologie in den Freien evangelischen Gemeinden in Deutschland, Bielefeld 1977.

Der Gärtner, Wochenzeitschrift der Freien evangelischen Gemeinden, erscheint seit 1893.

Diese und weitere Einzeltitel sowie weitere Zeitschriften der Freien evangelischen Gemeinden sind zu beziehen im Bundes-Verlag, Bodenborn 43, 5810 Witten.

Heinz-Adolf Ritter

Die Christengemeinschaft
Bewegung für religiöse Erneuerung

Die Christengemeinschaft wirkt als selbständige christliche Kirche für eine Erneuerung des religiösen Lebens. In ihren Gemeinden vereinigt sie Menschen, die in einer zeitgemäßen Form Christen werden wollen. Der Mensch wird als ein Wesen verstanden, dessen Existenz nicht von Geburt und Tod begrenzt ist. Die geistige Persönlichkeit besteht schon vor der Empfängnis und wird den Tod überdauern. Das Schicksal des Menschen erfüllt sich nicht ausschließlich hier auf der Erde und nicht in *einem* Leben. Der Mensch strebt von Dasein zu Dasein in einem großen Lernprozeß. In der grundlegenden Schrift von Dr. Rudolf Frieling »Christentum und Wiederverkörperung« wird nachgewiesen, daß die Lehre von den wiederholten Erdenleben nicht im Widerspruch zu den Aussagen des Christentums steht, sondern »eine Lücke im christlichen Weltbild schließt«. Es wird die Überzeugung vertreten, daß die Anschauung von dem wiederholten Erdenleben ein erneuertes und vertieftes Verständnis des Christentums möglich macht, jedoch auf die Person Jesu Christi selbst nicht anwendbar ist.
Für die Christengemeinschaft bildet diese Erkenntnis die Grundlage ihres Wirkens für die Erziehung, die Seelsorge, die Verkündigung und die Gottesdienstformen. Sie sieht die Aufgabe des religiösen Lebens darin, die Folgen der durch den Sündenfall eingetretenen Abkehr des Menschen von Gott zu überwinden und die Trennung des Menschen von seiner eigenen höheren Natur zu heilen. So will sie ihn wahrhaft zu sich selbst führen. »Es ist noch nicht erschienen, was wir sein werden. Wir wissen aber, wenn es erscheinen wird, daß wir Ihm (Christus) ähnlich sein werden« (1. Johannes 2,3). Sich selbst und die Welt durch die Hilfe des Christus zu wandeln, wird als Aufgabe des Christen angesehen.

Die Entstehung

Die Christengemeinschaft wurde im Jahre 1922 von einem Kreis von 45 Menschen gegründet. Sie kamen aus den verschiedensten Berufen und Ständen; die Mehrzahl gehörte einer der beiden großen Kirchen an. 35 von ihnen waren junge Menschen zwischen 20 und 30 Jahren; eine größere Gruppe bestand aus evangelischen Pfarrern, Vikaren und Theologiestudenten. Dazu kam eine Reihe führender Persönlichkeiten aus der Jugendbewegung. Von vornherein gehörten drei Frauen dem Kreise als ebenbürtige Mitglieder an. Die Begründer der Christengemeinschaft trugen die Überzeugung in sich, daß das Christentum in einer erneuerten und dem Geist gemäßen Form verkündigt werden muß. Dazu war ein umfassendes Verständnis für das Wesen Christi, für das Neue Testament und für das Geheimnis der Sakramente nötig. In Rudolf Steiner fanden die Begründer den Lehrer zu einem solchen Verständnis. Er hat als Berater und Vermittler gewirkt. Bei der Begründung der Christengemeinschaft wurde die Leitung dem Pfarrer Dr. Friedrich Rittelmeyer übertragen.
Der Ausgangspunkt des religiösen Wirkens der Christengemeinschaft ist die erste, am 16. September 1922 in Dornach bei Basel/Schweiz vollzogene Menschenweihehandlung, mit der die erste Priesterweihe verbunden war. Auf den Anschluß an eine traditionelle Weihesukzession wurde verzichtet. Die Begründer sind sich bewußt, ihren Auftrag von Christus unmittelbar erhalten zu haben.

Glaubensgrundlagen

a) Die Bibel. Sie ist die Grundlage der Verkündigung in der Christengemeinschaft. Sie wird als eine Schrift verstanden, die dem heutigen intellektuellen Bewußtsein nicht ohne weiteres zugänglich ist. Sie entstammt einem Bewußtsein, das die übersinnlich-himmlische Welt als Erfahrungstatsache mit umgreift. Wer ihren Inhalt verkündigen will, muß sich ein Verständnis für die Erfahrungen eines solchen höheren Bewußtseins erwerben. Da die Opfertat Christi als die entscheidende Wende in der Entwicklung der Menschheit angesehen wird, kommt den Aussagen des Neuen Testaments eine andere Bedeutung zu als denen des Alten. Das Alte Testament wird als Vorbereitung auf das Kommen Christi verstanden; das Neue Testament bringt die Erfüllung der Verheißung. Deshalb stützt sich die Verkündigung in der Christengemeinschaft vornehmlich auf die Aussagen des Neuen Testaments.

b) Das Christusverständnis. Christus wird verehrt und verkündet als Gotteswesen, das als der göttliche Sohn seinen Platz über allen himmlischen Hierarchien zur Rechten des Vatergottes hat. Seine Verbundenheit mit der Schöpfung und damit auch mit jeder einzelnen Menschenseele geht auf die Erschaffung der Welt zurück (Johannes 1) und hat nie aufgehört. Die vorchristlichen Religionen bilden Vorstufen seiner Offenbarung. Seine Menschwerdung in Jesus von Nazareth, sein Tod am Kreuz und seine Auferstehung sind der Mittelpunkt der Weltgeschichte. Christus wirkt als ein überzeitliches Wesen. Seine Opfertat ist eine in den Sakramenten und dem Menschenschicksal fortwirkende Realität. Die Menschheit wird bis an das Erdenende mit dem vollen Erfassen und Verwirklichen des Christentums zu tun haben. Das Christentum ist die Religion des sich selbst wiederfindenden Menschengeistes. Es gibt dem Menschen seine höchste Würde und führt ihn zur Freiheit: »Ihr werdet die Wahrheit erkennen, und die Wahrheit wird euch freimachen« (Johannes 8,32). Die bisherige Geschichte des Christentums ist ein Anfang, vielfach überwuchert und entstellt durch ältere und fremde religiöse, in neuerer Zeit auch materialistische Elemente. Die Formen des religiösen Lebens werden sich ändern gemäß den Veränderungen, die der Mensch im Laufe der Jahrhunderte selbst erfährt. Das 20. Jahrhundert erfordert eine Erneuerung des christlichen Lebens, das die freie, mündige Persönlichkeit in eine unmittelbare Beziehung zu Jesus Christus und zu ihrer geistigen Heimat führt. Der Mittlerdienst des Priesters darf heute nicht mehr autoritär verstanden werden. In brüderlicher Gesinnung vollbringt der Priester, was in seinem Auftrag liegt.
Lehre, Taten und Vorbild Christi sind Zeugnis dafür, daß Er die Menschen nicht mehr in unmündiger Abhängigkeit von Seiner göttlichen Autorität halten will (Glaube ohne Einsicht, blinder Gehorsam, Furcht). Christus wendet sich vielmehr an das wahre Wesen im Menschen, das ursprünglich als Ebenbild Gottes erschaffen, durch den Sündenfall jedoch im Bewußtsein und Verhalten des Erdenmenschen verdunkelt ist. Christus sucht den Weg zu den Menschen; in Ihm können sie ihr eigenes höheres Ich finden.

c) Kultus und Verkündigung. Im Mittelpunkt des religiösen Lebens in der Christengemeinschaft steht das Sakrament von Brot und Wein (Abendmahl); es trägt den Namen »Die Menschen-Weihehandlung«.

Der Kultus führt das religiöse Erleben und das menschliche Bewußtsein über die irdische Ebene hinaus in die Erfahrung einer höheren Welt hinein. Er bereitet die Stätte für das unmittelbare Walten des Christus in der Gemeinde. Die menschliche Seele lernt, sich wieder für die Erfahrungen aus der übersinnlich-himmlischen Welt zu öffnen. Um den Gläubigen eine volle Teilnahme am Sakrament zu eröffnen, wird die Menschen-Weihehandlung in der jeweiligen Landessprache gehalten.

Um die Menschen-Weihehandlung gruppieren sich die anderen sechs Sakramente: Die Taufe der Kinder, die Konfirmation, die Schicksals-Beratung, die Trauung, die Priesterweihe, die Letzte Ölung. Sie begleiten das Menschenleben zwischen der Geburt und dem Tode. Die Konfirmation empfängt der Jugendliche mit 14 Jahren. Sie findet stets in der Osterfesteszeit statt. Die Schicksalsberatung dient der Selbstverantwortlichkeit des Gläubigen. Es gibt keinen Beichtzwang, wohl aber den Schutz der Verschwiegenheit. Die Letzte Ölung hilft dem Sterbenden, sich aus dem Leibe zu lösen und in das leibfreie geistige Dasein hinüber zu gehen.

Der Priester vollzieht die Sakramente kraft der Vollmacht, die ihm durch seine Weihe zuteil geworden ist. In der Christengemeinschaft werden Männer und Frauen in gleicher Weise Priester. Die Priester haben Lehrfreiheit, solange ihre Lehre nicht ihrem Auftrag widerspricht. Was in Predigt und Vortrag verkündet wird, will das denkende Bewußtsein nicht übergehen, sondern einbeziehen. Die intellektuelle Freiheit der Gemeindeglieder, die Freiheit ihrer Überzeugung bleibt gewahrt. Die religiöse Erfahrung im Sakrament sowie die Verkündigung aufgrund eines spirituellen Verständnisses der Bibel und des Menschen können in unserem Zeitalter gemeindebildend wirken. Der menschliche Geist ist fähig, sich zum ahnenden Verstehen der tiefen Geheimnisse der Bibel und des Christentums zu erheben, denn »der Geist erforscht alle Dinge, auch die Tiefen der Gottheit« (1. Korinther 2,10).

Der Ausbildung der Priester in der Christengemeinschaft liegt die Überzeugung zugrunde, daß das theologische Studium eine andere als die heute übliche Geistesart erfordert. Ein methodischer Zugang zu einer über die übliche Denkweise hinausführenden Geisteserkenntnis ist durch die Anthroposophie Rudolf Steiners erschlossen; von daher erhalten alle Studienfächer ihre spirituelle Vertiefung. Die Ausbildung erstreckt sich über mindestens drei Jahre. Sie umfaßt neben theologischen, philosophischen und allgemein bildenden Fächern auch die Grundlagen der Naturerkenntnis, Pädagogik und Menschenkunde (einschl. Praktika im Religionsunterricht), soziale Praktika und künstlerische Fächer (Sprachgestaltung, Eurythmie und Malen). Ausbildungsstätten befinden sich zur Zeit in Stuttgart, Leipzig und Südengland.

Der organisatorische Aufbau

Die Priesterschaft der Christengemeinschaft ist hierarchisch gegliedert. Das höchste Amt bekleidet der Erzoberlenker. Dieses Amt hatte als erster Lic. Dr. Friedrich Rittelmeyer inne (1922–1938). Nach Lic. Emil Bock (1938–1959) ist jetzt Dr. Rudolf Frieling Träger dieses Amtes. Dem Erzoberlenker stehen zwei Oberlenker zur Seite. Die Lenker üben die Funktion von Bischöfen in ihren Gebieten aus. Gegenwärtig sind die Gemeinden der Christengemeinschaft in der Bundesrepublik Deutschland in mehreren Lenkerschaften zusammengefaßt: Norddeutschland (Sitz Hamburg), westliches Deutschland (Sitz Köln), Hessen (Sitz Kassel), Baden/Württemberg (Sitz Stuttgart und Freiburg), Bayern (Sitz München). Außerhalb der Bundesrepublik bestehen Gemeinden in der DDR, der Schweiz, Österreich, Frankreich, Holland, Großbritannien, Dänemark, Norwegen, Schweden und Finnland; ferner in Nord- und Südamerika sowie in Südafrika.
Die Christengemeinschaft hat in Deutschland in ihren Gemeinden und Filialen z. Z. etwa 200 hauptamtliche Pfarrer. Sitz der Leitung ist Stuttgart. Die Christengemeinschaft ist in der Bundesrepublik als Körperschaft des öffentlichen Rechts anerkannt. Die sozialen Einrichtungen (Kinder- und Jugendheime, Altersheime) sind in regionalen Sozialwerken zusammengeschlossen, die dem Deutschen Paritätischen Wohlfahrtsverband angehören. Der »Verband der Sozialwerke der Christengemeinschaft« vertritt als Dachorganisation ihre sozialen Belange auf Bundesebene.
Maßgebend für die Aufnahme in die Christengemeinschaft ist die Beziehung, die der Aufzunehmende zu den Sakramenten gewonnen hat. Die Christengemeinschaft verpflichtet auf keine Lehre oder Bekenntnisformel. Für das Kind wird die Zugehörigkeit durch die Taufe und die Konfirmation begründet. Als Mitglieder werden die Menschen betrachtet, die den Willen zur Mitgliedschaft bekundet haben; meist sind es solche, die dem Leben anderer Kirchen oder Religionsgemeinschaften fernstehen bzw. in diesen kein Genügen mehr finden.

Die Christengemeinschaft will niemanden einem noch bestehenden Glauben entfremden und verlangt deshalb keinen Austritt aus einer anderen Gemeinschaft. Wirtschaftlich wird die Christengemeinschaft von den freiwilligen Beiträgen und Spenden ihrer Mitglieder und Freunde getragen.

Literatur

Allgemeines

Bock, Emil: Die neue Reformation.

Bubner, Rudolf: Evolution, Reinkarnation, Christentum, 1975.

Frieling, Rudolf: Vom Wesen des Christentums.

– Christentum und Wiederverkörperung, 1974.

– Christentum und Islam, 1977.

Hemleben, Johannes: Biologie und Christentum.

– Jenseits (Rowohlt 1975).

Meyer, Rudolf: Vom Schicksal der Toten.

Rittelmeyer, Friedrich: Meditation.

– Gemeinschaft mit den Verstorbenen.

Schroeder, Hans Werner: Das Gebet, 1977.

Biographisches

Hemleben, Johannes: Rudolf Steiner (rororo Monographie Nr. 79).

Rittelmeyer, Friedrich: Meine Lebensbegegnung mit Rudolf Steiner.

Zum Bibelverständnis

Bock, Emil: Das Alte Testament und die Geistesgeschichte der Menschheit (3 Bde.)

– Urchristentum (4 Bde.).

Frieling, Rudolf: Bibelstudien.

– Die Verklärung auf dem Berge.

– Aus der Welt der Psalmen.

Kelber, Wilhelm: Der Menschensohn.

Lauenstein, Diether: Der Messias.

Meyer, Rudolf: Die Wiedergewinnung des Johannesevangeliums.

Zur religiösen Erziehung

Heimeran, Marta: Von der Religion des kleinen Kindes.

Meyer, Rudolf: Das Kind.

Alle Titel (außer der rororo Monographie) sind im Verlag Urachhaus, Stuttgart, erschienen.

Pfarrer Michael Heidenreich

Die Christliche Wissenschaft

1. Geschichte

Die Christliche Wissenschaft (Christian Science) geht auf die Amerikanerin Mary Baker Eddy (1821–1910) zurück. Sie hatte sich schon von Kind auf ernsthaft mit religiösen Fragen, und damit im Zusammenhang mit Fragen des menschlichen Leidens und mit gesellschaftlichen Problemen beschäftigt. So ist es für sie selbstverständlich, als sie 1866 an den Folgen einer lebensgefährlichen Verletzung darnieder liegt, sich der Bibel zuzuwenden, um darin eine Antwort für ihre Situation zu finden. Beim Lesen eines der Berichte über Jesu Heilungen wird sie augenblicklich von ihrem Leiden befreit. Dieses Erlebnis ist für sie der entscheidende Anstoß für ihre Entdeckung dessen, was sie später als Christliche Wissenschaft bezeichnet.
Um das Prinzip ihrer Heilung und damit des Wirkens Jesu zu ergründen, beginnt Mary Baker Eddy mit einem intensiven Studium der Bibel. Die ihr daraus erwachsenden Erkenntnisse erprobt sie sofort praktisch, und die zahlreichen Heilungen derjenigen, die bei ihr Hilfe suchen, erwecken das Interesse ihrer Umgebung. Deshalb wird sie gebeten, ihre Erkenntnisse von der »geistigen Bedeutung« der Heiligen Schrift auch anderen zu vermitteln. Die von Mrs. Eddy Unterrichteten praktizieren dann ebenfalls ihr neues Verständnis von der Bibel und bewirken dadurch Heilungen. So wird bewiesen, daß die Heilungen nicht das Ergebnis einer persönlichen Gabe sind, sondern daß es sich um das Wirken göttlicher Gesetze handelt, die wissenschaftlich verstanden und angewandt werden können.
Das wachsende Interesse daran verlangt nach einer Darlegung, einem Lehrbuch, das jedermann den Zugang zu diesem neuen Verständnis des Christentums als einer beweisbaren Wissenschaft ermöglicht. So entsteht 1875 das Hauptwerk von Mary Baker Eddy: »Wissenschaft und Gesundheit mit Schlüssel zur Heiligen Schrift« (im folgenden abgekürzt »W. u. G.«). Die Verfasserin hat es verschiedentlich revidiert, und bis 1975 ist es aus dem Englischen in zwölf andere Sprachen

übersetzt worden. In diesem Buch bezeichnet sie ihre Entdeckung als Christliche Wissenschaft (Christian Science).
Um diese Entdeckung bekanntzumachen und zu schützen, erscheint es nötig, eine geeignete Organisationsform zu finden. Auf Antrag von Mary Baker Eddy beschließt deshalb eine kleine Gruppe ihrer Anhänger in Boston (USA), »eine Kirche zu gründen, die den Zweck haben sollte, die Worte und Werke unseres Meisters in Erinnerung zu bringen und dadurch das ursprüngliche Christentum und sein verlorengegangenes Element des Heilens wieder einzuführen« (1879). Die Kirche erhält den Namen »The First Church of Christ, Scientist« (Erste Kirche Christi, Wissenschafter). Sie wird zum Unterschied von später gegründeten Zweigkirchen »Die Mutterkirche« genannt. 1892 wird die Kirche reorganisiert und erhält ihre jetzige Form.
Von Boston aus verbreitet sich die Kirche zunächst in die angelsächsischen Länder, später auch in andere Staaten. Um die Jahrhundertwende entstehen die ersten Gemeinden in Deutschland (Hannover, Dresden, Berlin, Stuttgart). Das eigentliche Wachstum der Kirche in Deutschland beginnt jedoch erst in den zwanziger Jahren. 1941 wird die Kirche wegen ihrer internationalen Verbindungen von den Nationalsozialisten verboten. Nach 1945 konstituieren sich die einzelnen Zweigkirchen wieder, sie werden jedoch 1951 in der DDR abermals verboten; hiervon werden 42 Gemeinden betroffen. In der Bundesrepublik Deutschland einschließlich West-Berlins gibt es gegenwärtig 114 Zweigkirchen und 6 Hochschulorganisationen, darüber hinaus noch zahlreiche inoffizielle Gruppen. Auf internationaler Ebene bestehen heute mehr als 3200 Christian Science Kirchen und Vereinigungen sowie über 500 Hochschulorganisationen in mehr als 50 Ländern aller 5 Kontinente.

2. Lehre

Um das Wesen Gottes zu beschreiben, benutzt Mary Baker Eddy Bezeichnungen, die der Heiligen Schrift entstammen. Für sie ist Gott als das Zentrum der Christlichen Wissenschaft der große ICH BIN, wie Er sich Mose offenbarte, die Quelle allen Seins, aller Identität, aller Macht. Sie definiert Ihn weiter als unendliches Gemüt und unendlichen Geist, als göttliches Prinzip, als die Seele allen wirklichen Seins, als unendliches Leben, unendliche Wahrheit und Liebe. Sie spricht von Ihm als dem All-Wissenden, All-Sehenden, All-Mächtigen, All-Wirkenden, All-Weisen und All-Liebenden. Jesaja sagt, daß Gott uns wie eine Mutter tröste. So kommt Mary Baker Eddy zu der Feststellung, daß Vater-Mutter der Name für die Gottheit sei, der ihr zärtliches Verhältnis zu ihrer Schöpfung andeutet. Einer der obengenannten Begriffe kommt allerdings in der Bibel nicht vor: Prinzip. Von Gott wird aber immer wieder als der Quelle des Rechts und der Gerechtigkeit gesprochen, als dem Gesetz, der Ordnung, dem Fels und dem Grund, und solche Bezeichnungen sind es, die der Begriff Prinzip umfaßt.

Die Christliche Wissenschaft zieht den Schluß, daß die Schöpfung eines guten, vollkommenen Gottes von der Natur ihres Schöpfers nicht abweichen kann. In der Tat wird im 1. Kapitel der Genesis das von Gott geschaffene Universum als »sehr gut« bezeichnet, und vom Menschen wird gesagt, daß er zu »Gottes Bild und Gleichnis« erschaffen wurde. In der Bibel wird vom Menschen auch als vom »Kind Gottes« oder vom »Zeugen Gottes« gesprochen. So kommt die Christliche Wissenschaft dazu, das Verhältnis zwischen Gott und Mensch wie das zwischen Ursache und Wirkung zu verstehen. Schöpfung und Mensch sind also der ununterbrochene, vollkommene Ausdruck eines vollkommenen Gottes.

Das 2. Kapitel der Genesis bringt einen anderen Schöpfungsbericht, demzufolge Adam aus Staub erschaffen wird, und damit beginnt eine Geschichte fortgesetzter Unzulänglichkeiten und Verirrungen aller Art. Die an die Genesis anschließenden Bücher der Bibel bilden für den Christlichen Wissenschafter eine Veranschaulichung des Kampfes zwischen diesen beiden sich widersprechenden Auffassungen der Wirklichkeit, die bereits in den verschiedenen Schöpfungsberichten zum Ausdruck kommen.

Der Apostel Paulus sagt: »Gleich wie sie in Adam alle sterben, so werden sie in Christus alle lebendig gemacht werden« (1. Korinther 15,22). Aus dem Zusammenhang wird klar, daß Paulus hier Adam mit dem »alten Menschen« und Christus mit dem »neuen Menschen« gleichsetzt. Ebenso sagt er im Brief an die Epheser (4,22): »Legt von euch ab den alten Menschen mit seinem vorigen Wandel, der durch trügerische Lüste sich verderbt. Erneuert euch aber im Geist eures Gemüts und zieht den neuen Menschen an, der nach Gott geschaffen ist in rechtschaffener Gerechtigkeit und Heiligkeit.« Jedesmal, wenn der »alte Mensch« und ein menschengemachter Gott das Denken und Handeln bestimmten, dann zeigten sich Niedergang und Verfall in der Geschichte, wie sie die Bibel berichtet. In dem Maße aber, wie der

»neue Mensch« – Gottes Ebenbild – sich als der eigentliche Mensch dem Bewußtsein öffnete und Gott als Geist, als Wahrheit und Liebe verstanden und erlebt wurde, waren Aufstieg, Würde und Freiheit das Ergebnis. Der Höhepunkt in dieser Entwicklung des biblischen Menschenbildes ist Jesus Christus. Für diesen »neuen Menschen« hat Christus Jesus in seinem erlösenden und heilenden Wirken beständig Zeugnis abgelegt. Die Christlichen Wissenschafter anerkennen ihn als »den Weg, die Wahrheit und das Leben«, durch den sie zum Vater kommen. Sie sehen in Jesus den Menschen, der in seinem Leben den Christus oder die Gotteskindschaft des Menschen veranschaulichte und den Menschen zeigte, wie sie Erlösung, Heil und Heilung finden können.

Jesus Christus empfiehlt seinen Nachfolgern, ohne Unterlaß zu beten und dies »im Verborgenen« zu tun. Er warnt davor zu glauben, daß die Wirkung eines Gebets von »vielen Worten« abhänge und fügt hinzu: »Euer Vater weiß, was ihr bedürfet, ehe denn ihr ihn bittet.« Dies alles sind Merkmale des Betens in der Christlichen Wissenschaft, dem eine große Bedeutung beigemessen wird.

Das Gebet eines bedrängten Herzens mag wohl mit einem Hilferuf an Gott beginnen, doch wird dem Christlichen Wissenschafter bald bewußt werden, daß es nicht darum geht, dem All-Mächtigen und All-Wissenden Aufträge zu übermitteln. Seine Hinwendung zu Gott wird in ein demütiges Verlangen nach Gnade übergehen müssen, – ein Verlangen, das Wesen und den Willen Gottes zu verstehen. Dem Betenden erschließt sich dabei zunehmend die Fülle, Vollkommenheit und Macht der Gottheit. Er wird sich seines unaufhörlichen Einsseins mit Gott als dessen Kind bewußt. Die Furcht schwindet, weil der Betende zu einem Verständnis der bestehenden und unumstößlichen göttlichen Ordnung und Harmonie vordringt und sich schließlich als die unversehrte und unantastbare Offenbarung der göttlichen Güte und des vollkommenen göttlichen Wesens erlebt. Heilung und Lösung von Problemen sind dann die »mitfolgenden Zeichen«, von denen Jesus spricht (Markus 16,17). Es ist unerläßlich wie auch natürlich, daß die Lebenspraxis mit einem solchen Verständnis von Gott und dem Menschen immer mehr in Übereinstimmung gebracht wird.

Lehre und Praxis sind in der Christlichen Wissenschaft unauflöslich verknüpft. Sie versteht sich als wissenschaftliches Christentum, und das heißt beweisbares, praktizierbares Christentum. Jesus Christus gab dem Ausdruck, als er zu den ihm nachfolgenden Juden sagte »Ihr werdet die Wahrheit erkennen, und die Wahrheit wird euch freimachen« (Johannes 8,23). Die Christliche Wissenschaft bezieht sich auf Gott, Geist, als die Grundwahrheit und das universelle Prinzip allen Seins, aus dem alles Leben, alle Kraft, Ordnung, Identität, alles Denken und Fühlen hervorgeht. Eine Beschäftigung mit Gott führt zum Verständnis Seiner Macht, Seiner nie versagenden Liebe und daher Seines verläßlichen Wirkens. Ein solches Verständnis und ein damit in Einklang gebrachtes Leben bezeugen in ihren Resultaten die heilbringende und befreiende Wirkung der Wahrheit, die Gott ist.

3. Organisation

Die Kirche Christi, Wissenschafter (Church of Christ, Scientist) umfaßt Die Mutterkirche in Boston, Massachusetts, und deren Zweigkirchen in der ganzen Welt. Über die Verwaltung Der Mutterkirche und das Verhältnis zwischen ihr und den Zweigkirchen sind im »Handbuch Der Mutterkirche« allgemeine Anweisungen von Mary Baker Eddy gegeben worden. Auf dieser Grundlage besitzt jede Zweigkirche demokratische Selbstverwaltung, d. h. sie stellt ihre eigenen Satzungen auf und verwaltet sich dementsprechend. In Der Mutterkirche werden alle Amtsinhaber von dem fünfköpfigen Direktorium ernannt, das im Falle einer Vakanz ein neues Mitglied hinzuwählt. In den Zweigkirchen dagegen werden die Ämter durch Gemeindewahlen besetzt. Die Bedeutung Der Mutterkirche liegt darin, daß sie eine Reihe von Einrichtungen im Interesse der gesamten Christian Science Bewegung unterhält.
Ein Vortragsrat sorgt dafür, daß erfahrene Sprecher für öffentliche Vorträge über die Christliche Wissenschaft bereitstehen, die von den Zweigkirchen veranstaltet werden. – Für die Information der Öffentlichkeit sind in jedem Land Komitees zuständig, die auch die Interessen der Kirche und ihrer Mitglieder gegenüber den Behörden vertreten. Wie in jedem anderen Land mit Christian Science Zweigkirchen befindet sich auch in der Bundesrepublik Deutschland ein solches Komitee, das auf lokaler Ebene von Mitarbeitern unterstützt wird. – Die Mutterkirche unterhält auch zwei Verlage, einen zur Herausgabe der Werke von Mary Baker Eddy und den andern zur Veröffentlichung weiterer christlich-wissenschaftlicher Literatur.
Die Kirche Christi, Wissenschafter, ist eine Laienkirche. Sie kennt nicht den Stand der Berufsgeistlichen. Vielmehr wird von jedem

Mitglied erwartet, daß es die Christliche Wissenschaft fortgesetzt studiere und ausübe, d. h. auf alle Lebensbereiche anwende. Daraus wurde das Wort »Ausüber« abgeleitet als Bezeichnung für erfahrene Christliche Wissenschafter, die sich vollberuflich dem Amt des Heilens widmen. Um von der Mutterkirche anerkannt und in dem Adressenregister, das monatlich in den Christian Science Zeitschriften veröffentlicht wird, geführt zu werden, muß der Ausüber nachweisen, daß er erfolgreiche Heilarbeit geleistet hat und den Anforderungen seiner Arbeit charakterlich und anderweitig nachkommen kann.
Die Beschäftigung mit der Christlichen Wissenschaft kommt einem permanenten Selbststudium gleich. Eine wichtige Rolle spielen die wöchentlichen »Bibellektionen«, die von den Christlichen Wissenschaftern täglich studiert werden. Ihr Inhalt sind Lektionen für jeden Sonntag, die gleichmäßig aufgebaut sind: Sie bestehen aus einer Zusammenstellung von Bibeltexten und entsprechenden Abschnitten aus dem Lehrbuch »Wissenschaft und Gesundheit« zu wöchentlich wechselnden Themen. Diese Bibellektionen werden in den Sonntag-Gottesdiensten aller Christian Science Kirchen in der Welt von zwei Lesern verlesen, und zwar mit der Bemerkung, daß die Bibel und das Lehrbuch »Wissenschaft und Gesundheit« die einzigen, unpersönlichen Prediger in einer Christian Science Kirche darstellen. Der Gottesdienst umfaßt außerdem Gemeindegesang, Gebet, zusätzliche Bibeltexte und Musik, er wird ohne Ritual abgehalten.
Die Mittwochabend-Versammlungen stellen etwas für Christian Science sehr Typisches dar. Hier kann jedes Gemeindeglied unmittelbar am Gottesdienst mitwirken, indem es von Erfahrungen berichtet, die das heilende und erneuernde Wirken der Christlichen Wissenschaft bezeugen. In solchen Zeugnissen wird – entweder spontan oder vorbereitet – von körperlichen und seelischen Heilungen gesprochen sowie davon, wie Probleme im Beruf, in der Schule oder in den zwischenmenschlichen Beziehungen gelöst wurden. Zu Beginn dieser Versammlungen liest der Erste Leser Stellen aus der Bibel und aus »Wissenschaft und Gesundheit« zu einem selbstgewählten Thema, das ihm aktuell erscheint. Ähnliche Versammlungen halten auch Hochschulorganisationen der Christlichen Wissenschaft an Universitäten ab, die jedoch keine Sonntagsgottesdienste veranstalten.
Die Zweigkirchen unterhalten Sonntagsschulen für Schüler bis zu 20 Jahren. Die Jugendlichen werden jedoch nicht automatisch Mitglied einer Christian Science Kirche, sondern müssen, ebenso wie Erwachsene, einen Antrag stellen. Es ist nicht zulässig, gleichzeitig auch noch

einer anderen Kirche oder Religionsgemeinschaft anzugehören.
Jede Zweigkirche hat ein öffentliches Lesezimmer, in dem die Bibel und die Literatur der Christlichen Wissenschaft gelesen, geliehen und gekauft werden können.
In der Bundesrepublik Deutschland wurde Christian Science der Status einer Körperschaft des öffentlichen Rechts in den Ländern Bayern, Hamburg, Niedersachsen und Berlin verliehen.

4. Besondere Aktivitäten

Sozialarbeit
Während der beiden Weltkriege und danach, wie auch bei Naturkatastrophen, hat Die Mutterkirche den geschädigten Regionen Hilfe geleistet. In eigener Initiative haben sich Mitglieder der Christian Science Kirche zusammengeschlossen und unterhalten Pflegedienste, Pflegeheime und Altersheime.
Bei alledem sieht die Kirche keine Notwendigkeit, als Organisation in die Sozialarbeit zu gehen oder ihren Mitgliedern Richtlinien für ihr Verhalten in aktuellen Fragen, wie Wehrdienst oder Wehrdienstverweigerung, zu geben. Sie betont die Notwendigkeit der individuellen geistigen Erneuerung. Sie führt zu einem wacheren Empfinden für die soziale Verantwortung gegenüber der Gesellschaft. So kann der Christliche Wissenschafter, sei es nun allein oder in entsprechenden Organisationen, seinen Beitrag auch für das Heilen der Nöte der menschlichen Gesellschaft leisten. Die Kirche entbindet den Christlichen Wissenschafter nicht von seiner gesellschaftlichen Verantwortung. Sie hilft ihm vielmehr, durch Gebet ein erleuchtetes Verständnis zu gewinnen, das ihn befähigt, konstruktive Entscheidungen zu treffen und sie in den verschiedenen Bereichen des Lebens zu verwirklichen.

Publizistik
Mrs. Eddy hat 4 noch heute bestehende religiöse Zeitschriften ins Leben gerufen. Im Jahre 1908 gründete sie die Tageszeitung »The Christian Science Monitor« unter dem Motto »Niemandem zu schaden, sondern die ganze Menschheit zu segnen.« Diese Zeitung hat international hohes Ansehen erlangt, weil sie einen zuverlässigen und konstruktiven Journalismus vertritt, der seine Wurzel in religiösen Werten hat. – Weitere Literaturangaben folgen im nächsten Abschnitt.

5. Literatur

Deutsche Übersetzung der Werke von Mary Baker Eddy

Wissenschaft und Gesundheit mit Schlüssel zur Heiligen Schrift (Hauptwerk), 1975.

Rückblick und Einblick (Autobiographie), 1963.

Die Einheit des Guten – Christliches Heilen – Die allgemeine Anschauung des Menschen von Gott, 1963.

Grundzüge der göttlichen Wissenschaft – Nein und ja, 1974.

Vermischte Schriften, 1967.

Die Erste Kirche Christi, Wissenschafter, und Verschiedenes, 1974.

Andere christlich-wissenschaftliche Literatur

Ein Jahrhundert christlich-wissenschaftlichen Heilens (Dokumentation), 1969.

De Witt, John: Die Lebenseinstellung eines Christlichen Wissenschafters, 1974.

Tomlinson, Irvin C.: Zwölf Jahre mit Mary Baker Eddy, 1972.

Leishman, Thomas L.: Warum ich ein Christlicher Wissenschafter bin, 1968.

Zeitschriften der Christlichen Wissenschaft

Der Herold der Christlichen Wissenschaft (Monatsschrift).

Vierteljahresheft der Christlichen Wissenschaft (enthält die wöchentlichen Bibellektionen für ein Vierteljahr).

The Christian Science Journal (Monatsschrift, englisch).

Christian Science Sentinel (Wochenschrift, englisch).

The Christian Science Monitor (internationale Tageszeitung).

Die Literatur der Christlichen Wissenschaft kann vom Christian Science Komitee für Veröffentlichungen, 6000 Frankfurt am Main, Savignystr. 28, bezogen werden. Diese Stelle ist auch für Informationen zuständig.

Dr. Klaus-Dieter Förster

Die Evangelische Brüdergemeine

1. Entstehung

Die Evangelische Brüdergemeine (auch Herrnhuter und Evangelische Brüder-Unität) ist vor 250 Jahren in der sächsischen Oberlausitz entstanden. Ihre Gründung steht im Zusammenhang mit der alten Märtyrerkirche der Böhmischen Brüder, die sich »Brüder-Unität« nannte. Diese war 1457 von Anhängern des Reformators Johann Hus gegründet und in der Zeit der Gegenreformation und des Dreißigjährigen Krieges verfolgt und schließlich vernichtet worden. Nachkommen dieser Kirche wanderten 1722 um ihres Glaubens willen aus Mähren aus und fanden auf den Besitzungen des Grafen Zinzendorf in Sachsen Aufnahme.

Nikolaus Ludwig Graf von Zinzendorf (1700–1760) entstammte einem alten Reichsgrafengeschlecht. Der Tradition seiner Familie gemäß trat er in den Staatsdienst und wurde Justizrat am Hofe August des Starken. Seine Lebensaufgabe sah er von Jugend auf darin, seinem Herrn Christus zu dienen, seine vielseitigen Begabungen ihm zur Verfügung zu stellen und Menschen zu sammeln, die bereit waren, ihr Leben für die Ausbreitung des Evangeliums in aller Welt einzusetzen.

Die Flüchtlingssiedlung bei Berthelsdorf in Sachsen, die unter seiner Leitung entstand, bekam den Namen »Herrnhut«; sie wurde zu einem Zufluchtsort für verfolgte Christen aus den verschiedensten Teilen Europas. Diese wollten ihren jeweiligen Sonderglauben in der neuen Heimat zur Geltung bringen und fingen an, sich gegenseitig zu bekehren. So kam es, daß in Herrnhut – eigentlich dazu bestimmt, den Verfolgten Frieden zu gewähren –, ein großer Teil der konfessionellen Händel noch einmal an einem Ort und zur gleichen Zeit ausgetragen wurden. Bemerkenswert an der Entstehung der Brüdergemeine ist aber, daß diese Menschen trotz ihrer Unterschiede in Lehre, Kultus und Lebensauffassung zu einer echten inneren Einheit zusammengeführt wurden. In unermüdlicher seelsorgerlicher Arbeit wies Zinzendorf alle Einwohner auf die gemeinsame christliche Grundlage hin:

Die Erlösung durch Jesus Christus. Er zeigte ihnen, daß es nicht darauf ankäme, dem Bruder seine Irrtümer und Irrlehren nachzuweisen, sondern die Schuld der Uneinigkeit bei sich selbst zu suchen und die eigene Meinung an der Heiligen Schrift zu prüfen, evtl. zu korrigieren. Schließlich fanden sich alle Beteiligten bereit, an einer gemeinsamen Abendmahlsfeier teilzunehmen. Bei dieser Feier am 13. August 1727 wurde ihnen durch die gemeinsam erfahrene Vergebung und Liebe die Einigkeit in so wunderbarer Weise geschenkt, daß alles Trennende von ihnen abfiel: Sie erlebten den Heiligen Geist als Leben schaffende Wirklichkeit. Die Bewegung war so stark, daß die Gemeinde sich berufen fühlte, an der Ausbreitung des Evangeliums von der freien Gnade Gottes nach Kräften mitzuhelfen. Innerhalb der ersten 25 Jahre arbeiteten die Brüder bereits in 40 Ländern und Missionsgebieten unter Christen, Negersklaven und Eskimos.
Weder Zinzendorf noch die Brüder beabsichtigten eine Trennung von der Lutherischen Kirche, zu der sie entsprechend ihrem neuen Wohnort zunächst gehörten. Aber der Tatendrang dieser kleinen Gemeinde war stärker als die althergebrachten Formen kirchlichen Lebens. Mißverständnisse und Unverständnis seitens der Kirchenleitung zeigten sich vor allem in bezug auf die Mitarbeit der Laien und die Heidenmission. Außerdem traten politische Spannungen auf, die sich aus der zunehmenden Auswanderung aus Böhmen und Mähren ergaben; sie führten zur zeitweiligen Verbannung Zinzendorfs aus Sachsen (1736). Aufgrund dieser Entwicklung sahen sich die Brüder gezwungen, eine selbständige Kirche zu bilden, zumal sie bereits 1735 das Bischofsamt der alten böhmischen Brüder-Unität übernommen hatten. In ihrer weiteren Entwicklung wurde die Brüdergemeine entscheidend durch die Persönlichkeit Zinzendorfs geprägt. Geradezu modern mutet seine Einstellung an, die er für das Verhältnis zu anderen Kirchen und Glaubensgemeinschaften vertrat; dabei ist zu berücksichtigen, daß es zu seiner Zeit noch keine ökumenische Bewegung gab. Hier einige Beispiele[5]:

»Der Heilige Geist hat die Religionen gemeiniglich nach dem Klima eingerichtet, daß man sich einerlei Wahrheit auf verschiedene Art vorstellt und ausspricht, so wie es der Nationalverstand begreifen kann. Darein darf man nicht stören, sondern man muß den Seelen einerlei Gotteswahrheit auf eine ver-

5. Die nachstehenden Zitate sind entnommen dem Buch »Evangelische Gedanken« von O. Uttendörfer, Berlin 1948.

schiedene und, so viel möglich, auf ihre eigene Art sagen, wie's ihr armer Kopf fassen und ihr Ohr vertragen kann.« 17. September 1753

»In jeder Religion liegt ein gewisser Gedanke Gottes, der durch keine andere erhalten werden kann. Jede christliche Religion hat ein Kleinod, das sie auf Gottes Befehl erhalten muß, wozu sie so zu reden den Schlüssel allein hat.«
Synode, 12. und 15. November 1747

»Man soll keine einzige christliche Sekte platt verwerfen und denken, sie taugt nichts, sondern soll gewiß glauben, daß durch die mannigfaltige Weisheit Gottes nicht *eine* Sekte ist, bei der man nicht in die Schule gehen und etwas lernen könnte.« Londoner Reden 2, S. 260f., 23. Juni 1754

Zinzendorfs grundsätzliche Überzeugung war: »Wir müssen mit dem Heiland in Person bekannt werden, sonst ist alle Theologie nichts« (1753).

2. Lehre und gottesdienstliche Formen

Die Brüdergemeine unterscheidet sich von anderen evangelischen Kirchen nicht durch eine besondere Lehre. Grundlage des Glaubens ist auch bei uns die Heilige Schrift. Da diese aber kein geschlossenes Lehrsystem bietet, werden die Mitglieder der Brüdergemeine nicht an den Wortlaut irgendeines formulierten Glaubensbekenntnisses gebunden. Die Bekenntnisse der alten Kirchen und die Bekenntnisschriften der Reformation werden als Wegweiser für die rechte Auslegung der Schrift anerkannt. Offenbarungen, die über die Heilige Schrift hinausgehen, erkennt die Brüdergemeine nicht an. In der Überzeugung, daß unser Wissen Stückwerk ist, erscheinen uns die verschiedenen evangelischen Lehrauffassungen (z. B. die der lutherischen und reformierten Kirche in bezug auf das Heilige Abendmahl) gleichberechtigt. Um so entschiedener wacht die Gemeinde darüber, daß die Hauptwahrheit der Bibel: Jesus Christus ist für unsere Schuld gestorben und auferstanden und hat uns mit Gott versöhnt, Mittelpunkt des Glaubens und der Verkündigung bleibt. Es gehört zum Wesen der Brüdergemeine, daß dieser Glaube zur persönlichen Gewißheit jedes einzelnen wird und daß alle Mitglieder untereinander in herzlich brüderlicher Gemeinschaft stehen. Die Unterschiede des Standes, der Bildung usw. werden dabei nicht geleugnet, sie verschwinden aber praktisch im Leben der Gemeinschaft. Dazu gehört auch, daß sich die Mitglieder mit »Bruder« und »Schwester« anreden und innerhalb der Geschlechter »Du« sagen. (In den ursprünglichen Ortsgemeinden wohnten die Mitglieder der Brüdergemeine in geschlossenen Siedlungen beieinander, in denen das öffentliche und private Leben weitgehend vom Glauben her bestimmt und gestaltet war.) Zur seelsorgerlichen Betreuung sind die Gemeinden in Gruppen (Chöre) eingeteilt, denen besondere Aufgaben und Dienste zugewiesen werden. Bei allem Ernst in der Beobachtung eines christlichen Lebens ist der Grundton auf Freude und Natürlichkeit gestimmt. Dies zeigt sich in den liturgisch reich ausgestalteten Gottesdiensten und den besonderen Formen christlicher Geselligkeit. Außer den allgemeinen christlichen Festtagen werden die Gründungstage der alten und der erneuerten Brüderkirche (1. März und 13. August), der Ostermorgen auf dem Friedhof und das Ältestenfest (13. November) feierlich begangen.

Taufe und Konfirmation (Abschluß der kirchlichen Unterweisung) sind nicht an bestimmte Lebensalter gebunden. Das vielfältige Angebot der Gemeinde ist auf Freiwilligkeit angelegt. Die Mitgliedschaft wird nicht durch Geburt oder Herkunft erworben, sondern durch eine persönliche Willenserklärung.

Die schlichten Kirchensäle, in denen die Brüdergemeine ihre Gottesdienste hält, betonen in Anordnung und Architektur die Zusammengehörigkeit der versammelten Gemeinde. Die Kirchensäle sind in reinem Weiß gehalten. Weiß als Zeichen der Freude ist auch der Talar, den die Geistlichen und Akoluthen[6] bei der Verwaltung der Sakramente (Taufe und Abendmahl) tragen.

Die Friedhöfe der Brüdergemeine fallen durch ihre besondere Anlage und Gestaltung auf. Die einfachen, in fortlaufenden Reihen liegenden Grabsteine sollen auf die Zusammengehörigkeit und Verbundenheit mit der vollendeten Gemeinde hinweisen und dadurch die Hoffnung auf die Auferstehung zum Ausdruck bringen.

Die Gemeinden und Arbeitsgruppen der Brüdergemeine sehen ihre Aufgabe nicht nur in der Gestaltung des Gemeindelebens und in der Erfüllung der religiösen Bedürfnisse ihrer Mitglieder. Sie dienen der Sammlung, Ausbildung und Aussendung der Mitarbeiter. Die Haupt-Arbeitsgebiete der Brüdergemeine sind die Weltmission (die Brüdergemeine ist die erste evangelische Missionsgemeinde, Beginn 1732), die Gemeinschaftspflege und die Jugenderziehung in den Gemeinden und in christlichen Privatschulen. Diese Arbeit reicht weit über die Grenzen der eigenen Kirche hinaus und dient grundsätzlich nicht der Mitgliederwerbung und Vergrößerung der eigenen Gemeinden, son-

6. Wörtlich übersetzt: Begleiter, auch Diener.

dern den missionarischen und diakonischen Aufgaben, die allen Christen aufgetragen sind.
Mitglieder der Brüdergemeine, die außerhalb einer Ortsgemeine wohnen, haben das Recht, gleichzeitig einer anderen christlichen Kirche anzugehören und an deren Leben und Aufgaben teilzunehmen. Damit ist die Brüdergemeine eine Art Arbeitsgemeinschaft innerhalb der evangelischen Christenheit, man hat sie auch mit einem Orden verglichen, der im evangelischen Raum auf evangelische Weise wirkt.

3. Rechtsform und Organisation

Die Brüdergemeine erhielt bereits 1742 die Anerkennung als evangelische Freikirche und ist in Deutschland eine Körperschaft des öffentlichen Rechts. Sie ist der »Evangelischen Kirche in Deutschland« (EKD) angeschlossen, gehört zum Ökumenischen Rat der Kirchen, zur Konferenz Europäischer Kirchen, zur Evangelischen Allianz und ist Gast bei der Vereinigung evangelischer Freikirchen.
Die gesamte Brüder-Unität, der als verfassungsmäßige Vertretung die Unitätssynode vorsteht, schließt sämtliche in verschiedenen Weltteilen gelegenen Unitätsprovinzen und deren Missionsgebiete ein. Jede Provinz wählt eine Synode, und diese als geschäftsführende Oberbehörde eine Direktion. Die Einzelgemeinden wählen einen Ältestenrat, der die Gemeinden rechtsgültig vertritt. Die Pfarrer der Brüdergemeine werden an Universitäten, kirchlichen Hochschulen und eigenen Seminaren ausgebildet. Die Bischöfe der Brüdergemeine haben keine verwaltungsmäßige, sondern eine geistliche Funktion.
Als Freikirche beteiligt sich die Brüdergemeine nicht an dem direkten Einzug der Kirchensteuer durch die Finanzämter. Sie erhält sich und ihre Arbeit durch freiwillige Beiträge der Mitglieder, durch kircheneigene Betriebe und durch Spenden.
Der Zahl nach ist die Brüdergemeine aus den obenerwähnten Gründen eine kleine Kirche geblieben. Sie zählt über die verschiedenen Erdteile verstreut etwa 400000 Mitglieder; davon gehören ca. 80000 zu den ehemaligen Heimatgemeinden und ca. 320000 zu den Jungen Kirchen, die aus der Missionsarbeit hervorgegangen sind.
Die Brüder haben in allen Erdteilen gearbeitet. Zur Zeit bestehen Brüderkirchen unter den Eskimos, Indianern, Buschnegern, Javanern und Britisch-Indern, in Nord-, Mittel- und Südamerika, unter den verschiedenen afrikanischen Völkern in Süd- und Ostafrika und an

den Grenzen Tibets. – Mittelpunkt der Arbeit in Deutschland sind Herrnhut (Sachsen) und Bad Boll (Württemberg).

Von dem Schrifttum der Brüdergemeine ist das alljährlich erscheinende Andachtsbuch »Losungen« am bekanntesten. Zur Herausgabe dieses Büchleins wird in Herrnhut aus einem Bestand von 1900 alttestamentlichen Bibelsprüchen für jeden Tag des betreffenden Jahres ein Spruch als »Losung« ausgelost, d. h. »gezogen«, das dann als Geleitwort über dem Tag stehen soll. Jeder Losung wird ein neutestamentliches erklärendes Wort als »Lehrtext« zugeordnet, dem sich ein Liedvers oder Gebet anschließt. Seit 1731 konnten diese Losungen ohne Unterbrechung jährlich neu erscheinen. Da sie im Laufe der Zeit eine immer weitere Verbreitung gefunden haben und jetzt in mehr als 20 Sprachen gedruckt werden, erfolgt die Auslosung der Sprüche jeweils 2 1/2 Jahre vor dem Erscheinen der Hefte. So sind die »Losungen« zu einem unsichtbaren geistlichen Band unter vielen Christen in aller Welt geworden.

Literatur

Zur Geschichte der Brüdergemeine

Müller, Joseph Th.: Geschichte der böhmischen Brüder, 3 Bde., Herrnhut 1922/31.

Renkewitz, Heinz: Die Brüder-Unität, Stuttgart 1967.

Müller, K., und A. Schulze: 200 Jahre Brüdermission, Herrnhut 1931/32.

Herrnhut, Ursprung und Auftrag. Festschrift der Direktion der Evang. Brüder-Unität zum 250jährigen Jubiläum, Berlin und Hamburg 1972.

von Buijtenen, Dekker, Leeuwenberg: Unitas Fratrum, Herrnhuter Studien, Reichsarchiv Utrecht 1975. (Inhalt: 18 wissenschaftliche Beiträge über Geschichte und Verbreitung der Herrnhuter bis in die Gegenwart.)

Weitere historische Literatur: Archiv der Brüder-Unität, Zittauer Straße 24, DDR 8709 Herrnhut.

Über die Persönlichkeit Zinzendorfs

Uttendörfer, O.: Zinzendorfs Weltbetrachtung, Berlin 1929.

– Zinzendorfs religiöse Grundgedanken, Herrnhut 1934.

– Zinzendorf und die Jugend, Berlin 1923.

– Zinzendorfs christliches Lebensideal, Herrnhut 1940.

– Evangelische Gedanken, Berlin 1948 (Auszüge aus Zinzendorfs Schriften, Reden und Liedern).
– Zinzendorf und die Mystik, Berlin 1950.
Bettermann, W.: Theologie und Sprache bei Zinzendorf, Gotha 1935.
Bayer, S.: Zinzendorf, in der Schriftenreihe »Ökumenische Profile« I/1, Berlin 1953.
– Der Graf von Zinzendorf (Darstellung für die Jugend), Stuttgart 1950.
Benz, E., und H. Renkewitz: Zinzendorf – Gedenkbuch, Stuttgart 1951.
Motel, Heinz: Zinzendorf als ökumenischer Theologe, Dissertation, Basel 1950.
Blanke, F.: Zinzendorf und die Einheit der Kinder Gottes, Basel 1950.
Beyreuther, Erich: Der junge Zinzendorf, Marburg 1957.
– Zinzendorf und die sich allhier beisammenfinden, Marburg 1959.
– Zinzendorf und die Christenheit, Marburg 1961.
Hahn, H.-Chr. und Reichel, H.: Zinzendorf und die Herrnhuter Brüder, (Quellen zur Geschichte der Brüder-Unität von 1722–1760), Hamburg 1977.

Pfarrer Joachim Knothe

Die Evangelische Kirche in Deutschland

Die Evangelische Kirche ist im 16. Jahrhundert, im Zeitalter der Reformation, aus der Römisch-Katholischen Kirche hervorgegangen. Martin Luther, Johann Calvin und Huldreich Zwingli begannen damals, die christlichen Gemeinden neu zu ordnen, indem sie alle Reformen aus dem Evangelium Jesu Christi zu begründen suchten. Das Evangelium, das Wort Gottes, sollte unbedingten Vorrang haben gegenüber allen Traditionen, die sich im Laufe der Geschichte in der Kirche herausgebildet hatten. So entstand die Evangelische Kirche. Sie sagt mit ihrem Namen, daß sie das Evangelium, die gute Botschaft von Jesus Christus, in den Mittelpunkt ihres Wirkens stellt.

1. Theologisches Selbstverständnis

Nach evangelischer Auffassung ist die Kirche die Gemeinschaft der Menschen, die sich zu Christus als ihrem Herrn bekennen und für diese Glaubensüberzeugung missionierend mit Wort und Tat eintreten. Im Neuen Testament gibt es für die Kirche eine Reihe von Bildern.

a) Die Kirche ist das Volk Gottes. Wie die Juden schon zur Zeit des Alten Bundes, verstehen sich die Christen seit der Zeit des Neuen Testamentes ebenfalls als Gottes Volk. Dabei ist allein das Bekenntnis zu Jesus Christus entscheidend. Als der Jünger Simon (Petrus) bezeugte: »Du bist Christus, der Sohn des lebendigen Gottes!«, antwortete ihm Jesus: »Du bist Petrus, und auf diesem Fels[7] will ich meine Kirche bauen!« (Matthäus 16,13–18). Nach evangelischer Auffassung will Christus seine Kirche auf dem Felsen dieses Bekenntnisses erbauen.

7. Das griechische Wort für Fels heißt »petros«.

b) Die Kirche ist zugleich die Gemeinschaft der Heiligen, die Martin Luther im Kleinen Katechismus »die ganze Christenheit auf Erden« nennt. Diese Grunderfahrung hat Martin Luther als Fundament christlichen Glaubens wiederentdeckt. Dabei stützt er sich auf die Worte des Neuen Testaments: »So halten wir nun dafür, daß der Mensch gerecht werde ohne des Gesetzes Werke, allein durch den Glauben« (Römer 3,28).
c) Im Neuen Testament ist von der Kirche als dem Leib Christi die Rede. Christus selbst ist das Haupt des Leibes, die Christen sind die einzelnen Glieder. Dieses Gleichnis von einem lebendigen Organismus zeigt, daß die Christen in ihrem gemeinsamen Dienst für die Welt von ihrem Herrn geleitet werden. Alle Werke der Kirche in ihrer Zuwendung zum notleidenden Menschen haben hierin ihren Ursprung als Zeugnis und Zeichen der allumfassenden Liebe Gottes.
d) Die Kirche steht unmittelbar in Verbindung mit ihrem Herrn durch die von ihm eingesetzten Sakramente. Über das Abendmahl wird im Neuen Testament folgendes gesagt: »Da sie aber aßen, nahm Jesus das Brot, dankte und brach's, gab's den Jüngern und sprach: Nehmet, esset, das ist mein Leib. Und er nahm den Kelch und dankte, gab ihnen den und sprach: Trinket alle daraus!« (Matthäus 26,26 und 27). Entsprechend diesen Worten bekommen die Gemeindeglieder Brot und Wein als Leib und Blut Christi, nicht wie in der Römisch-Katholischen Kirche vor dem 2. Vatikanischen Konzil nur das Brot. Das Empfangen des Heiligen Abendmahles »in beiderlei Gestalt« wurde daher ein Merkmal des Übertrittes von der Katholischen zur Evangelischen Kirche.
Seine Auffassung über die Taufe hat Luther im Kleinen Katechismus niedergelegt. Andere reformatorische Kirchen verstehen die Taufe mündiger Menschen als Bekenntnis, als Gehorsamsakt und als Dank für das Angenommensein bei Gott. Im Unterschied dazu halten sowohl Luther wie auch Zwingli und Calvin an der Kindertaufe fest. Mit ihr wird zum Ausdruck gebracht, daß Gott seine Liebe und Gnade schon dem neugeborenen Kind zuwendet.

2. Historisches Werden

Der geschichtliche Weg, der zu der heutigen »Evangelischen Kirche in Deutschland« (EKD) führt, nimmt seinen Anfang bei den reformatorischen Bewegungen, die durch Luther und Calvin ausgelöst wurden.

Die Herrschaftsmacht einer verweltlichten Kirche, die im 4. Jahrhundert mit der Erhebung des bislang unterdrückten Christentums zur Staatsreligion durch Kaiser Konstantin begann und im späten Mittelalter ihren Höhepunkt fand, wurde radikal in Frage gestellt. Unter Hinweis darauf, »daß auch Konzile irren können«, sollte die christliche Kirche wieder allein auf die Heilige Schrift gegründet sein. Diese reformatorische Grundeinsicht wurde unter dem Einfluß des Schweizer Reformators Johann Calvin vor allem in den westlichen Teilen Deutschlands, dann auch in der ganzen westlichen Welt weiter vertieft. Die Folge war oft ein nicht nur religiöser, sondern auch politischer Rigorismus und Puritanismus, der den Ablösungsprozeß der Neuzeit vom Mittelalter beschleunigte. Gegenüber dieser »reformierten« Tradition blieb das Luthertum konservativer. Das Organisatorische des neuen kirchlichen Lebens wurde weithin in die Hände der »Evangelischen Stände«, bald aber auch in die Hände der Fürsten gelegt. Die reformatorischen Kirchen wurden zu Landeskirchen. Das geistliche Grundanliegen der Reformation sollte dabei durch eine sorgfältige Unterscheidung des weltlichen und des geistlichen Regiments festgehalten werden. Dennoch blieb der Weg der Evangelischen Kirche eng verbunden mit dem Schicksal der deutschen Fürstentümer und folglich dann auch mit dem Übergang von der deutschen Kleinstaaterei zur Neugründung des Deutschen Reiches im 19. Jahrhundert. Dabei machte sich das Bestreben geltend, die zahlreichen, völlig selbständigen Landeskirchen in einer gesamtkirchlichen Organisation rechtlich zusammenzufassen. Ein festeres Zusammenwachsen der deutschen Landeskirchen bahnte sich an.

Seit 1852 tagte alle zwei Jahre die »Konferenz Deutscher Evangelischer Kirchenregierungen«, die sog. Eisenacher Konferenz; sie hatte nur beratenden Chrakter. Doch wurde durch diese Konferenz das immer vorhandene Bewußtsein der Zusammengehörigkeit sehr gestärkt. 1903 wurde ihr ständiges geschäftsführendes Organ, der »Deutsche Evangelische Kirchenausschuß«, gebildet. 1916 gründeten 31 große evangelisch-kirchliche Werke und Verbände, die ein starkes Band der kirchlichen Einheit geworden waren, die »Konferenz Deutscher Evangelischer Arbeitsorganisationen«.

Einen tiefen Einschnitt brachte die Abschaffung der Monarchie im November 1918 und damit das plötzliche Ende des landesherrlichen Kirchenregimentes. Die Weimarer Reichsverfassung vom 11. 8. 1919 bestimmte: »Es besteht keine Staatskirche« und setzte das Selbstbestimmungsrecht der Religionsgesellschaften fest (Art. 137 Abs. 1 und

3.). So gaben sich die 28 Landeskirchen in den Jahren 1919 bis 1922 neue Verfassungen. Dem »Deutschen Evangelischen Kirchenbund« wurde die Aufgabe übertragen, »zur Wahrung und Vertretung gemeinsamer Interessen der deutschen evangelischen Landeskirchen einen engen und dauernden Zusammenschluß derselben herbeizuführen«. Die Gründung dieses Kirchenbundes erfolgte am 22. 5. 1922 in Wittenberg. Er vertrat nun die evangelischen Belange in der Öffentlichkeit, vor allem gegenüber dem Deutschen Reich.

Der gewaltsame Versuch des Nationalsozialismus, bald nach der politischen Machtergreifung mit Hilfe der Organisation der »Deutschen Christen« eine evangelische Reichskirche zu bilden, führte zu schweren Konflikten sowohl zwischen Staat und Kirche als auch innerhalb der Kirche selbst. Ihren Höhepunkt fanden diese Auseinandersetzungen in der Gründung der »Bekennenden Kirche« zur Abwehr der totalitären Machtansprüche des Hitler-Reiches. Die Barmer Bekenntnis-Synode stellte 1934 dazu fest:

»Jesus Christus, wie er uns in der Heiligen Schrift bezeugt wird, ist das *Eine* Wort Gottes, das wir zu hören, dem wir im Leben und im Sterben zu vertrauen und zu gehorchen haben. Wir verwerfen die falsche Lehre, als könne und müsse die Kirche als Quelle ihrer Verkündigung außer und neben diesem *einen* Worte Gottes auch noch andere Ereignisse und Mächte, Gestalten und Wahrheiten als Gottes Offenbarung anerkennen.«

Was damals gegenüber dem Nationalsozialismus bezeugt wurde, hat auch heute eine nicht zu übersehende Aktualität im Blick auf Zeitströmungen, die in die Kirche einzudringen und sich ihrer zu bemächtigen suchen.

In Deutschland stand die Evangelische Kirche am Ende des Zweiten Weltkrieges ohne anerkannte Leitung da. Aber das Bewußtsein der Gemeinsamkeit war gerade im Kirchenkampf stark gewachsen. Schon im August 1945 verständigten sich die Landeskirchen auf der Kirchenversammlung in Treysa bei Kassel darüber, als »Evangelische Kirche in Deutschland« (EKD) beieinander zu bleiben. Als Leitung der Gesamtkirche wurde der Rat der EKD gewählt. Dieser trat im Oktober 1945 mit dem »Stuttgarter Schuldbekenntnis« an die Öffentlichkeit. Dem deutschen Volk wurde damit ein Weg gewiesen, der auf dem Boden des »Barmer Bekenntnisses« herausführte aus den inneren Verstrickungen der nationalsozialistischen Ideologie. Im Jahre 1948 gab sich die EKD eine eigene Verfassung, die als »Grundordnung« heute noch gültig ist. Die EKD wird darin bezeichnet als ein »Bund lutherischer, reformierter und unierter Kirchen«. Dieser Bund wurde auch nicht gefährdet durch das spätere Ausscheiden seiner östlichen Gliedkirchen: Anhalt, Berlin-Brandenburg, Greifswald, Görlitz, Mecklenburg, die beiden sächsischen Landeskirchen und Thüringen. Diese schlossen sich 1969 zum »Bund der Evangelischen Kirchen in der Deutschen Demokratischen Republik« zusammen.

3. Konfessionelle und territoriale Gliederung

a) Die Evangelische Kirche der Union (EKU). Der Gedanke einer Kirchenunion wurde besonders in Preußen entwickelt und als eine Gemeinschaft verschiedener Kirchen gedeutet, die in der Ausrichtung auf Christus unter Respektierung ihrer jeweiligen Eigenart miteinander verbunden sind. Dieser Gedanke nahm Gestalt an, als König Friedrich Wilhelm III. die Kirchenpolitik seiner Vorfahren aufgriff und am 27. 9. 1817 dazu aufrief, zur 300-Jahr-Feier der Reformation die Vereinigung der reformierten und lutherischen Gemeinden in seinem Lande zu vollziehen. Die kirchliche Union, die sich daraufhin bildete, umfaßte die damaligen acht Provinzen der preußischen Monarchie und wurde deshalb später als »Evangelische Kirche der altpreußischen Union« (APU) bezeichnet. Sie umfaßte nahezu 50 % der Seelenzahl des deutschen Protestantismus und wurde zentral geleitet vom Evangelischen Oberkirchenrat in Berlin. Durch den Ausgang des Ersten, vor allem aber des Zweiten Weltkrieges büßte sie den größeren Teil ihres einstigen Territoriums ein. Sie verlor ihren Charakter als Einheitskirche, erhielt sich aber als »Evangelische Kirche der Union« (EKU) einen föderativen Charakter. Diesen Namen führt sie offiziell seit 1954.

Heute besteht die EKU im Bereich der Deutschen Demokratischen Republik aus der Evangelischen Kirche in Berlin-Brandenburg, der ehemaligen preußischen Provinz Sachsen, dem Görlitzer und dem Greifswalder Kirchengebiet (Restschlesien und Restpommern) sowie der Kirche von Anhalt, während ihr in Westdeutschland die Rheinische und die Westfälische Kirche sowie West-Berlin angehören.

Gemäß dem Grundartikel ihrer »Ordnung« aus dem Jahre 1951 hat die EKU ihren Standort in der einen, allgemeinen christlichen Kirche. »Sie weiß ihre lutherischen, reformierten und unierten Gemeinden für die Auslegung der Heiligen Schrift gewiesen an die reformatorischen Bekenntnisse«. Sie bejaht, »gebunden an das Wort der Heiligen Schrift ... die Theologische Erklärung von Barmen als ein Glaubens-

zeugnis für die versuchte und angefochtene Kirche.«
Die EKU hält enge Verbindung, besonders durch ihre Kirchenkanzlei in West-Berlin, mit denjenigen Gliedkirchen der EKD, die ebenfalls Lutheraner und Reformierte verfassungsmäßig zusammenschließen: Hessen und Nassau, Kurhessen-Waldeck, Baden, Pfalz und Bremen.

b) Die Vereinigte Evangelisch-Lutherische Kirche Deutschlands (VELKD). Im 19. Jahrhundert gab es auch unter den Lutheranern nur selbständige Landeskirchen. Die Einigung des deutschen Luthertums begann 1868 mit der Allgemeinen Evangelisch-Lutherischen Konferenz, als deren Ziel bezeichnet wurde, »die Glieder der verschiedenen lutherischen Kirchengebiete Deutschlands zur Pflege ihrer Gemeinschaft und zur Verständigung über ihre gemeinsamen Interessen einander zu nähern«. Während des Kirchenkampfes gründeten die lutherischen Bischöfe 1936 den »Rat der Evangelisch-lutherischen Kirche Deutschlands« mit einem ständigen Sekretariat in Berlin. In Eisenach wurde 1948 die »Vereinigte Evangelisch-Lutherische Kirche Deutschlands« (VELKD) gebildet. Sie will eine gemeinsame kirchliche Organisation der deutschen Lutheraner darstellen.
Die Grundlage der VELKD ist nach ihrer Verfassung vom 8. 7. 1948 »das Evangelium von Jesus Christus, wie es in der Heiligen Schrift Alten und Neuen Testaments gegeben und in den Bekenntnisschriften der Evangelisch-Lutherischen Kirche, vornehmlich in der ungeänderten Augsburgischen Konfession von 1530 und im Kleinen Katechismus Martin Luthers bezeugt ist«. Die VELKD, in ihren Gliedkirchen mit den anderen evangelischen Kirchen innerhalb der EKD zusammengeschlossen, »wahrt und fördert die im Kampf um das Bekenntnis geschenkte, auf der Bekenntnissynode von Barmen 1934 bezeugte Gemeinschaft« (Grundbestimmungen der Vereinigten Kirche Art. 1 u. 2).
Das Kirchenamt der VELKD liegt, wie auch die Kirchenkanzlei der EKD, in Hannover; beide Kanzleien haben eine besondere Dienststelle in West-Berlin. Zu der seit 1969 organisatorisch selbständigen »Vereinigten Evangelisch-Lutherischen Kirche in der Deutschen Demokratischen Republik« gehören die drei großen Landeskirchen von Sachsen, Thüringen und Mecklenburg. In der Bundesrepublik Deutschland gehören der VELKD an die Landeskirchen von Bayern, Braunschweig, Hannover, Schaumburg-Lippe sowie die Nordelbische Kirche, in welcher sich 1977 die bisherigen Landeskirchen von Eutin, Hamburg, Lübeck und Schleswig-Holstein zusammenschlossen. Wei-

tere lutherische Gliedkirchen der EKD sind die Landeskirchen von Oldenburg und Württemberg.

c) Die reformierten Kirchen. Die reformierten Gemeinden in Deutschland sind aus vielerlei Wurzeln entstanden. Einflüsse Zwinglis wirkten von Zürich, Calvins von Genf und Bucers von Straßburg her. Die ostfriesischen Gemeinden verdanken den Aufbau ihrer Kirche dem bedeutenden polnischen Reformator Johannes a Lasco (1499–1560). Niederländer und französische Hugenotten haben in deutschen Landen reformierte Gemeinden gebildet. Alle diese Gemeinden bekennen sich zur Heiligen Schrift als zu dem einen und wahren Wort Gottes an uns Menschen. Die meisten reformierten Gemeinden haben den sog. Heidelberger Katechismus angenommen.
Die theologischen Unterschiede zwischen Lutheranern und Reformierten sind am bekanntesten durch die voneinander abweichenden Auffassungen des heiligen Abendmahles. Um diese Frage hatten Luther und Zwingli beim Marburger Religionsgespräch (1529) gerungen. Heute erscheinen uns diese Unterschiede nicht mehr so gravierend. Großen Wert legten die Reformierten stets auf Kirchenzucht. Sie entwickelten starke Aktivitäten im Bereich der politischen Ethik und nahmen besonderen Einfluß auf die Entwicklung und Ausgestaltung der westlichen Demokratie. – Der reformierte Gottesdienst ist schlicht, die Predigt bildet den Mittelpunkt. In reformierten Gotteshäusern befinden sich keine Bilder, auch keine Altäre; denn der letzte Opferaltar war nach reformierter Auffassung Golgatha.
In der EKD gibt es zwei Zusammenschlüsse reformierter Gruppen. Der Reformierte Bund besteht seit 1884. Die meisten reformierten Einzelgemeinden sowie die reformierten Landeskirchen von Nordwestdeutschland und Lippe gehören ihm an. Seine Bedeutung liegt heute vorwiegend in der theologischen Arbeit. Daneben bildete sich 1928 der Bund Evangelisch-reformierter Kirchen Deutschlands, der die selbständigen reformierten Kirchengruppen innerhalb lutherischer Landeskirchen zusammenfaßt.

4. Gemeinschaft und Dienst

Kirchenrechtlich und theologisch gesehen ist die EKD keine Kirche, sondern ein Kirchenbund. Das bedeutet: Nicht einzelne Christen oder Kirchengemeinden sind Glieder der EKD, sondern nur die in ihr zusammengeschlossenen Kirchen. Die EKD ist jedoch kein bloßer Zweckverband, sie bekennt sich vielmehr in ihrer Grundordnung zu Jesus Christus als dem Herrn der Kirche. In ihr manifestiert sich die in einer langen Geschichte gewachsene, in den gesamtkirchlichen Werken und Verbänden pulsierende, im Kirchenkampf bewährte Gemeinschaft des deutschen Protestantismus. In der EKD wirken Kräfte des Glaubens und der Liebe, die sich in zahlreichen Frömmigkeitsbewegungen entfalten, auch wenn diese vielfach gar nicht der Amtskirche angegliedert sind oder sich als überkonfessionell verstehen. In der Geschichte der Jugend- und Studentenarbeit, in der Gemeinschafts- und Missionsbewegung, in den Kommunitäten, Dienstgruppen und Aktionsgemeinschaften realisiert sich ein ökumenisches Bewußtsein, das in der EKD allenthalben spürbar ist. So wirkt die Evangelische Allianz seit 1846 als Bruderbund von Christen vorwiegend aus Gemeinschaften und Freikirchen. Durch ihre Gebetswoche und durch missionarische Einsätze hat sie den Gedanken der Glaubenseinheit gestärkt und die Sache der Weltevangelisation gefördert.

Seit 1948 besteht im deutschen Raum die Arbeitsgemeinschaft christlicher Kirchen. Sie bildet wie ähnliche Zusammenschlüsse in anderen Ländern (National Councils) die regionale ökumenische Gemeinschaft. Sie dient dem gegenseitigen Verstehen und dem Zusammenwirken bei theologischen und gesamtkirchlichen Aufgaben. Hier arbeiten außer der EKD die Römisch-Katholische Kirche und zwölf weitere christliche Kirchen mit, insbesondere auch die evangelischen Freikirchen. Sie alle haben in der Arbeitsgemeinschaft christlicher Kirchen eine breite Aktionsbasis und ein gemeinsames Sprachrohr gefunden. Diese umfassende Arbeit wird koordiniert durch die Ökumenische Centrale in Frankfurt/M.

Zu den Aufgaben der EKD, die in ihrer Grundordnung beschrieben sind, gehört u. a. die Förderung der Männer-, Frauen- und Jugendarbeit, der Diakonie und Mission. Die EKD vertritt die Landeskirchen in der ökumenischen Zusammenarbeit; sie unterstützt besonders diejenigen Auslandsgemeinden und Auslandskirchen, die ursprünglich von evangelischen Christen aus Deutschland ins Leben gerufen wurden. Hierfür unterhält sie eine eigene Amtsstelle, das Kirchliche Außenamt in Frankfurt/M. Auf allen Ebenen beteiligt sich die EKD an den Bemühungen um eine theologische Verständigung zwischen den Kirchen. Der Mitarbeit an den wichtigen Aufgaben unseres Zeitalters kann sich die EKD nicht entziehen. Sie fördert die evangelischen Werke für Bildung, Erziehung, Publizistik, Sozialpädagogik und Friedensarbeit. Dies bedeutet keine Klerikalisierung des politischen Lebens. Gottes Gabe beruft und befähigt die Christen zu öffentlicher Verantwortung. Die zahlreichen in der EKD erarbeiteten Denkschriften zu politischen und sozial-kulturellen Fragen stellen den Dienst der Versöhnung unter die Maßstäbe des Evangeliums gemäß seiner universalen Bestimmung. Da die Kirche das Aufgebot Gottes in der Welt ist, will die EKD in Treue und Zuversicht in diesem geschichtlichen Äon dem gegenwärtigen und kommenden Christus dienen, dem alle Zukunft gehört.

5. Literatur

Bachmann, J. (Hg.): Zum Dienst berufen. Lebensbilder leitender Männer der Evangelischen Kirche in Deutschland, Osnabrück: Fromms Taschenbücher 1963.

Beckmann, J., J. Jänicke und H. Vogel (Hg.): Männer der Evangelischen Kirche in Deutschland. Eine Festgabe für Kurt Scharf zu seinem 60. Geburtstag, Berlin: Lettner-Verlag 1962.

Borgmann, L.: Zwischen gestern und morgen. Evangelische Gemeinden in der Deutschen Demokratischen Republik, Berlin: Evangelische Verlagsanstalt 1969.

Brunotte, H.: Die Evangelische Kirche in Deutschland. Geschichte, Organisation und Gestalt der EKD, Gütersloh: Gütersloher Verlagshaus Gerd Mohn 1964.

Elliger, W., W. Delius und O. Söhngen (Hg.): Die Evangelische Kirche der Union. Ihre Vorgeschichte und Geschichte, Witten: Luther-Verlag 1967.

Evangelischer Erwachsenenkatechismus. Kursbuch des Glaubens, im Auftrag der Katechismuskommission der Vereinigten Evangelisch-Lutherischen Kirche Deutschlands, hg. von Werner Jentsch, Hartmut Jetter, Manfred Kießig und Horst Reller, 3. Aufl., Gütersloh: Gütersloher Verlagshaus Gerd Mohn 1977.

Fischer, H. G.: Evangelische Kirche und Demokratie nach 1945, Lübeck und Hamburg: Matthiesen-Verlag 1970.

Fleisch, P.: Erlebte Kirchengeschichte, Hannover: Feesche-Verlag 1952.

Frieling, R.: Ökumene in Deutschland. Ein Handbuch der interkonfessionellen Zusammenarbeit in der Bundesrepublik, Göttingen: Vandenhoeck & Ruprecht 1970.

Gundert, W.: Information über die Kirche, Stuttgart: Kreuz-Verlag 1965.
Herbert, K. (Hg.): Um evangelische Einheit. Beiträge zum Unionsproblem. Herborn: Oranien-Verlag 1967.
G. Jacob, H. Kunst und W. Stählin (Hg.): Die evangelische Christenheit in Deutschland. Gestalt und Auftrag, Stuttgart: Evangelisches Verlagswerk 1958.
Kupisch, K.: Zwischen Idealismus und Massendemokratie. Geschichte der Evangelischen Kirche in Deutschland von 1815–1945, 2. Aufl., Berlin: Lettner-Verlag 1959.
Ott, H.: Die Antwort des Glaubens. Systematische Theologie in fünfzig Artikeln, Stuttgart: Kreuz-Verlag 1972.
Taschenbuch der Evangelischen Kirchen in Deutschland. Kirchliches Adressenwerk, Stuttgart: Evangelisches Verlagswerk 1974.

Kirchenarchivar Dr. Hermann Delfs

Die Evangelisch-methodistische Kirche

1. Geschichte

Im Frühjahr 1968 vereinigten sich auf Weltebene zwei evangelische Freikirchen: Die Methodistenkirche und die Evangelische Gemeinschaft. Für die vereinigte Kirche wurde in den deutschsprachigen Ländern Europas der Name Evangelisch-methodistische Kirche gewählt, in den englisch sprechenden Ländern der Name United Methodist Church. Diese Kirche ist die stärkste von 24 im methodistischen Weltrat verbundenen Kirchen. Sie ist in etwa 80 Ländern mit rund 40 Mill. Gliedern vertreten und somit eine der größten übernationalen protestantischen Kirchen der Welt. Die Evangelisch-methodistische Kirche (EmK) ist in Deutschland mit ca. 100000 Gliedern und Angehörigen relativ klein, entfaltet aber beachtliche missionarische und soziale Aktivitäten.
Die vereinigte Kirche blickt noch auf keine eigene Geschichte zurück, es muß vielmehr für das Verständnis auf die Geschichte der beiden ursprünglichen Kirchen zurückgegriffen werden. Die *Methodistenkirche* verdankt ihre Entstehung dem anglikanischen Geistlichen John Wesley (1703–1791). Während seines Studiums in Oxford leitete er einen Kreis ernsthafter Kommilitonen, die durch fleißiges Bibellesen, Fasten, Gebet und karitative Arbeit das Wohlgefallen Gottes zu erlangen suchten. Über diesen Kreis wurde viel gespottet; den zu ihnen gehörigen Studenten gab man u. a. auch den Spitznamen Methodisten. Dazu schreibt Charles Wesley, der Bruder des Kirchengründers: »Dieser Name wurde uns gegeben wegen strenger Übereinstimmung mit den Methoden des Studiums, wie sie die Universitäten vorschreiben.« Als später nach John Wesley's Missionsaufenthalt unter den Indianern in den Vereinigten Staaten, nach Begegnung mit Geistlichen der Herrnhuter Brüdergemeine und nach seiner eigenen Bekehrung die Erweckungsbewegung begann, wurde dieser alte Spottname erneut von Wesley's Gegnern aufgegriffen, schließlich aber von Wesley und seinen Anhängern als Ehrenname akzeptiert. Der beispiellose

Erfolg der Erweckungsbewegung ist dadurch zu erklären, daß die Glaubensverkündigung nicht vor den sozialen Problemen haltmachte. Es wurden vielmehr praktische Aufgaben in Angriff genommen, um der sozialen Not der Arbeiter abzuhelfen (Bau von Schulen, in denen Arbeiterkinder unterrichtet wurden, erste Sozialzentren). Dadurch und durch die unermüdliche Verkündigung des Evangeliums breitete sich die Bewegung über ganz England aus und brachte eine soziale Umwälzung mit sich. Als Wesley 1791 starb, zählte die methodistische Bewegung in England etwa 120000 Glieder. Englische Geschichtsschreiber haben betont, daß England durch die methodistische Erweckungsbewegung vor einer Revolution bewahrt geblieben ist.
In die Vereinigten Staaten von Amerika kam die Bewegung 1766 durch englische Auswanderer und erlebte dort im Laufe der Zeit ihre größte Entfaltung. Nach der Unabhängigkeitserklärung der Vereinigten Staaten (1776) wurde die Frage einer Verfassung für die zahlreichen methodistischen Gemeinden akut. Unter Wesley's Anleitung konstituierten sie sich 1784 als selbständige Kirche. Mit ca. 10 Mill. Mitgliedern ist die United Methodist Church heute eine der größten protestantischen Kirchen in den Vereinigten Staaten. Sie nimmt neben der evangelistischen und seelsorgerischen Tätigkeit viele Erziehungsaufgaben in eigenen Schulen, Colleges und Universitäten wahr und ist auf sozialem Gebiet und in der Weltmission sehr aktiv.
Durch rege Missionstätigkeit, sowohl von England als auch von den Vereinigten Staaten aus, verbreitete sich die Kirche allmählich in fast alle Teile der Welt.
Die *Evangelische Gemeinschaft* entstand im 18. Jahrhundert, größtenteils unter Einwandererfamilien deutscher Herkunft in den USA. Unter Führung des Deutschamerikaners Jakob Albrecht (1759–1808), der einer lutherischen Familie entstammte, sich später aber einer methodistischen Gemeinde angeschlossen hatte und dann in deutscher Sprache predigte, bildeten sich vor allem in Pennsylvanien Gruppen, die sich durch eifriges Bibelstudium, Gebet und ernstes Streben nach Heiligung auszeichneten. 1816 nahm diese Bewegung auf ihrer ersten Generalkonferenz dann den Namen Evangelische Gemeinschaft an.
Mehrere Versuche des Zusammengehens mit den englisch sprechenden Methodistengemeinden scheiterten an der Sprachbarriere. Als Kirche gab sich die Evangelische Gemeinschaft eine eigene Verfassung, die auf der methodistischen Kirchenverfassung fußte. Die Ar-

beit, die zuerst nur unter den deutschsprachigen Einwanderern in den USA getan wurde, wuchs, und die Kirche breitete sich durch Missionstätigkeit, ähnlich wie die Methodistenkirche, bald auch auf andere Kontinente aus.
Nach dem Abschluß des Zweiten Weltkrieges wurden die Vereinigungsbemühungen erneut aufgenommen und führten 1968 zur United Methodist Church bzw. Evangelisch-methodistischen Kirche.

2. Glaubensgrundlagen

Die beiden Kirchen, die sich zur Evangelisch-methodistischen Kirche zusammenschlossen, haben sich in ihren Glaubensgrundsätzen kaum unterschieden. Die Evangelische Gemeinschaft hatte bereits 1816 das methodistische Glaubensbekenntnis im wesentlichen übernommen und ins Deutsche übertragen. Beide Kirchen hatten also schon vorher ähnliche Glaubensgrundsätze, die wir anschließend kurz zusammenfassen:
In der Heiligen Dreieinigkeit wird deutlich, daß es nur einen lebendigen und wahren, ewigen Gott gibt, Schöpfer und Erhalter aller sichtbaren und unsichtbaren Dinge. In der Einheit dieser Gottheit sind drei Personen von gleichem Wesen und gleich an Macht und Ewigkeit: Vater, Sohn und Heiliger Geist.
In Jesus Christus hat Gott die menschliche Natur angenommen, so daß in ihm Gottheit und Menschheit in einer Person unzertrennlich vereinigt sind. Jesus Christus ist wahrer Gott und wahrer Mensch, wahrhaftig von den Toten auferstanden und sitzt an der Seite Gottes, bis er wiederkommen wird, die Menschen am Jüngsten Tag zu richten.
Der Heilige Geist, der vom Vater und Sohn ausgeht, ist eines Wesens und gleich an Majestät und Herrlichkeit mit dem Vater und dem Sohn.
Die Heilige Schrift Alten und Neuen Testaments enthält alles, was zur Seligkeit notwendig ist. Neben dem geoffenbarten Wort Gottes in der Heiligen Schrift gibt es nichts, was ihr gleichgestellt sein oder sie ersetzen könnte.
Die EmK versteht die Kirche Christi als eine Gemeinschaft von Gläubigen, in der das reine Wort Gottes gepredigt wird und die Sakramente nach Christi Anordnung verwaltet werden. Die wahre Kirche findet sich nicht nur in einer Denomination wieder. Die EmK kennt zwei Sakramente, die von Christus nach dem Evangelium eingesetzt wurden: Die Taufe und das Abendmahl.
Die Taufe ist nicht nur ein Zeichen des Bekenntnisses, sondern sie ist

auch ein Sinnbild der Wiedergeburt oder Neugeburt. Die EmK übt überwiegend die Kindertaufe.
Das Abendmahl ist nicht allein ein Zeichen der brüderlichen Liebe, sondern vielmehr Sakrament unserer Erlösung durch den Tod Christi. Es ist das Mahl des Gedächtnisses und des Zuspruches. Das Mittel, durch das der Leib Christi im Abendmahl empfangen und genossen wird, ist der Glaube.
Die EmK kennt keinerlei außerbiblische Sonderlehren und bekennt zusammen mit den Kirchen der Reformation ihren Glauben nach dem Apostolischen Glaubensbekenntnis.
Die Gottesdienste haben in ihrer Mitte das verkündigte Wort der Predigt. Sie werden meist nach einer empfohlenen Ordnung gestaltet. Abendmahlsgottesdienste finden ein- bis zweimal im Quartal statt.

3. Besondere Aktivitäten

Die biblische Botschaft von der Liebe Gottes zu den Menschen wird nicht nur verkündigt, sondern auch praktiziert. Die EmK tut das in verschiedenen Zweigen.
Diakoniewerke und Mutterhäuser: Die Kirche unterhält vier verschiedene Diakoniewerke, nämlich Bethanien Frankfurt, Bethanien Hamburg, Bethesda Wuppertal und Martha-Maria Nürnberg. Durch diese Diakoniewerke, in denen insgesamt über 2500 Mitarbeiter tätig sind, davon etwa die Hälfte Diakonissen, werden in 14 Krankenhäusern (davon 2 in Berlin) mit über 2500 Betten kranke Menschen betreut.
Weitere diakonische Arbeiten werden von den Sozialwerken der verschiedenen Konferenzen durchgeführt, u. a. in 18 Altenwohnheimen und Altersheimen, in Familienerholungsheimen, Kindergärten, Wohnheimen und Jugendheimen. Ebensolche diakonische Einrichtungen bestehen unter selbständiger Verwaltung auch in der DDR.
Ein wesentlicher Arbeitszweig der Kirche ist die Weltmission. Sie erfolgt in enger Kooperation mit den Missionsbehörden der anderen europäischen Methodistenkirchen. Zur Zeit stehen über 30 Missionare aus der Bundesrepublik und Berlin (West), zum Teil mit Familien, im Einsatz auf vier Kontinenten. Sie sind sowohl auf sozialpflegerischem als auch auf missionarischem Gebiet tätig. Insgesamt entsendet die europäische Kirche über 200 Missionare in mehr als 40 Länder der Dritten Welt.

In dem kircheneigenen Verlagshaus in Stuttgart werden die kirchlichen Zeitschriften und die für die Gemeinde bestimmte Literatur herausgegeben und hergestellt. Anschrift: Christliches Verlagshaus GmbH, Senefelder Str. 109, 7000 Stuttgart 1.

4. Zusammenarbeit mit anderen Kirchen

Auf Grund ihres Kirchenverständnisses bejaht die EmK die Wirklichkeit der Gemeinde als Leib Christi in der Verschiedenartigkeit und Vielfältigkeit der christlichen Kirchen. Durch Herkunft und Wesen der in ihr vereinigten Kirchen arbeitet sie von Anbeginn mit den anderen Kirchen zusammen. Infolge ihrer Verbundenheit mit der ökumenischen Bewegung einerseits und mit den allianzgesinnten Christen andererseits ist sie auf jede Weise bemüht, im gemeinsamen Zeugnis und Dienst die Einheit der Kirche Jesu Christi zu verwirklichen. Von der Zugehörigkeit zur »Vereinigung evangelischer Freikirchen in der Bundesrepublik Deutschland und Berlin (West)« und zur »Deutschen Evangelischen Allianz« bis hin zur Mitarbeit in der »Arbeitsgemeinschaft christlicher Kirchen in der Bundesrepublik Deutschland und Berlin (West) e. V.« sowie in den regionalen Gruppen dieser Vereinigungen spannt sich ein weiter Bogen zwischenkirchlicher Mitverantwortung. Die EmK gehört als Teil der weltweiten United Methodist Church dem »Ökumenischen Rat der Kirchen« und innerhalb Europas der »Konferenz Europäischer Kirchen« an. Weiter erfüllt sie ihre Aufgabe als Mitglied im »Diakonischen Werk der Evangelischen Kirche in Deutschland e. V.« wie auch im »Evangelischen Missionswerk im Bereich der Bundesrepublik und Berlin West e. V.« Mit der Römisch-katholischen Kirche und den Orthodoxen Kirchen werden vielfach brüderliche Kontakte aufrechterhalten.

5. Rechtsform und Organisation

Die EmK ist eine Freiwilligkeitskirche. Sie ist unabhängig von staatlichen Bindungen. Mitgliedschaft hat nicht nur die Taufe, sondern darüber hinaus die freiwillige Entscheidung und das Bekenntnis vor der Gemeinde zur Grundlage. Es wird erwartet, daß zu anderen Kirchen keine Doppelgliedschaft besteht.

Gemeindeaufbau. Die Mitglieder einer Gemeinde sind in kleinen überschaubaren Gemeindegruppen zusammengefaßt, die von Laien betreut und geleitet werden. Die Gotteshäuser der EmK sind einfach gehalten und schlichte Stätten der Anbetung und der Gemeinschaft. Sie enthalten auch Räume für die Gemeinde- und Jugendarbeit und für die verschiedenen Arbeitszweige. In der Mitarbeit der Gemeinde spielt das Laienelement eine wichtige Rolle.

Dies wird auch in der *organisatorischen Struktur* der Kirche deutlich. Die Gemeinden werden von Pastoren geleitet, denen jeweils ein gewählter Laienvertreter aus der Gemeinde zur Seite steht. Die Pastoren werden vom Bischof stationiert, nachdem die Gemeinde dazu gehört worden ist. In allen kirchlichen Gremien sind Pastoren und Laiendelegierte paritätisch vertreten.

Die Pastoren erhalten ihre theologische Ausbildung überwiegend auf dem kircheneigenen theologischen Seminar in Reutlingen, jedoch ist auch ein Studium an einer theologischen Fakultät oder an einer anderen theologischen Ausbildungsstätte möglich. Das Amt des Pastors können sowohl Männer als auch Frauen ausüben.

Mehrere Gemeinden bilden einen Distrikt, denen ein Superintendent, gewählt auf höchstens acht Jahre, vorsteht. Mehrere Distrikte werden zu einer Jährlichen Konferenz zusammengefaßt. In der BRD und in Berlin (West) gibt es drei Konferenzen, die in ihrer Verwaltung autonom sind, jedoch keine einzelnen Entscheidungen über Glaubensfragen und über die Kirchenordnung fällen können. Diese drei Konferenzen sind zu einer Zentralkonferenz zusammengefaßt.

Den Vorsitz der Jährlichen Konferenzen wie der Zentral-Konferenz führt der Bischof. Bischöfe und Superintendenten werden von entsprechenden Gremien der Kirche, paritätisch besetzt von Pastoren und Laien, gewählt bzw. nominiert. Oberstes Gremium der Kirche ist die Generalkonferenz, an die Delegierte aus aller Welt entsandt werden und die alle vier Jahre tagt. Neben der Generalkonferenz besteht ein Rat der Bischöfe; seine Aufgabe ist die allgemeine Aufsicht und Förderung der kirchlichen Anliegen in der weltweiten Kirche. Eine einzelne Leitungspersönlichkeit an der Spitze der Kirche gibt es nicht.

Die EmK hat sowohl in der Bundesrepublik Deutschland als auch in Berlin (West) die Rechtsform einer Körperschaft des öffentlichen Rechts. Sitz der Kirche ist in der Bundesrepublik Deutschland und Berlin (West): Wilhelm-Leuschner-Str. 8, 6000 Frankfurt/Main 1; in der DDR: Wiener Str. 56, 8020 Dresden.

6. Literatur

Hundert Jahre Evangelische Gemeinschaft in Europa, Stuttgart: Chr. Verlagshaus 1950.

Sommer, J. W. und Paul Huber: Die Methodistenkirche, veröffentlicht in: U. Kunz: Viele Glieder ein Leib, Stuttgart: Quell-Verlag 1961.

Kücklich, R.: Die Evangelische Gemeinschaft, veröffentlicht in: U. Kunz: Viele Glieder ein Leib, Stuttgart: Quell-Verlag 1961.

Unser gemeinsames Erbe, Stuttgart: Chr. Verlagshaus 1963.

Schmidt, M.: J. Wesley, 2 Bde., Frankfurt und Zürich: Verlage Anker und Gotthelf, 1953/1966.

Die Evangelische Gemeinschaft, Stuttgart: Chr. Verlagshaus 1966.

Auf dem Wege zur Vereinigung, Stuttgart: Chr. Verlagshaus 1967.

Sommer, C. E.: Der Methodismus, in: Die Kirchen der Welt, Stuttgart: Ev. Verlagswerk 1968.

Rott, L.: Engl. Beziehungen der Erweckungsbewegung und die Anfänge des Wesleyanischen Methodismus in Deutschland, Auslief. Chr. Verlagshaus, Stuttgart 1968.

Die Evangelisch-methodistische Kirche, Informationsdienst Heft 1: Sie stellt sich vor – Heft 2: Was sie glaubt – Heft 3: Was sie tut, Stuttgart: Chr. Verlagshaus 1970.

Verfassung und Ordnung der Evangelisch-methodistischen Kirche, Stuttgart: Chr. Verlagshaus 1972.

Hammer, P. E.: John L. Nuelsen, Studiengemeinschaft der EmK, Stuttgart: Chr. Verlagshaus 1974.

Voigt, K. H.: Warum kamen die Methodisten nach Deutschland? Studiengemeinschaft der EmK, Stuttgart: Chr. Verlagshaus 1975.

Pastor Heinrich Meinhardt
Prediger Kurt Damaschke

Gemeinschaft der Siebenten-Tags-Adventisten

1. Entstehung und Entwicklung

Im Hintergrund der Entstehung dieser Gemeinschaft steht das Versprechen des Herrn Jesus Christus: »Siehe, ich komme bald!« (Offenbarung 22,20) und die Verheißung in seiner Abschiedsrede: »Und wenn ich hingehe, euch die Stätte zu bereiten, so will ich wiederkommen und euch zu mir nehmen, damit ihr seid, wo ich bin« (Johannes 14,3). Der Glaube an das Wiederkommen des Herrn Jesus Christus als König und Richter war im Verlauf des Mittelalters fast verlorengegangen, er fand jedoch durch die Reformation, besonders durch Luther in Wittenberg, Osiander in Nürnberg und später durch den Prälaten Johann Bengel (1687–1752) neuen Auftrieb. Anfang des 19. Jahrhunderts kam es in der Alten und der Neuen Welt zu religiösen Erweckungen sowie zur Gründung von Bibel-, Missions- und Religionsgesellschaften. Um die Mitte des 19. Jahrhunderts traten in vielen Teilen der Welt Prediger auf, die das Kommen Christi ankündigten. In Deutschland waren es Männer wie Hengstenberg, Tholuck, Lange, Johann Georg Lutz, in Holland Hentzepeter, in England Irving, Drummond, James Haldane Stewart, Georg Müller u. a. m. In erster Linie wurden Methodisten, Baptisten und Kongregationalisten davon berührt. Prediger der verschiedenen Gemeinschaften fanden sich auch in Amerika zusammen, um die biblischen Weissagungen zu erforschen. Unter ihnen trat der Baptistenprediger William Miller hervor, der die Wiederkunft Christi aus verschiedenen Bibelstellen für das Jahr 1844 errechnet hatte. Er verbreitete seine Erkenntnisse auf zahlreichen Reisen durch die USA und sammelte eine große Schar von Anhängern aus den verschiedensten Kreisen.

Obwohl die Millerbewegung mit den von ihr gesetzten Terminen der Wiederkunft eine Enttäuschung erlebte, blieb ihre Lehre von der Wiederkunft Christi in vielen Gläubigen lebendig. Durch eifriges Bibelstudium gewannen sie neue Erkenntnisse über bestimmte Aussagen der Heiligen Schrift, und die Amerikanerin Ellen G. White trug mit ihrem prophetischen Weitblick wesentlich zur Festigung und Entwicklung der jungen Adventbewegung bei. Die ihr von Gott offen-

barten Botschaften und Ratschläge finden auch heute noch starke Beachtung im Glaubensleben der Adventisten. Sie war es vor allem, die die Gläubigen auf die Bedeutung der zehn Gebote hinwies, von denen sie sagte: In ihnen ist Gottes Wille für alle Zeiten und Völker niedergelegt. In diesem Zusammenhang wurde die besondere Bedeutung des vierten Gebotes erkannt: Es bezieht sich auf den siebenten Tag der Woche, den Sabbat als göttlich eingesetzten Ruhetag, und nicht auf den ersten Tag, den Sonntag. Deshalb beschloß die neue Glaubensbewegung, aus Liebe zu Gott und nach dem Vorbild Christi und der Apostel den biblischen Sabbat als Ruhetag zu feiern. Am 23. Mai 1863 schlossen sich die sabbathaltenden Gläubigen zu einer organisierten Gemeinschaft zusammen. Damals wurde von 3500 Mitgliedern berichtet. Sie entsandten ihre Abgeordneten zu der ersten Generalkonferenz. Hier gaben sie ihrer neugegründeten Gemeinschaft den Namen »Gemeinschaft der Siebenten-Tags-Adventisten« (abgekürzt S. T. A.). Mit dieser Bezeichnung wollten sie ihre besonderen biblisch begründeten Glaubensansichten ausdrücken: Die Hoffnung auf die baldige Wiederkunft Jesu und die Heiligung des siebenten Tages als den von Gott geschenkten Ruhetag.
Durch das begeisterte Zeugnis der Gemeindeglieder, die ihre neugewonnene Erkenntnis mit Freunden verbreiteten, und in Ausübung christlicher Nächstenliebe und Nachbarschaftshilfe wuchs die Gemeinschaft trotz Spott, Widerstand und Verfolgung. Nach 20 Jahren (1883) zählte diese Glaubensbewegung bereits 680 Gemeinden mit 17400 Gliedern. Seit dieser Zeit ist sie in ständigem Wachstum begriffen. Von den USA aus verbreitete sie sich schnell über alle Länder in Europa, über Afrika, Asien, Australien und Südamerika. Einige Zahlen verdeutlichen diese Entwicklung:

1903 gab es 2120 Gemeinden mit 69072 Gliedern,
1923 gab es 5096 Gemeinden mit 221874 Gliedern,
1963 gab es 13856 Gemeinden mit 1428352 Gliedern,
1973 gab es 17448 Gemeinden mit 2446241 Gliedern,
1974 gab es 17841 Gemeinden mit 2521452 Gliedern,
1977 gab es 19225 Gemeinden mit 2810606 Gliedern.

In Deutschland sind die ersten S. T. A. am 8. 1. 1876 durch Prediger J. Erzberger getauft worden. Im Jahre 1901 organisierte sich die Gemeinschaft in Deutschland unter dem Namen »Deutsche Unionskonferenz« mit dem Sitz in Hamburg und mit 2387 Mitgliedern. Gegenwärtig gibt es in Deutschland ca. 38000 getaufte Adventisten.

2. Glaube und Lehre

Die Gemeinschaft der S. T. A. beruft sich nicht auf ein formuliertes Glaubensbekenntnis; sie begründet jedoch alle ihre Lehren mit der Heiligen Schrift und ist davon überzeugt, daß Altes und Neues Testament zusammengehören. Die ganze Bibel ist Gottes Botschaft und Offenbarung für alle Menschen, zu jeder Zeit. Darüber hinausgehende Überlieferungen sind für die Gemeinschaft unverbindlich und werden nicht anerkannt. Die S. T. A. stehen hierin mit den großen Reformatoren und evangelischen Theologen auf gleichem Boden. Sie glauben und lehren:

1. Gott der Vater ist der Urgrund allen Seins. Er besteht von Ewigkeit zu Ewigkeit. Seiner Allmacht und Liebe verdankt der Mensch das Leben. Gottes Liebe zu den sündigen Menschen hat er in der Opferung seines eingeborenen Sohnes bewiesen, um den Menschen ewiges Leben und Glück zu sichern.
2. Jesus ist der eingeborene Sohn des Vaters, durch den Gott alle Dinge geschaffen hat (Johannes 1,1–3 und Kolosser 1,16). Er ist Mensch geworden und als Erlöser und Heiland der Welt für die Sünden der Menschheit am Kreuz gestorben. Seit seiner Auferstehung und Himmelfahrt wirkt er als Hoherpriester im himmlischen Heiligtum; er ist der alleinige Mittler und Fürsprecher der Gläubigen. Er wird wiederkommen, um die Lebendigen und die Toten zu richten. Alle Gläubigen werden bei seiner Wiederkunft auferstehen.
3. Der Heilige Geist ist der wahre Stellvertreter Christi. Er ist heute noch unter den Gotteskindern wirksam und leitet sie in alle Wahrheit. Der Geist Gottes führt die Menschen zu Einsicht und Umkehr. Er bewirkt in den Gläubigen die freudige Gewißheit der Gotteskindschaft und verleiht ihnen geistliche Gaben und Fähigkeiten. Wo er ist, ist wahre Freiheit. Das Wirken des Heiligen Geistes zeigt sich in Liebe, Freude, Friede, Geduld, Freundlichkeit, Gütigkeit, Glauben, Sanftmut, Keuschheit (Galater 5,22).
4. In den zehn Geboten hat Gott den Menschen seinen Willen offenbart. Sie sind die ewigen Grundwerte der sittlichen Weltordnung und bestimmen das Verhältnis zu Gott und zum Mitmenschen. Daher sind sie für alle Menschen verbindlich. Das Halten der zehn Gebote kann nach der Bergpredigt (Matthäus 5–7) nur aus Liebe zu Gott und zum Nächsten verwirklicht werden und kennzeichnet die wahren Gläubigen (Offenbarung 14,12).
5. Gott hat seinen Geschöpfen den siebenten Tag als Sabbat oder

Ruhetag geschenkt, damit der Mensch Zeit hat, über Ursprung und Sinn des Lebens nachzudenken und sich mehr als im Alltag mit der Liebe und Allmacht Gottes zu beschäftigen. Die Adventgläubigen nehmen sich Jesus Christus als Vorbild, der die Gültigkeit des Sabbats über seinen Tod hinaus bestätigte. Im Hinblick auf das bevorstehende Weltende gab er seinen Nachfolgern den Rat: »Betet aber, daß eure Flucht nicht geschehe im Winter oder am Sabbat« (Matthäus 24,20). – Die S. T. A. sind überzeugt, daß der Sonntag erst durch Kaiser Konstantin im Jahre 321 n. Chr. als Staatsfeiertag und später auf dem Konzil von Laodicea im Jahre 364 n. Chr. auch kirchlicherseits als Ruhetag gegen Gottes Gebot und Jesu Vorbild eingeführt wurde. Die Bezeichnung »Sonntag« ist in der ganzen Heiligen Schrift nicht zu finden. Die Adventgläubigen beginnen den Ruhetag am Freitagabend mit Sonnenuntergang und heiligen ihn bis zum Sonnenuntergang des folgenden Tages.

6. Die Verstorbenen ruhen bis zu ihrer Auferstehung im Grabe (Johannes 5,28/29). Christus hat uns Leben und Unsterblichkeit gebracht. Das Schicksal des Sünders, der die Erlösung nicht annimmt, ist nicht ein Leben in ewiger Qual, sondern der zweite Tod, von dem es kein Erwachen mehr gibt (Offenbarung 21,8). Der Mensch hat keine unsterbliche Seele, sondern ist eine sterbliche Seele. Infolge der Sünde ist jeder Mensch dem Tod verfallen. Obwohl das Wort »Seele« mehrere hundertmal in der Bibel vorkommt, sind die Ausdrücke »unsterbliche Seele« oder »unsterblicher Geist« nicht ein einziges Mal darin zu finden. Die Heilige Schrift kennt nur zwei Texte, die etwas über die Unsterblichkeit aussagen; aber diese Stellen beziehen sich auf Gott.

7. Die Geschichte der Sünde, des Elends und des Todes wird ein Ende finden (Offenbarung 21,4). Wie das erste Kommen Christi in die Welt in der Heiligen Schrift (Altes Testament) vorhergesagt wurde, so ist auch sein zweites Kommen in Kraft und Herrlichkeit durch die Propheten angekündigt worden. Seine Wiederkehr wird sichtbar und hörbar sein. Wenn sich die vorausgesagten Zeichen erfüllen (Lukas 21), sollen die Gläubigen wissen, daß Christi Wiederkehr nahe bevorsteht, obwohl Tag und Stunde nicht festgelegt werden können. Das Studium der Weissagungen der Heiligen Schrift über die Endzeit vermittelt die Überzeugung, daß die Menschheit in endgeschichtlichen Entwicklungen lebt und sich auf die Wiederkunft Christi vorbereiten soll (Matthäus 24,44).

8. Die S. T. A. lehnen aufgrund der Heiligen Schrift die Kindertaufe ab. Jesus Christus sagt: »Wer da glaubet und getauft wird, der wird

selig werden« (Markus 16,16). Der Glaube ist also Voraussetzung zur christlichen Taufe. Deshalb muß eine gründliche Unterweisung und ein persönliches Bekenntnis des Glaubens vor der Gemeinde vorausgehen. Die Taufe wird nach dem Vorbild Christi durch Untertauchen vollzogen.

9. Nach dem Wort des Apostels Paulus ist der Körper des Menschen ein Tempel des Heiligen Geistes (1. Korinther 6,19–20). Aus diesem Grunde legen die S. T. A. großen Wert auf gesunde Lebensweise und Ernährung. Sie enthalten sich aller schädlichen Rausch- und Genußgifte. In diesem Sinn betreiben sie auch eine ausgedehnte Gesundheitsaufklärung. Eigene Gesundkostwerke stellen naturbelassene Nahrungsmittel her.

10. Um Gott als den Eigentümer allen Einkommens anzuerkennen, aus Liebe zur Gemeinschaft und zur Verkündigung des Evangeliums zahlen die Gläubigen gemäß Maleachi 3,8–10 den Zehnten.

3. Organisation und Gottesdienstordnung

Die Gemeinde wird durch die Glieder eines Ortes oder eines Stadtbezirks gebildet. Sie wird von selbstgewählten Gemeindeältesten, Diakonen und weiteren Gemeindebeamten geleitet. Ein von der Gemeinde gewählter Gemeindeausschuß regelt die Geschäfte. Die Verantwortungsträger einer Gemeinde verrichten ihren Dienst ehrenamtlich. Die Prediger sind vollberuflich tätig, sie erhalten ihre Ausbildung an einer Universität oder einem theologischen Seminar der S. T. A. Die Ausbildungszeit beträgt vier bis sechs Jahre.

Mehrere Gemeinden sind in Gebietsvereinigungen zusammengefaßt. Mehrere Vereinigungen bilden Landesverbände. In Westdeutschland sind die Gebietsvereinigungen und Landesverbände als Körperschaften des öffentlichen Rechts anerkannt. Die Gemeinschaft in der Bundesrepublik Deutschland besteht aus 1. dem Süddeutschen Verband (Stuttgart), 2. dem Westdeutschen Verband (Hannover), 3. dem Landesverband Berlin. Hierin sind zusammengefaßt: 12 Vereinigungen mit 433 Gemeinden und ca. 26000 Gliedern. – Die Gemeinschaft der S. T. A. in der Deutschen Demokratischen Republik hat eine selbständige Verwaltung mit 338 Gemeinden und ca. 12000 Gliedern.

Die Landesverbände sind in Abteilungen (Divisionen) zusammengeschlossen. Diese bilden die Generalkonferenz; sie hat ihren Sitz in Washington, D. C. (USA). Die Generalkonferenz setzt sich aus Abge-

ordneten aus allen Ländern und Erdteilen zusammen, die alle fünf Jahre von einer Konferenzversammlung gewählt werden.
In Europa bestehen z. Z. zwei Abteilungen (Divisionen) mit dem Sitz in England und in der Schweiz. Die deutschen Verbände gehören zur Euro-Afrika-Division mit der Hauptverwaltung in Bern. Insgesamt sind folgende 12 Abteilungen (Divisionen) zusammengeschlossen: 1. Nord-Amerika, 2. Afro-Mittlerer Osten, 3. Australien, 4. China, 5. UdSSR, 6. Euro-Afrika, 7. Fern-Ost, 8. Inter-Amerika, 9. Nord-Europa/West-Afrika, 10. Süd-Amerika, 11. Süd-Asien, 12. Trans-Afrika.
Die gottesdienstlichen Versammlungen finden regelmäßig am Sabbat-(Sonnabend-)vormittag statt. In der wöchentlichen Bibelschule vor dem Predigtgottesdienst werden in Gruppengesprächen aktuelle Glaubensfragen diskutiert. Anschließend findet die Wortverkündigung durch den Prediger statt. An den Sonntagen werden in unregelmäßiger Folge öffentliche Vorträge über Probleme der Zeit gehalten. Wochentags versammeln sich die Gemeinden zum Gebet. Das Abendmahl wird vierteljährlich mit ungesäuertem Brot und unvergorenem Traubensaft gehalten. Als Vorbereitung zum Abendmahl wird – getrennt nach Geschlechtern – nach dem Vorbild Jesu die Fußwaschung gepflegt (Johannes 13,1–17).

4. Besondere Aktivitäten

Adventmission. Der missionarische Dienst wird in 193 Ländern und in 528 Sprachen durchgeführt – (die UNO zählt 225 Länder). Die Botschaft vom Kommen Christi wird in wöchentlich 4814 Rundfunksendungen und 475 Fernsehsendungen über die ganze Erde ausgestrahlt. In Europa wird die Adventbotschaft über »Adventist World Radio« sowie über »Radio Luxemburg« in wöchentlich 29 Sendungen in 19 Sprachen verkündigt (Zahlen vom 1. 1. 1977).

Das Advent-Wohlfahrtswerk. Es steht seit 75 Jahren im Dienst der Nächstenliebe und hilft Notleidenden ohne Ansehen der persönlichen, religiösen und politischen Einstellung. 1974 wurden durch die Helferkreise der Gemeinden

9990550	Personen betreut,
12470439	Kleidungsstücke verschenkt
	und Lebensmittel und Bargeld in Höhe von
17336453,–	DM ausgegeben.

Ärztlicher Missionsdienst.
1976 unterhielt die Gemeinschaft

136	Sanatorien und Krankenhäuser,
232	Kliniken und Sanitätsstationen,
29	ärztliche Flugzeuge und Sanitätsschiffe.
1737	adventistische Ärzte und
134788	Pflegerinnen und Pfleger waren in eigenen Institutionen tätig.
	Es wurden
11470000	Patienten behandelt.

Christliche Erziehung.
Die Gemeinschaft unterhält aus Verantwortung für eine christliche Erziehung der Kinder und Jugendlichen

	4309	Elementarschulen,
	462	höhere Schulen,
	2	medizinische Hochschulen
und	2	Universitäten.

Verlagswerk. Um die Botschaft vom Kommen Jesu in gedruckter Form verkündigen zu können, wurden im Laufe der Zeit 50 Verlagshäuser gegründet. 1976 wurden 299 regelmäßig erscheinende Zeitschriften in 197 Sprachen herausgegeben. Jährlich werden mehr als 70 verschiedene Bücher christlichen Inhalts neu aufgelegt.
(Adresse des Verlages am Schluß.)

5. Literatur (Auswahl)

1. Bücher zum Bibelverständnis

White, Ellen G.: Der große Kampf zwischen Licht und Finsternis.
– Das Leben Jesu.
– Patriarchen und Propheten.
– Propheten und Könige.
– Das Wirken der Apostel.
– Gottes Wort für unsere Zeit.
Rühling, R.: Am Scheideweg (Überblick über adventistische Glaubenslehren).
Tobler, G.: Unser Ruhetag – Segen und Geschichte einer göttlichen Stiftung.

Maxwell, W.: Menschen in Gottes Hand (Biblische Geschichte für Kinder, 10 Bde.).

2. Taschenbücher

White, E. G.: Der Weg zu Christus.
Gmehling, O.: Christus der Herr im Glauben und Leben der Sieben-ten-Tags-Adventisten.
Schmitz, H. H.: Kennt die Heilige Schrift die Sonntagsfeier?

3. Zeitschriften

Adventecho, 14-täg.
Das Wort zur Zeit, mit Beilage für Kinder, Missionsschrift, 2-mtl.
Leben und Gesundheit, Gesundheitsmagazin, 2-mtl.

Sämtliche aufgeführten Bücher und Zeitschriften sind erhältlich beim Advent-Verlag GmbH bzw. Saatkorn-Verlag GmbH, beide in Grindelberg 13–17, 2000 Hamburg 13. Dort können auch weitere Auskünfte über unsere Gemeinschaft erfragt werden.

Reinhard Engel

Die Heilsarmee

1. Geschichte

Die Entstehung der Heilsarmee beginnt mit der Bekehrung ihres späteren Leiters und ersten Generals, William Booth (1829–1912). Als sein Vater, ein Bauunternehmer in Nottingham (England), plötzlich sein Vermögen verlor und William seine Lehre in einer Pfandleihe durchmachen mußte, wurde er schon in jungen Jahren mit Armut und Sünde bekannt. Mit leidenschaftlicher Empörung erfüllten sie seine Seele. Als er sich im Alter von 15 Jahren zu Christus bekehrte, wurde er bald der anerkannte Führer einer Gruppe eifriger junger Männer, die mit der Wesley-Kapelle, einer Kirche der Methodisten, verbunden waren. William entwickelte sich zu einem überzeugenden Redner und erkannte bald seine besondere Aufgabe bei den entkirchlichten und verkommenen Armen. Ein wohlhabendes Mitglied der Methodisten-Gemeinde ermöglichte ihm eine weitere Ausbildung, und schon als junger Hilfspastor leitete Booth ›feurige‹ Erweckungsfeldzüge. Entscheidend für die Entfaltung seiner großen Gaben wurde eine Konferenz der Methodistenkirche in Liverpool 1861. Nach einer heftigen Auseinandersetzung über seine evangelistische Tätigkeit wurde ihm vorgeschlagen, er sollte eine Kirchengemeinde übernehmen und nur nebenher Erweckungsversammlungen abhalten dürfen. Das lehnte er ab, weil er fest davon überzeugt war, mit seinen Evangelisations-Feldzügen auf dem richtigen Wege zu sein. Mit dieser Entscheidung war der Verlust seiner Anstellung und seiner Dienstwohnung verbunden, so daß seine Existenz zunächst nicht gesichert schien. Aber William Booth gab nicht auf und hatte in seiner Ehefrau eine tapfere Mitstreiterin.

Seit 1855 war Booth verheiratet mit Catherine Mumford. Sie hatte sich mit 17 Jahren für Christus entschieden und besaß eine umfassende Kenntnis in Theologie und Kirchengeschichte. An der Seite ihres Mannes wurde diese einzigartige Frau mitentscheidend für die Entstehung und Entwicklung der Bewegung; in späteren Jahren trug sie den

Ehrentitel »Mutter der Heilsarmee«. Schon vorher, während einer Krankheit ihres Mannes, leitete Frau Booth in Gateshead (Nordengland) neun Wochen hindurch viele Gottesdienste. Hierzu sei bemerkt: Es war damals außergewöhnlich, daß eine Frau öffentlich sprach.

Am Sonntag, dem 2. Juli 1865, hielt William Booth die erste Versammlung einer Evangelisation in einem Zelt auf einem ehemaligen Friedhof in Whitechapel, zu der ihn das »Komitee zur Evangelisation Ost-Londons« eingeladen hatte. Diese Versammlung wurde so erfolgreich, daß seine Mitarbeiter ihn drängten, sich völlig dieser Arbeit zu widmen. Später sagte er:

»Als ich die Massen armer Menschen sah, von denen so viele ohne Gott und ohne Hoffnung waren und die mir so bereitwillig und eifrig zuhörten, mir dann von der Freiversammlung ins Zelt folgten und so viele sich auf der Stelle Jesus auslieferten, da schlug ihnen mein ganzes Herz entgegen. Ich eilte nach Hause und sagte meiner Frau: ›O Käti, ich habe meine Bestimmung gefunden! Dies sind die Menschen, deren Heil ich in all diesen Jahren ersehnt habe. Als ich heute abend an den Türen der erleuchteten Schnapskneipen vorbeiging, schien eine Stimme in meinen Ohren zu klingen: Wo kannst Du hingehen und solche Heiden finden wie diese, und wo braucht man Deine Arbeit dringender als hier? Und in meiner Seele übergab ich dort auf der Stelle mich selbst, Dich und die Kinder dieser großen Arbeit. Jene Menschen sollen unsere Menschen sein, sie sollen unsern Gott als ihren Gott haben.«

Dieser 2. Juli gilt noch heute als der Gründungstag der Heilsarmee, obwohl die Bewegung zunächst den Namen »Die Ost-Londoner Christliche Mission« erhielt. William Booth's erster Gedanke war, nur eine Mission zu unterhalten und die Neubekehrten den Kirchen zuzuführen. Dabei zeigten sich aber drei wesentliche Hindernisse: 1. Die Neubekehrten gingen nicht in die Kirchen, in die sie geschickt wurden; 2. Wenn sie aber hingingen, waren sie nicht erwünscht; 3. Booth erkannte sehr bald, daß er diese Menschen selbst benötigte, um andere ihresgleichen zu gewinnen. Als die Arbeit sich von London über die Provinzen ausbreitete, wurde die Bewegung umbenannt in »Christliche Mission«. In jenen Anfangstagen bewährte sich William Booth's außerordentlicher Mut und seine Zähigkeit. Er und seine Anhänger standen fast grenzenloser Feindseligkeit und Gleichgültigkeit gegenüber; denn dem Atheismus jener Tage war schon der bloße Name Gottes verhaßt. Aber seine Missionare nannten die offene Straße ihren Dom, verkündigten den Gestrandeten das Evangelium der Liebe und verloren nie den Mut, obgleich lärmende Betrunkene und lästernde Ungläubige sich um die Freiversammlungen drängten. Dadurch wurde die Mission mit ihrer aggressiven Art fröhlichen Christentums zu einer Macht, die Zahl der bekehrten Trinker stieg in die Tausende.

Als die Bewegung 1878 den Namen »Die Heilsarmee« erhielt, übernahm sie nach und nach militärische Bezeichnungen. Sie breitete sich auch in anderen Ländern aus, ihre Ausweitung war unaufhaltsam. Über die Missionsmethoden und ihre Wirkung wird in einem Buch über William Booth folgendes gesagt:

»Es war in England der siebziger Jahre. Mit Trommeln und Trompeten zog der streitbare Gotteskämpfer in den Großstadtsumpf und sprach mit flammender Beredsamkeit zu den Herzen der Elendesten der Elenden. Sein Wahlspruch lautete: »Rettet Seelen, geht den Schlimmsten nach!« Bordellbesitzer und Kaschemmenwirte kochten vor Wut, brave Bürger fanden es ›chocking‹. William Booth aber kümmerte sich nicht darum. Unter den Bannern seiner Heilsarmee fanden die Säufer und Dirnen, die Mühseligen und Beladenen neue Hoffnung. Mit seiner lebensprühenden Energie und seiner mitreißenden visionären Kraft wirkte Booth weit über seine Zeit hinaus.«

William Booth hatte seinen Feldzug begonnen, um Menschen aus dem Verderben zu retten. Aber er und seine Mitarbeiter erkannten bald, daß die entsetzlichen Verhältnisse sehr vieler Menschen ihre Errettung infrage stellten, wenn es nicht gelang, ihnen auch materiell zu helfen. So wurden in den Anfangstagen Läden eröffnet, in denen diese Ärmsten für einen Groschen Brot, Suppe, Fleisch und Tee kaufen konnten. Trinkerrettungs-Brigaden wurden eingeführt, später Heime für entlassene Gefangene, für Mädchen und Kinder geschaffen. In manchen Ländern wurden soziale Verhältnisse und Gesetzgebung nachhaltig durch die Heilsarmee beeinflußt. In seinem unerschrockenen Kampf gegen die Prostitution gelang William Booth die Annahme eines Gesetzes durch die englische Regierung, demzufolge das Mündigkeitsalter der Mädchen von 13 auf 16 Jahre heraufgesetzt wurde. In Japan erhielten Tausende von Prostituierten auf Initiative der Heilsarmee die Freiheit. Auch die Aufhebung der französischen Strafkolonie auf den Teufelsinseln im Jahre 1938 erfolgte auf Veranlassung der Heilsarmee (Kapitän Charles Péan). Heute unterhält die Heilsarmee in aller Welt soziale Einrichtungen der verschiedensten Art, in Missionsländern auch Krankenhäuser, Polikliniken, Schulen, Heime für Leprakranke, Entziehungsanstalten für Alkoholiker sowie Blindenheime. In Deutschland konnte die Heilsarmee nach dem Ersten Weltkrieg dank ihrer internationalen Zusammengehörigkeit eine große

Hilfsarbeit entfalten durch Gratisverteilung von Kondensmilch an unterernährte Kinder sowie Ausgabe warmer Mahlzeiten. Nach dem Zweiten Weltkrieg kamen ausländische Heilsarmee-Hilfsgruppen (Reliefteams) nach Deutschland, die unter Flüchtlingen und Kindern wirkten. Viele ins Ausland evakuierte Kinder führten sie nach Deutschland zurück. An Flüchtlinge, Heimkehrer und Bedürftige aller Art wurden Kleider, Wäsche, Speisen, Stärkungsmittel und Medikamente ausgegeben. Gegenwärtig (1978) unterhält die Heilsarmee in Deutschland 32 soziale Einrichtungen, z. B. Heime für Kinder, Männer- und Frauenheime, Jugend- und Altersheime, Alten-Wohnheime, ein Hospital und ein Männerheim. Erwähnt sei auch die schöngelegene Jugendkolonie in Plön/Holstein. Der internationale Suchdienst der Heilsarmee, der sich um vermißte Familienangehörige bemüht, übt eine segensreiche Tätigkeit aus.

2. Glaubensgrundsätze

Die Heilsarmee hat ein einfaches Glaubensbekenntnis. Es bestätigt die göttliche Inspiration der Heiligen Schrift, die Trinität, das Sühnopfer Christi, Bekehrung, Heilsgewißheit, Heiligung und Letzte Dinge. Der Herr Jesus Christus hat durch sein Leiden und Sterben eine Versöhnung für die ganze Welt vollbracht. Gemäß 1. Thessalonicher 5,23 ist es das Vorrecht aller Gläubigen, »durch und durch geheiligt zu werden; ihr Geist, Seele und Leib sollen bewahrt werden unsträflich auf die Zukunft unseres Herrn Jesu Christi.«
Schwierigkeiten in der Anfangszeit und theologische Lehrstreitigkeiten wurden für den Heilsarmeegründer Anlaß, keine Sakramente auszuteilen, zumal nach seiner Überzeugung Sakramente zur Erlangung des Heils nicht wesentlich sind. Anstelle der Wassertaufe hat die Heilsarmee die Kinderweihe, die zugleich die Verantwortung der Eltern für die Erziehung der Kinder zur Gottesfurcht betont. Den Salutisten[8] ist es aber gestattet, in andern Kirchen das Abendmahl zu nehmen oder ihre Kinder taufen zu lassen.
In den Gottesdiensten der Heilsarmee gibt es keine Liturgie. Die Versammlungen haben keine festgelegte Form, enthalten aber immer Gebete, Gesang, Zeugnisse von Bekehrungen und Erfahrungsberichte über die Hilfe Gottes. Die Bibelauslegung zielt immer auf eine Ent-

8. Kurzform für die Mitglieder der Heilsarmee.

scheidung hin, und an der Bußbank[9] betet der Suchende um Sündenvergebung und neue Kraft. In den meisten Fällen wird ihm ein Salutist im Gebet beistehen. Eine wichtige Rolle spielen die Freiversammlungen auf Straßen und Plätzen und überall, wo Menschen erreicht werden. Auch Krankenhäuser und Gefängnisse werden besucht. Missionen auf Höfen und in Gaststätten sind ein Teil der öffentlichen Aktivität, wobei unser Wochenblatt »Der Kriegsruf« und andere Schriften angeboten werden.

3. Rechtsform und Organisation

Als Internationaler Leiter steht an der Spitze der Heilsarmee der General. Er wird jeweils vom »Hohen Rat« gewählt, einem Gremium von aktiven Kommandeuren und Leitern aus aller Welt. Mit 68 Jahren tritt der General in den Ruhestand. Der General ernennt und bestätigt seinen Stabschef, den Zweitkommandierenden der Armee, und entscheidet, beraten von einem Ausschuß von Stabsoffizieren, in letzter Instanz. Auch entscheidet er über Versetzungen der höheren Offiziere, oftmals von Land zu Land, wenn es das Interesse des Werkes erfordert. Das Internationale Hauptquartier befindet sich in London, aber jedes Land hat ein eigenes Nationales Hauptquartier; für Deutschland ist es in Köln.

Die Heilsarmee in Deutschland war ursprünglich als eine GmbH eingetragen; jedoch sind ihr inzwischen die Rechte einer Körperschaft des öffentlichen Rechts verliehen worden. Die Arbeit in der Bundesrepublik Deutschland ist in vier Divisionen unterteilt mit dem Sitz in Hamburg, Köln, Stuttgart und Westberlin. In der DDR ist eine Betätigung der Heilsarmee nicht zugelassen. Eine Division besteht aus den Korps (Gemeinden) ihres Gebietes. Jedes Korps hat einen Leiter sowie ehrenamtliche Mitarbeiter, sog. Lokaloffiziere, für die verschiedenen Zweige der Arbeit unter Erwachsenen, Jugendlichen und Kindern.

Das Sozialwerk ist unterteilt in die Männer- und Frauen-Sozialarbeit, für die ein Sozialsekretär verantwortlich ist. Nach dem internationalen Jahrbuch der Heilsarmee von 1978 (Year Book of The Salvation Army) arbeitet die Heilsarmee in 82 Ländern und verkündet das Heil in 111 Sprachen. Von Anfang an ist bei der Heilsarmee die Frau dem

9. Ein heiliger Ort in einer öffentlichen Versammlung, an dem Menschen knien und in Reue und Buße ihre Sünden dem Heiland bekennen.

Manne gleichgestellt. In der evangelistischen wie in der sozialen Arbeit haben Frauen hervorragendes geleistet. In der Schweiz, in Frankreich, Schweden, Finnland und Norwegen wurde das Werk sogar von Frauen begonnen, und unter den bisherigen elf Generälen hatte auch Evangeline Booth, eine Tochter des Gründers, das höchste Amt in der Armee inne (1934–1939). Viele Korps werden von weiblichen Offizieren geleitet.

In einer öffentlichen Soldateneinreihung erfolgt die Aufnahme neuer Mitglieder, die zuvor die sog. »Kriegsartikel« unterschrieben haben. Diese enthalten das Glaubensbekenntnis sowie ethische und praktische Gelübde, z. B. Enthaltsamkeit von alkoholischen Getränken, Rauschmitteln etc. Das Aufgeben einer früheren Kirchenzugehörigkeit wird nicht verlangt. Die Ausbildung der Offiziere erfolgt in der Offiziersschule, die sich in Bochum befindet. Während der Ausbildungszeit und später in der praktischen Weiterbildung tragen die jungen Salutisten die Bezeichnung »Kadetten«, später Leutnant. In leitenden Positionen in der geistlichen wie in der sozialen Arbeit sind sie Kapitän und nach ca. zwei Jahrzehnten Major. Abteilungsleiter werden zum Oberstleutnant ernannt, während ein Territorialleiter den Rang eines Kommandeurs oder Oberst bekleidet. Den Rang eines Oberst haben auch meist der Chefsekretär und einzelne der verantwortlichen Leiter.

4. Literatur

Collier, Richard: Der General Gottes: William Booth. Die Geschichte der Heilsarmee, 1965.

Die Heilsarmee, ihr Ursprung und ihre Entwicklung.

Gruner, Max: Revolutionäres Christentum. 50 Jahre Geschichte der Heilsarmee in Deutschland, 2 Bde.

Begbie, Harold: Feldzug der Liebe. General William Booth.

Schmidt, M./F. Borkowski: Catherine Booth. Ein Leben für Gott.

de Mestral Combremont, J.: Katharina Booth-Clibborn Die Marschallin.

Péan, Charles: Die Eroberung der Teufelsinsel.

Carvosso Gauntlett, S.: Die Heilsarmee im Kampf gegen soziale Übel.

Frauen folgen der Fahne. Pionierinnen der Heilsarmee, 21 Kurzbiographien.

Coutts, Fr. L.: Der Ruf zur Heiligung.

Brengle, Samuel L.: Hilfe zur Heiligung.
Larsson, John: Keine harte Nuß
Handbuch der Lehren, 1978.
Der Kriegsruf. Wochenschrift der Heilsarmee in Deutschland seit 1887.

Die genannten Bücher können von der Handelsabteilung im Hauptquartier der Heilsarmee, Salierring 23, 5000 Köln a. Rh., bezogen werden.

Oberst (i. R.) Wilhelm Kiesel

Johannische Kirche

Die Johannische Kirche wurde im Jahre 1926 in Berlin von Joseph Weißenberg gegründet. Sie hieß zunächst: »Evangelisch-Johannische Kirche nach der Offenbarung St. Johannis«. Den seit längerer Zeit im Sprachgebrauch üblichen Namen »Johannische Kirche« trägt sie seit Pfingsten 1975.
Ihr Begründer, Joseph Weißenberg, steht zusammen mit Jesus Christus im Mittelpunkt der kirchlichen Verkündigung und Praxis. Die Mitglieder der Johannischen Kirche, die sich auch »Weißenberger« nennen, verehren ihn als den von Jesus Christus verheißenen Tröster der letzten Zeit (Johannes 15 und 16). Nachdem sich Gott im Alten Bund durch Mose, im Neuen Bund durch Jesus von Nazareth der Menschheit geoffenbart hatte, offenbarte er sich zum dritten Male als Heiliger Geist durch Joseph Weißenberg. Er sollte die Menschen in alle Wahrheit leiten (nach Johannes 16,13).
Das Glaubensbekenntnis der johannischen Christen lautet infolgedessen:

Ich glaube an Gott den Vater.
Ich glaube an Gott den Sohn.
Ich glaube an Gott den Heiligen Geist.
Und an Gottes Offenbarungen
durch Mose, Jesus Christus und Joseph Weißenberg.

1. Geschichtliches

Joseph Weißenberg wurde am 24. August 1855 als Kind von Tagelöhnern in Fehebeutel Krs. Striegau (Schlesien) geboren. Schon früh erregte er in seiner näheren Heimat Aufmerksamkeit durch außergewöhnliche Gaben und Fähigkeiten. So heilte er als Vierjähriger einen todkranken Mann durch Handauflegen. Im Alter von elf Jahren ließ das Waisenkind – beide Eltern waren an der Cholera gestorben – Engel des Lichts in »Geistfreundreden«, allgemein bekannter als »Tranceredén« (vgl. Teil 2, S. 99, durch den Mund seiner Schulkameraden sprechen. Aus dem gleichen Jahr (1866) sind seine ersten öffentlichen Prophezeiungen überliefert. Später sollte er Kaiser Wilhelm II. – in einem warnenden Brief von 1903 – seine Flucht aus Deutschland im Jahre 1918 und bereits 1933 die künftige Besetzung Berlins durch sowjetische Truppen vorhersagen.

Nach Schulzeit, Erlernen des Maurerhandwerks und Militärdienstzeit ging Joseph Weißenberg im Jahre 1883 nach Berlin. In einer Zeit des religiösen und sozialen Niedergangs begann er hier mit seinem religiösen und sozialen Wirken. Durch Handauflegen heilte er viele tausend – zum Teil unheilbar – Kranke. Wie die Bibel es von Jesus Christus berichtet, so gab sich auch Joseph Weißenberg nicht mit der körperlichen Heilung zufrieden. Er ermahnte die Menschen, ihr Leben zu ändern, ihren Glauben ernst zu nehmen. Eine erste Sammlung seiner Anhänger war die im Jahre 1907 amtsgerichtlich eingetragene »Christliche Vereinigung ernster Forscher von Diesseits nach Jenseits, wahrer Anhänger der christlichen Kirchen«. Dieser Name läßt erkennen, daß Joseph Weißenberg ursprünglich keine neue Kirche zu gründen beabsichtigte.

Da die verschiedenen bestehenden Kirchen zu den brennenden Fragen der Zeit keine befriedigende Antwort zu geben vermochten, wollte Joseph Weißenberg über seine Anhänger die christlichen Grundlehren wiedererwecken und die Kirchen wieder mit Leben erfüllen. Darum forderte er die Mitglieder seiner Vereinigung auf, die Gottesdienste ihrer jeweiligen Kirchen regelmäßig zu besuchen und aktiv an deren Gemeindeleben mitzuwirken. In den zwanziger Jahren führten jedoch zunehmende Schwierigkeiten seiner Anhänger in ihren Kirchen zur Gründung der »Johannischen Kirche« (gemäß Offenbarung Johannes 21,1–4). Für sie verkündete Joseph Weißenberg von Anfang an den Grundsatz der Achtung und Brüderlichkeit gegenüber jedem anderen Glauben und jeder anderen Religionsgemeinschaft nach dem Motto: Ebenso, wie es viele Wege in eine Stadt gibt, führen viele Wege zu Gott.

Am 17. Januar 1935 verbot die Geheime Staatspolizei die junge Kirche, die zu diesem Zeitpunkt etwa 400 Gemeinden, überwiegend in Berlin, Ost- und Mitteldeutschland, umfaßte. Die Gestapo schleppte den Kirchengründer vor mehrere Sondergerichte und ließ den Achtzigjährigen gleich anderen Regimegegnern – unter anderem wegen

angeblicher Sittlichkeitsverbrechen – zu mehrjährigen Freiheitsstrafen verurteilen. Nach Obernigk in Schlesien verbannt und unter Gestapoaufsicht stehend, verstarb Joseph Weißenberg dort am 6. März 1941.
Am 28. April 1932 hatte Joseph Weißenberg als künftiges Oberhaupt seine Nachfolgerin Frieda Müller (geb. 7. Februar 1911) berufen. Bedingt durch eigene Verhaftung, Gestapoaufsicht und Aufenthaltsverbot für Berlin und die Provinz Brandenburg, konnte Frieda Müller dieses Amt bis zum Ende des nationalsozialistischen Regimes nur illegal und unter großen Schwierigkeiten ausüben.
Unmittelbar nach Kriegsende begann sie mit dem Wiederaufbau der Kirche, erwirkte bei den Besatzungsmächten die Aufhebung des Kirchenverbots, sammelte in Ost und West die versprengten Gläubigen und gründete Gemeinden in allen Teilen Deutschlands. Heute umfaßt die Johannische Kirche wieder 70 Gemeinden in der Bundesrepublik Deutschland mit West-Berlin und in der Deutschen Demokratischen Republik.

2. Lehre

Joseph Weißenberg baut auf der Bibel auf, die in der Übersetzung Martin Luthers für ihn »Richtschnur der menschlichen Daseinsstufe« ist. Er erklärt und vertieft die biblische Botschaft vom Reiche Gottes und entwickelt sie weiter, so insbesondere die Lehre vom Fortleben der Seele nach dem Tode und die Lehre von der Wiedergeburt (Reinkarnation).
Die Lehre vom Fortleben gründet sich u. a. auf Prediger 12,7: »Der Staub muß wieder zu der Erde kommen, wie er gewesen ist, und der Geist wieder zu Gott, der ihn gegeben hat.«
Damit verliert der Körper des Menschen für ihn in seiner Todesstunde jede Bedeutung. Nur die unsterbliche Seele ist es, die beim irdischen Tod, den die Weißenberger »Heimgang« nennen, in die Ewigkeit gerufen wird. Dort tritt sie vor Gottes Richterstuhl. Joseph Weißenberg sagt hierzu:
»Wie sich der Mensch auf Erden übt, so lebt die Seele im Jenseits fort; wer seinen Nächsten hier nicht liebt, wird wenig Liebe finden dort.«
Und: »Durch Wohltun und Liebe sammelt sich der Mensch eine geistige Kraft, die er mit hinübernimmt ins Jenseits. Je stärker diese Kraft ist, desto schöner gestaltet sich dort sein Leben, seine Umge-

bung.« Das heißt, daß die Seele nach dem Maße der Gotterkenntnis und Nächstenliebe einen Platz in einer der sieben Sphären des Lichts (also in der Gottesnähe) oder der sieben Sphären der Finsternis (in der Gottesferne) erhält. Unter Sphären sind geistige Lebensbereiche zu verstehen; in dem Maße, wie die Erkenntnis der Seele wächst, kann sie von Sphäre zu Sphäre aufsteigen.

Der johannische Christ versteht sein Erdendasein folglich als Zeit bewußter Vorbereitung auf das ewige Leben. Er ist sich ebenso bewußt, daß er sich einen Platz im Himmel nicht mathematisch ausrechnen oder durch gute Werke verdienen kann, sondern letztlich von der Gnade Gottes abhängig ist. Zur Gnade Gottes gehört es auch, der Seele die Möglichkeit einer Bewährung auf der Erde durch ein nochmaliges Leben als Mensch zu geben. Die Erde ist der Ort der Erlösung für die mit Luzifer gestürzten Geister. Der Mensch lebt hier also nicht, um nur zu leben, sondern um zu werden, um zurückliegende Schuld abzutragen und für ein Leben in der Gottesnähe zu reifen. Diese Möglichkeit hat ein erheblicher Teil der Menschheit achtzig- bis neunzigmal erhalten – und vertan.

Dabei liegt die jenseitige Welt nicht in geographisch weiter Ferne, sondern beginnt auch unmittelbar neben und in uns. Im Jenseits lebende Seelen nehmen Einfluß auf unser Denken, Fühlen und Handeln. Deshalb lebt jeder Mensch in ständiger Auseinandersetzung mit guten und bösen Einflüssen; er wird versucht, aber auch geschützt. Er ist diesen Einflüssen jedoch nicht ausgeliefert, sondern hat freien Willen und freies Wollen. In freier Entscheidung soll er in jeder Konfliktsituation den Weg der Gotterkenntnis und Nächstenliebe gehen und damit auch die ihn umgebenden bösen (also unerlösten) Geistwesen, die ihn bis hin zur Krankheit belasten können, tragen, überwinden und damit erlösen, zur Gotterkenntnis führen helfen.

Aus dieser Verklammerung der diesseitigen mit der jenseitigen Welt ergeben sich auch die Geistfreundreden als Fortsetzung des Pfingstwunders und Darstellung des biblischen Zungenredens: Engel des Lichts sprechen in Gottesdiensten unter Leitung des Oberhauptes über Menschenzungen zur Gemeinde.

Joseph Weißenberg erneuerte das christliche Heilen durch Handauflegen und ergänzte die biblische Aussage: ›Ich bin der Herr, dein Arzt‹ (2. Mose 15,26) mit der Erklärung geistiger Ursachen: ›Krankheit ist Geist, im Fleisch sich verkörpernder Geist.‹

Er lehnte den Mediziner keineswegs ab, sondern bezog ihn im Sinne der Heiligen Schrift (vgl. Sirach 38) in die Heilung mit ein. Er heilte nicht nur selbst, sondern übertrug dies als Aufgabe auch Helfern – heute ›Missionshelfer‹ genannt –, die, ähnlich Christi Jüngern, sein Heilwirken fortsetzen.

Die Johannische Kirche spendet vier Sakramente:

Das Sakrament der Taufe. Es wird durch Handauflegen – ohne Wasser – vollzogen; üblich ist die Kindertaufe.

Das Abendmahl. Es wird einmal im Jahr nur konfirmierten Mitgliedern gereicht und ist Liebesmahl der Gläubigen und Kraftquelle für die Seele.

Das Sakrament der geistigen Heilung. Es dient der Erlösung belastender (krankmachender) Geistwesen und wird zur Heilung körperlicher und seelischer Erkrankungen und Belastungen durch Handauflegung gespendet.

Das Sakrament des Sterbens. Es besteht in der Vorbereitung eines Sterbenden auf das ewige Leben. Es erleichtert ihm das Hinübergehen seiner Seele in das Jenseits und die Trennung von seinen irdischen Gebundenheiten.

3. Organisation und Aufbau

Die Johannische Kirche lebt in einer theokratischen Ordnung nach den von Joseph Weißenberg seinen Zeitgenossen für die heutige Menschheit verständlich erklärten und ergänzten Regeln der Heiligen Schrift. Er hat das jetzige Oberhaupt als seinen Nachfolger berufen, das seinerseits seinen künftigen Nachfolger berufen hat. Das Oberhaupt bestimmt die Grundsätze für kirchliche Ordnung und Organisation, Lehre und Verkündigung. Es beruft alle Amtsträger.

Rechtlich ist die Kirche als eingetragener Verein verfaßt. Für den westlichen Bereich hat sie ihren Sitz in Berlin 38 (Nikolassee), Teutonenstraße 14. Mittelpunkt der Kirchenarbeit sind für die Bundesrepublik Deutschland mit West-Berlin das St. Michaels-Heim in Berlin 33 (Grunewald), Bismarckallee 23, und für die Deutsche Demokratische Republik das Kirchenzentrum Blankensee, Kreis Luckenwalde.

Die Kirche gliedert sich in Bezirke und Gemeinden, die von Bezirks- und Gemeindeführern geleitet werden.

Innerhalb der Gemeinden sind Kinder, Jugendliche, Frauen und Männer in Gruppen zusammengefaßt. Deren Leiter unterstützen die Gemeindeführer und Missionshelfer bei der Betreuung der Mitglie-

der und der Pflege des Gemeinschaftslebens. Der Religionsunterricht wird von eigenen Religionslehrern, der Konfirmandenunterricht im allgemeinen von Predigern erteilt.
Mitglied der Johannischen Kirche kann jeder werden, der sich zur johannischen Glaubenslehre bekennt, sich in die Ordnung der Kirche einfügt und keiner anderen Konfession angehört. Die Taufe sowie Konfirmation und Kommunion anderer christlicher Bekenntnisse werden anerkannt.
Die Finanzierung erfolgt durch Spenden und Beiträge, deren Höhe das Mitglied nach dem Maße seiner Möglichkeiten selbst festsetzt; es besteht ein von der Kirchenleitung festgesetzter Mindestbeitrag.

4. Kirchenleben

Die Stärkung der Gemeinschaft unter den Mitgliedern ist ein wesentlicher Inhalt johannischen Gemeindelebens. Die Mitglieder bemühen sich, nach dem Vorbild Joseph Weißenbergs gesellschaftliche, geistige und soziale Gegensätze im Sinne einer »johannischen Lebensgemeinschaft« zu überwinden. Sie begegnen sich nicht allein bei den Gottesdiensten; sie treffen sich bei der Gruppenarbeit und zahlreichen geselligen Veranstaltungen. Alle großen kirchlichen Feste werden auch nach dem Gottesdienst in der Gemeinschaft der »Geschwister« gefeiert, wie sich die Kirchenmitglieder nennen. Sie betrachten sich als Schwestern und Brüder, zwischen denen das »Du« selbstverständlich ist. Die Verantwortung für den Nächsten im Sinne der Bergpredigt findet auch Ausdruck in mannigfachen gegenseitigen Hilfeleistungen und Betreuung in Notfällen. In den Gottesdiensten der Johannischen Kirche sprechen Laienprediger, die vom Oberhaupt in ihr Amt berufen werden. Sie erfüllen diese Aufgabe teils haupt-, teils ehrenamtlich; sie sind einzelnen Gemeinden nicht ständig zugeteilt, sondern besuchen sie abwechselnd. Die Prediger sprechen in den Gottesdiensten nicht nach vorbereitetem Manuskript oder vorgeschriebenem Text, sondern frei, durch Engel (Geistfreunde des Lichts) inspiriert. Dadurch gewinnt jeder Gottesdienst ein eigenes Maß an Spontaneität und Enthusiasmus, obwohl er äußerlich in festgelegter Form abläuft. Er beginnt mit der Begrüßung der Anwesenden, dem gemeinsamen Vaterunser, einem Lied des Gemeindechores und dem Gesang der Gemeinde. Es folgt die Predigt, der sich Chorlied, Gemeindegesang, Dankgebet und Segenserteilung anschließen. Amtshandlungen, z. B.

Taufen und Trauungen, finden im Rahmen des Gottesdienstes im Anschluß an die Predigt statt.
Den Predigern obliegt die Erteilung des Abendmahls und die Gemeindeseelsorge, in der sie von Gemeindeführern und Missionshelfern unterstützt werden, die gleich ihnen das Sakrament der geistigen Heilung erteilen. Das Sakrament der Taufe kann außer ihnen, allerdings nur in Notfällen, jedes konfirmierte Mitglied spenden.
Die Johannische Kirche begeht folgende christliche Feste:
Karfreitag, Ostern, Himmelfahrt, Pfingsten, Bußtag und Weihnachten; sie gedenkt Joseph Weißenbergs an besonderen Feiertagen, an seinem Geburtstag und seinem Todestag.

5. Sozialwerk

Für Joseph Weißenberg waren religiöses und soziales Wirken eine untrennbare Einheit. Kurz nach dem 1. Weltkrieg erwarb er aus Spendenmitteln seiner Anhänger in den Glauer Bergen bei Trebbin in der Mark Brandenburg 400 Hektar Ödland, machte es urbar und begann mit dem Aufbau einer christlichen Siedlung. Als »Friedensstadt« wurde sie bis zum Kirchenverbot 1935 Deutschlands größte Privatsiedlung und das Modell eines sozialen Gemeinwesens auf der Grundlage tätigen Christentums.
Zu den von Joseph Weißenberg selbst angeregten vorbildlichen sozialen Einrichtungen gehörten zweckmäßige Eigenheime, eine moderne Schule, Gemeinschaftseinrichtungen auf genossenschaftlicher Grundlage und ein Altersheim, das der Entwicklung zum Prinzip des Altenwohnheims 30 Jahre vorgriff. Diese Friedensstadt wurde nach dem Kirchenverbot enteignet und der Waffen-SS als Truppenübungsplatz zugewiesen. Sie ist bis heute noch nicht wieder Eigentum der Kirche. Um auch das soziale Wirken Joseph Weißenbergs fortzusetzen, gründete Oberhaupt Frieda Müller im Jahre 1954 das Johannische Aufbauwerk e. V. als Träger der sozialen Aufgaben. Obwohl es eine eigene Rechtsperson darstellt, ist seine Arbeit Teil des täglichen Kirchenlebens. 1957 wurde das frühere »Palais Mendelssohn« am Herthasee in Berlin-Grunewald erworben und als »St. Michaels-Heim« zum Zentrum johannischer Gemeinde-, Sozial- und Kulturarbeit um- und ausgebaut.
Zu den sozialen Einrichtungen und Aktivitäten gehören unter anderem eine Kindertagesstätte, ein familiengegliedertes Kleinstheim, ein

Jugendwohnheim, ein Jugendgästehaus, ein fahrbarer Mittagstisch und mobiler Wäschedienst für alte und behinderte Bürger im Berliner Bezirk Wilmersdorf, Kinder-, Jugend- und Altenerholungsverschikkungen, Beratungen und Lebenshilfen in besonderen Fällen.
Seit 1973 nutzt das Johannische Aufbauwerk sein neuerworbenes Gästehaus »Stempferhof« in Gößweinstein (Fränkische Schweiz) als Seniorenerholungsheim. Soweit die insbesondere aus Spenden seiner Mitglieder, Freunde und Förderer stammenden Mittel es zulassen, hilft das Johannische Aufbauwerk jedem, der der Hilfe bedarf, ohne Rücksicht auf sein religiöses oder politisches Bekenntnis oder seine Staatsangehörigkeit; es gehört dem Deutschen Paritätischen Wohlfahrtsverband an.
Als Mittel des sozialen Gemeinschaftslebens fördert das Johannische Aufbauwerk auch die musische Arbeit in zahlreichen für Kinder und Jugendliche eingerichteten Gruppen für Volkstanz, Turnen, Gymnastik, Chor- und Instrumentalmusik, Malen, Keramik, Fotografie, Bühnen- und Puppenspiel. In der Öffentlichkeit bekannt wurde diese Arbeit vor allem durch den Johannischen Chor Berlin, dessen 50 Laiensänger und -instrumentalisten in den 25 Jahren seines Bestehens an über 1000 Rundfunksendungen mitgewirkt und zahlreiche Konzertreisen ins Ausland unternommen haben.

6. Literatur

Konsistorium der Ev.-Joh. Kirche (Hg.): Das Fortleben nach dem Tode, Berlin 1955.

Rohr, F. u. a.: Joseph Weißenberg und die Evangelisch-Johannische Kirche, Berlin 1959.

Möhring/Schneider: Vom Segen des Glaubens, 2. Aufl., Berlin 1961.

Köhler: Die Urkirche Jesu Christi, Berlin 1964.

Der Leidensweg – eine Dokumentation über Joseph Weißenberg, Berlin 1966.

40 Jahre Kirche – eine Gedenkschrift, Berlin 1967.

Glaubenslehre in Frage und Antwort, Berlin 1968.

Moll (Hg.): Joseph Weißenberg – Zeugnisse seines Wirkens (1), Berlin 1969

Wochenzeitung »Weg und Ziel«, Berlin, seit 1948.

Johannisches Gesangbuch, 2. Aufl., Berlin 1967.

Außen und Innen – eine Festschrift, Berlin 1976.

Sämtlich erschienen im Verlag «Weg und Ziel», Teutonenstraße 14, 1000 Berlin 38.

Siegfried Philipp/Klaus Ritter

Die katholisch-apostolischen Gemeinden

1. Geschichtliches

Die katholisch-apostolischen Gemeinden sind einerseits durch eine Erweckungsbewegung entstanden, die sich um das Jahr 1830 zuerst in Schottland, dann auch in England und anderen Ländern zeigte und in der die Gaben des Heiligen Geistes (1. Korinther 12), vornehmlich Weissagung, Zungenreden und Krankenheilung, erneut in Erscheinung traten. In London ließ 1831 der geistesmächtige, beredte, theologisch tiefschürfende und aufrichtig gläubige, wenn auch gelegentlich über das Ziel hinausschießende Edward Irving, damals Geistlicher der schottischen Nationalgemeinde in London, die Ausübung der Geistesgaben zu, und ihm folgten bald andere. Andererseits entwickelten sich die katholisch-apostolischen Gemeinden aus den sogenannten Albury-Konferenzen, die seit dem 1. Advent des Jahres 1826 fünf Jahre hindurch jeweils eine Woche lang mit täglich drei Sitzungen unter ernstlichem Gebet auf Einladung und unter führender Beteiligung des feingebildeten und tief religiösen Londoner Bankiers Henry Drummond auf dessen Landsitz Albury-Park in Surrey, Südengland, stattfanden. Diese Zusammenkünfte dienten hauptsächlich der Erforschung des prophetischen Wortes der Heiligen Schrift Alten und Neuen Testaments im Urtext. An ihnen nahmen etwa 50 Geistliche und theologisch interessierte Laien verschiedener kirchlicher Richtungen teil, u. a. auch Irving. So kamen die beiden Kreise miteinander in Berührung. In der Wortverkündigung wiesen die Geistlichen dieses Kreises, Irving voran, auf die Nähe des Zweiten Advents Christi hin, der sich durch die Gerichte Gottes ankündige, der aber für die im Glauben Getreuen die endgültige Erlösung und Vollendung bedeuten werde.
Im weiteren Verlauf der Erweckung betete man in besonderen Versammlungen eindringlich und anhaltend um die Wiederbringung auch der urkirchlichen Amtsgaben (Epheser 4,11): Apostel, Propheten, Evangelisten, Hirten und Lehrer. Bis zum 14. Juli 1835 wurden

durch die Worte der Weissagung – eingegeben vom Heiligen Geist – zwölf Männer, Geistliche und Laien (als erster der Londoner Rechtsanwalt John Bate Cardale am 31. Oktober 1832), als Apostel bezeichnet und an diesem Tage nach dem Vorgang Apostelgeschichte 13,2 zu ihrem Dienst an der ganzen Kirche in einem Gottesdienst in London feierlich ausgesondert. Andere wurden ihnen als Propheten, Evangelisten und Hirten beigeordnet. Auch die Stufen des Amtes: Engel (Bischof), Priester und Diakon, traten dann hervor. Irving war schon 1834, also vor Abschluß dieser Entwicklung, aus diesem Leben abberufen worden.

Nach ihrer Aussonderung lebten die Apostel ein ganzes Jahr mit kurzen Unterbrechungen in Albury zusammen. Täglich studierten sie gemeinsam die ganze Heilige Schrift. Am 15. Juli 1836 wurde durch Worte der Weissagung jedem der zwölf Apostel ein Arbeitsgebiet in der Christenheit als sein besonderer »Stamm« zugewiesen, wobei weder geographische noch nationale, sondern geistliche Charakterunterschiede maßgebend waren. Ebenfalls noch 1836 verfaßten die Apostel eine große Zeugnisschrift (Testimonium) an die Häupter der Christenheit in Kirche und Staat. Sie beschreibt die ewigen Grundsätze, auf denen Gottes Verfahren mit Seiner Kirche beruht, und stellt ihnen die Ergebnisse gegenüber, die die christliche Welt- und Kirchengeschichte bisher geliefert hat. Die Schrift ist durchtränkt von tiefem, ökumenischem Verantwortungsbewußtsein für die ganze Kirche Christi. In den Jahren 1837 und 1838 bereisten die Apostel (mit Ausnahme des in England verbleibenden Apostels Cardale eine große Zahl europäischer Länder sowie Kanada und die Vereinigten Staaten von Amerika, um dort die geistliche Lage kennenzulernen und den Wahrheitsgehalt in den verschiedenen Abteilungen der Kirche, aber auch ihre Mängel und Bedürfnisse zu erforschen. Erst nach Ablehnung ihres Zeugnisses schritten sie zur Gründung besonderer katholisch-apostolischer Gemeinden.

1842 wurde der Gottesdienst durch Einführung der Liturgie und liturgischer Gewänder einheitlich geordnet. 1847 wurde die apostolische Handauflegung (Versiegelung) schrittweise eingeführt (vgl. Apostelgeschichte 8,14–17; 19,6). Im weiteren Verlauf der Entwicklung kamen verschiedene bedeutungsvolle Gebräuche und Sinnbilder hinzu: z. B. die Aufbewahrung des Altarsakraments im Tabernakel.

Im Winter 1862/63 kam es in Deutschland zu einer Abspaltung von den katholisch-apostolischen Gemeinden, aus der sich die neuapostolischen Gemeinden entwickelten. Sie haben mit den katholisch-

apostolischen Gemeinden keinen Zusammenhang, sondern sind eigene Wege gegangen. In Deutschland hatte das apostolische Werk seit etwa 1845 Eingang gefunden. In Berlin fand der erste Gottesdienst in den Revolutionswirren am 19. März 1848 statt.
1855 starben drei von den zwölf Aposteln. 1879 waren alle bis auf einen, F. V. Woodhouse, entschlafen, und dieser ging am 3. Februar 1901 fast 96 Jahre alt zu seiner Ruhe ein. Damit traten erhebliche Einschränkungen in dem Gemeindeleben ein.
Organisatorisch ist heute jede Gemeinde selbständig, es gibt keine zentrale Leitung und keine gemeinsamen Konferenzen.

2. Lehre und Praxis

Die katholisch-apostolischen Gemeinden haben kein besonderes Glaubensbekenntnis. Sie stützen sich auf die drei gleichsam ökumenischen Glaubensbekenntnisse der Alten Kirche. Das Apostolikum wird in den täglichen Gebetsdiensten, das Nizänum im Dienst der Eucharistie, das Athanasianum zu Weihnachten, Ostern, Pfingsten und Allerheiligen von der Gemeinde mitgesprochen oder gesungen. Die Gemeinden wollen keine Sonderlehren aufstellen, sondern auf Grund des biblischen Gotteswortes nur bestimmte Wahrheiten, die man in der Kirche vernachlässigt oder noch nicht genügend erkannt hat, in den Vordergrund rücken.
Für das geistliche Amt kennen die katholisch-apostolischen Gemeinden die überlieferte vertikale Gliederung in die drei Amtsstufen des Engels (Bischofs), Priesters und Diakons. Der Bischof wird als Engel bezeichnet (Offenbarung 2,1), weil er einerseits als Bote Gottes und Repräsentant Christi der Gemeinde gegenübertritt und andrerseits diese Einzelgemeinde als deren Haupt fürbittend vor Gott bringt. Er hat im übrigen über die geistlichen Funktionen und über die rechte Lehre in der Gemeinde zu wachen und gelegentlich den Dienst am Wort auszurichten. Die Priester verrichten diesen Dienst am Wort in der Gemeinde regelmäßig in Predigten und im Kinder- bzw. Konfirmandenunterricht; sie üben ferner die Sakramentsverwaltung sowie die Seelsorge im Einzelgespräch aus. Die Diakone sind mit der Verwaltung der mehr äußeren Angelegenheiten der Gemeinde betraut und nach dem Maß ihrer Gabe auch in der Wortverkündigung tätig. Neben dieser vertikalen Gliederung in drei Amtsstufen unterscheidet man nach Epheser 4,11 eine horizontale in vier Amtsklassen oder Amtscharaktere, das vierfache Amt: 1. Apostel (in der Einzelgemeinde Älte-

ste), 2. Propheten, 3. Evangelisten, 4. Hirten und Lehrer. In so scharfer Ausprägung, wie Paulus hier den kirchlichen Dienst durch Nennung der dazu gesetzten Amtsträger umreißt, begegnet man dieser Vierfalt des Amtes in der altkirchlichen Literatur nicht. Jedoch sind die vier Amtsgaben oder Amtscharaktere Epheser 4,11 offenbar nicht zufällig zusammengestellt. Sie entsprechen den vier Wesensseiten des inneren Menschen: Wille, Einbildungskraft, Verstand und Gefühl. In keinem Menschen ist eine dieser vier Seiten ausschließlich herrschend; aber eine davon steht oft im Vordergrund und prägt dem Menschen den Charakter auf. In den »Vorlesungen über die Liturgie« (I, 263) heißt es über diese Vierfalt des menschlichen Wesens:

> Wir bilden kein Urteil, wir vollziehen keine Handlung, ohne daß in irgendeiner Form, uns selbst mehr oder auch minder unbewußt, Wille, Einbildungskraft, Verstand und Gefühl dabei beteiligt sind. Bei allem, was wir beschließen und tun, liefert die Einbildungskraft den Stoff für das Denken oder die Überlegung, der Verstand sichtet und ordnet ihn, die Gefühle oder Gemütsregungen bringen die Beweggründe für das Handeln, und in der Ausübung des wohlerwogenen Urteils und Willens verwerfen wir das, was uns dargeboten wird, oder nehmen es an und sind, indem wir es annehmen, zum Handeln entschlossen.

Diese vier Amtscharaktere haben ihre Bedeutung für die Wortverkündung und für die Seelsorge. Ein einzelner Geistlicher wird schwerlich die Charismen sämtlicher vier Charaktere in sich vereinigen, während für das vierfache Amt den seelischen und geistlichen Bedürfnissen des Menschen nach allen seinen vier Wesensrichtungen Rechnung getragen wird.

Neben Taufe und Abendmahl kennen die katholisch-apostolischen Gemeinden als heilige, sakramentale Handlung (in Frage 47 des Katechismus auch als Sakrament bezeichnet) die Handauflegung der Apostel oder Versiegelung (2. Korinther 1,22; Epheser 1,13; 4,30). Durch sie wird nicht eine einfache Vermehrung der Taufgnade mitgeteilt, sondern den Getauften und zu reifem Alter (20 Jahre) Gelangten wird darin die Gabe des Heiligen Geistes nicht zur Wiedergeburt, sondern zur Vollkommenheit gespendet: »Sie werden gestärkt und gekräftigt, gesalbt und versiegelt, und der Heilige Geist teilt darinnen Seine Gaben aus, einem jeglichen besonders, wie Er will« (Katechismus, Frage 48).

Ebenso ist diese Versiegelung zu unterscheiden von der Konfirmation oder Einsegnung; letztere kennen die katholisch-apostolischen Gemeinden als »Segnung derjenigen, die nach völligem Unterricht im Glauben die Zulassung zur heiligen Kommunion erhalten«. In der Regel handelt es sich dabei um Kinder, die den kirchlichen Unterricht durchlaufen haben und zu den drei hohen Festen sowie Allerheiligen (1. November) an der Hand ihrer Eltern zur heiligen Kommunion geführt wurden, nun aber als selbständige Kommunikanten zugelassen werden.

Als heilige Handlung kennen die Gemeinden auch die Salbung der Kranken mit Öl in Verbindung mit Gebet (nach Jakobus 5,14,15). Diese Salbung soll nur in ernsten und lebensgefährlichen Krankheitsfällen erteilt werden, möglichst nach vorheriger Beichte; sie ist aber keineswegs eine »letzte Ölung«, sondern man erhofft von ihr nach Gottes Willen auch leibliche Genesung (Frage 56 des Katechismus).

Auch Privatbeichte mit Absolution wird als ein Gnadenmittel dargereicht, von dem jeder nach Bedarf Gebrauch machen kann, um Trost zu erlangen oder von Sündenlast befreit zu werden, ohne daß dabei irgendein Zwang ausgeübt wird.

Ein unterscheidendes Merkmal ist die Weissagung, die als Geistesgabe in den Gemeinden lebendig ist. Sie spielte zu Beginn des apostolischen Werkes eine besondere Rolle. In den ersten Jahren wurden die grundlegenden Entscheidungen auf Grund von Weissagungen auf Antrieb des Heiligen Geistes getroffen; durch Weissagung wurden auch die Apostel als solche bezeichnet und andere geistliche Amtsträger zum Amt berufen. In dem Maße, wie sich der organische Gemeindeaufbau festigte, bildete sich in diesem Stück eine geregelte Ordnung heraus: Die Propheten gaben in Weissagungen auf Eingebung des Heiligen Geistes Licht über Gegenstände der Lehre, der Ordnung des Gottesdienstes usw., die Apostel entschieden darüber, wann und in welchem Maße dieses Licht in verbindlichen Ordnungen seinen Niederschlag finden sollte. Beibehalten wurde die Berufung der Geistlichen in ihr Amt durch Weissagung nach urchristlichem Vorbild (Apostelgeschichte 13,1.2; 20,28; 1. Timotheus 1,18). Für Kandidaten, die sich dem Dienst im geistlichen Amt widmen wollten, gab es den »Dienst der Anbietung und Widmung zum heiligen Amte«. In diesem Gottesdienst wurden die Kandidaten nach dem Willen des Heiligen Geistes durch den amtierenden Propheten in das Amt berufen. Es fand selbstverständlich eine gewisse Prüfung der Kandidaten vor ihrer Berufung und ihrer Ordination statt. Innerhalb der Gemeinde konnte die Gabe der Weissagung auch von Laien (auch Frauen) zur Tröstung, Ermahnung und Lobpreisung geübt werden.

Ein Zug in den katholisch-apostolischen Gemeinden verdient noch besondere Hervorhebung: das Bewußtsein der ökumenischen Verantwortung und die brüderliche Gesinnung gegenüber der ganzen katholischen (=allumfassenden) Kirche, wovon alle ihre Kundgebungen durchzogen sind. Dies zeigte sich schon in ihrem Testimonium von 1836 und kommt ebenso an vielen Stellen ihrer Gottesdienste zum Ausdruck. Damit hängt auch die Darbringung einer feierlichen Fürbitte in den Gebetsdiensten und in der Eucharistie zusammen. Wenn in manchen Schriften der Zustand der Kirche Christi als »Babel« bezeichnet wird, was manche Kritiker den Gemeinden als Sektierertum zum Vorwurf machen, so ist damit nach dem Bilde der babylonischen Sprachenverwirrung vor allem die Zerspaltung der einen Kirche Christi in viele Abteilungen gemeint, die verschiedene Sprachen reden und sich oft gegenseitig nicht mehr verstehen.
Die Gemeinden lehnen es auch ab, irgendeine selbständige Sondergemeinschaft im Sinne einer Freikirche zu bilden. Sie wollen nur »katholisch-apostolische Gemeinden« innerhalb der Allgemeinen Kirche sein; von ihren Gliedern wird kein Austritt aus der Kirchenabteilung, der sie bisher angehört haben, verlangt.
Das ganze christliche und kirchliche Leben und Handeln ist nach Überzeugung der katholisch-apostolischen Gemeinden eine Schulung und Bereitung auf die Erfüllung der christlichen Hoffnung. Dies faßt die Antwort auf die 63. Frage des Katechismus nach dem letzten Ziel aller Gottesdienste, Sakramente und Ämter der Kirche dahin zusammen, »daß *wir und alle Christen* in der Heiligkeit und in *einem* Leibe vorbereitet werden auf die Erscheinung unseres Herrn Jesu Christi.
Der äußere Unterhalt der katholisch-apostolischen Gemeinden wird durch die Zehnten und Opfer bestritten. Der Zehnte wird nicht als eine freiwillige Gabe, sondern als ein Gebot Gottes ähnlich wie die Heilighaltung des Sonntags betrachtet. Er dient dem Unterhalt der Geistlichen. Daneben gibt es freiwillige Opfer mit fester Zweckbestimmung. Weder die Entrichtung des Zehnten noch die Opfergaben unterliegen einer Kontrolle.

3. Gegenwärtiger Stand der Gemeinden

Die katholisch-apostolischen Gemeinden scheinen dem Erlöschen nahe zu sein und bald nur noch der Kirchengeschichte anzugehören. Denn nach dem Tod des letzten Apostels (1901) hörte die Ordination

von Geistlichen auf. Versiegelungen wurden nicht mehr gespendet, vollständige Gottesdienste nicht mehr gefeiert und die Evangelisation an Außenstehenden nicht mehr betrieben.
Inzwischen sind alle ordinierten Geistlichen und auch alle Diakone entschlafen. Unterdiakone, soweit sie noch vorhanden sind, halten die in einer priesterlosen Gemeinde noch möglichen Dienste: Litanei, Gebetsversammlungen, Vor- und Nachmittagsgebete nach der Liturgie und Lesungen aus der katholisch-apostolischen Predigt- u. Homilie-Literatur.
Aber es ist merkwürdig: In dem Maße, wie die Gemeinden abnehmen, wird die Botschaft, die sie der ganzen Kirche bringen wollten, in den einzelnen Kirchen verschiedener Richtung immer deutlicher vernehmbar. Man könnte vor allem drei Punkte erwähnen, auf die das besonders zutrifft.
Erstens ist die christliche Hoffnung, die Vollendung des Erlösungswerkes durch den Zweiten Advent Christi, nach den beiden Weltkriegen in vielen Abteilungen der Kirche wieder lebendig geworden. Es war eines der Hauptanliegen der katholisch-apostolischen Gemeinden, diese Hoffnung, die weithin in der Kirche erstorben war, wieder zu neuem Leben zu erwecken.
Zweitens hat das Bewußtsein, daß die Kirche nur *eine* sein sollte und ihre Zerrissenheit nicht der Normalzustand, sondern eine Schuld der Christen ist, durch die ökumenische Bewegung seit dem Ersten Weltkrieg immer mehr an Boden und nach dem Zweiten Weltkrieg im Ökumenischen Rat zu Genf auch feste Gestalt gewonnen. Auch dies war ein wesentliches Anliegen der katholisch-apostolischen Gemeinden schon zu einer Zeit, als jede Konfessionskirche weithin sich selber als die einzige wahre Kirche betrachtete und sich in Selbstrechtfertigungen ihrer Teilkirche erging. Dies ergibt sich aus der Zeugnisschrift von 1836 und aus zahlreichen in der Liturgie vorgeschriebenen Gebeten.
Drittens ist man namentlich nach dem Zweiten Weltkriege in vielen Kirchenabteilungen um eine Erneuerung des gottesdienstlichen Lebens und der gottesdienstlichen Formen bemüht. Wohl das bedeutendste Werk, das die katholisch-apostolischen Gemeinden der Gesamtkirche darzubieten haben, ist das umfangreiche Buch »Die Liturgie sowie die anderen Gottesdienste der Kirche«. Es fällt bei näherem Studium der liturgischen Gegenwartsbestrebungen auf, daß man überall nach dem sucht, was eigentlich in dieser Liturgie schon gleichsam als Muster fern jeder Schwärmerei in nüchterner, echt kirchlicher

Form und in engem Anschluß an die liturgische Überlieferung der Gesamtkirche zusammengestellt ist. Eine auch nur kurze Inhaltsangabe der Liturgie ist leider aus Raummangel hier nicht möglich.
Die Gemeinden stehen unerschütterlich im Glauben und in der lebendigen Hoffnung auf die baldige Wiederkunft Christi.

4. Literatur

Die von der Gemeinde herausgegebene Literatur stammt aus dem vorigen Jahrhundert und ist vergriffen; sie wird nicht wieder aufgelegt. Eine gute Darstellung aus neuer Zeit hat Kirchenrat *D. Dr. Kurt Hutten* in seinem Buch: Seher, Grübler, Enthusiasten (12. Auflage, Quell-Verlag Stuttgart) gegeben.

Carl Brendel († 1960)
überarbeitet von Johannes Schulz

Kirche Jesu Christi der Heiligen der Letzten Tage (Mormonen)

1. Geschichte der Kirche

Jesus Christus übertrug auf seine auserwählten 12 Jünger die besondere Vollmacht des Apostelamtes. Nach seiner Himmelfahrt übernahmen die Apostel die Führung und Verwaltung der Kirche. Christus hatte ihnen versprochen, ständig mit ihnen in Verbindung zu bleiben durch fortlaufende Offenbarungen mittels des Heiligen Geistes. Auf diese Weise wurde die urchristliche Kirche auch nach Christi Tod durch ihn selbst verwaltet. Das Apostelamt bildete das Dauerfundament der Kirche, hinzu kamen die anderen Ämter des Priestertums (Epheser 4,11–14). Somit hing das Fortbestehen der Urkirche von dem Vorhandensein der mit Vollmacht ausgestatteten Apostel und fortlaufenden Offenbarungen ab. Nach dem Hinscheiden der Apostel – die meisten wurden ermordet – ging nach und nach auch ihre Vollmacht verloren, die Kirche leiten zu können. Dafür gibt es zwei Gründe: Einmal war das Apostelkollegium nicht mehr zahlreich genug, um eine Wahl vorzunehmen, wie sie bei der Wahl des Apostels Matthias in Apostelgeschichte 1,23–26 beschrieben ist. Außerdem hatten die Apostel auf ihren verschiedenen Reisen keine Offenbarung erhalten, neue Apostel zu wählen. Dadurch war die Verbindung zwischen Gott und den Gemeinden unterbrochen; denn diese hatten nur noch Bischöfe, die sehr bald in Machtkämpfe untereinander gerieten.
Mehrere Stellen im Neuen Testament weisen darauf hin, daß die urchristliche Kirche innerhalb kurzer Zeit begann, sich von der wahren Lehre Christi abzuwenden. Paulus prophezeit diesen Abfall in 2. Thessalonicher 2,1–11. Auch in der Johannes-Offenbarung (14,6–7) wird gesagt, daß vor der Wiederkunft Christi noch einmal das volle Evangelium verkündet wird. Hinzu kam, daß weltliche Regierungen starken Einfluß auf die Lehre der Kirche und auf ihre Personalpolitik ausübten. Die fehlenden Apostel und die mangelnden Kommunikationsmöglichkeiten der Bischöfe brachten es mit sich, daß falsche Lehren entstanden und sich verschiedene Sekten bildeten. Bis ins 19.

Jahrhundert hinein traten an verschiedenen Orten bedeutende Persönlichkeiten auf, die sich bemühten, die Lehren des Evangeliums zu reformieren. Der wichtigste von ihnen war der von Gott inspirierte und geleitete Martin Luther. Er schuf durch sein Werk die Voraussetzung, daß ein neues, freiheitliches Zeitalter anbrechen konnte. Nach der Reformation entstanden viele christliche Gemeinschaften, deren Wirkungskreis nicht auf Europa beschränkt blieb, sondern auch auf die neuentdeckte Welt Amerikas übergriff. Dort erweckte Gott einen Propheten, der seine Kirche erneut wiederherstellen und zu leiten vermochte: Joseph Smith. Er wurde am 23. 12. 1805 in Sharon/Vermont, USA, als Sohn eines armen Bauern geboren. Seine Eltern gehörten verschiedenen Glaubensrichtungen an, und der junge Smith, der unter diesem Zwiespalt litt, beide Eltern aber sehr verehrte, versuchte durch Studium der Bibel zu ergründen, welche Kirche die wahre sei. Dabei stieß er in dem Jakobusbrief auf die Worte: »So aber jemand unter euch Weisheit mangelt, der bitte Gott, der da gibt einfältig jedermann« (1,5). Durch dieses Zitat angeregt, ging Joseph Smith im Alter von 14 Jahren in einen Wald und betete um die Erkenntnis, welches die richtige Kirche sei. Daraufhin erschienen ihm Gott der Vater und sein Sohn Jesus Christus persönlich. Auf die Frage des Knaben, welcher Kirche er sich anschließen solle, gab ihm Christus zur Antwort, daß sich alle Kirchen im Irrtum befänden, sämtliche Lehren verderbt und ihre Glaubensbekenntnisse ein Greuel in seinen Augen seien. Er solle sich keiner Kirche anschließen, sondern weitere Anweisungen abwarten.

Als Joseph Smith 17 Jahre alt war, erschien ihm während eines Gebetes wiederum ein himmlischer Bote, der Engel Moroni. Moroni war einst im 4. Jahrhundert n. Chr. ein Prophet auf dem amerikanischen Kontinent und hatte den Untergang seines Volkes miterlebt. Denn als sterblicher Mensch hatte er den Tod erlitten und war nun ein auferstandenes Wesen im Fleisch. Er sagte zu Joseph Smith, daß er aus der Gegenwart Gottes käme und eine Botschaft auszurichten habe. Moroni berichtete dann von großen Heimsuchungen und Gerichten, die bald diese Erde treffen würden. Er zitierte in diesem Zusammenhang viele Bibelstellen, legte sie aus und sagte, daß sich dieses alles in Kürze ereignen würde. Ferner sprach er von einer Anzahl goldener Platten, die von drei goldenen Ringen zusammengehalten seien. Auf ihnen sei die Geschichte der Ureinwohner Amerikas eingraviert, jedoch seien sie im Hügel Cumorah verborgen, der in der Nähe der elterlichen Farm von Joseph Smith lag.

Am nächsten Tage begab sich Joseph Smith zu dem ihm bezeichneten Ort. Dort traf er den Engel Moroni, der ihm diesmal die goldenen Platten zeigte. Sie wurden ihm allerdings erst nach vier Jahren anvertraut, und er wurde angewiesen, sie niemandem zu zeigen. Mit den Platten wurden ihm auch die Übersetzersteine »Urim und Thummim«[10] ausgehändigt, die ihm zur Entzifferung der mit Hieroglyphen bedeckten Goldplatten dienten. Obwohl er nur die Volksschule besucht hatte und unter schwierigsten Bedingungen arbeiten mußte, gelang es ihm innerhalb von 75 Arbeitstagen, die in einer völlig unbekannten Sprache geschriebenen Platten zu übersetzen. Während der Übersetzung saß er hinter einem Vorhang und diktierte den Text seinem Schreiber Oliver Cowdery und teilweise zwei anderen Männern, die alles nach Ansage niederschrieben. In dieser Zeit mußte er dreimal seinen Wohnsitz wechseln, um den Verfolgern zu entfliehen. Auf Geheiß des Engels Moroni zeigte er niemandem die Platten, bis die Übersetzung vollendet war. Danach mußte Joseph Smith die Platten dem Engel wieder zurückgeben. Aus dem Manuskript entstand das Buch Mormon. Die erste englische Ausgabe wurde im Jahre 1830 veröffentlicht, das Werk umfaßt 550 Seiten. Die Wahrheit dieser Darstellung wird durch die Aussage der drei Männer bezeugt, die dem Propheten Joseph Smith bei der Übersetzung der Platten halfen. Diesen drei Männern wurden die Platten nach Vollendung der Übersetzung von dem Engel Moroni persönlich gezeigt. Sie haben die Platten angefaßt und mit dem Engel gesprochen. Später zeigte Joseph Smith diese Platten noch weiteren acht Männern. Keiner dieser elf Zeugen hat jemals sein Zeugnis verleugnet, obwohl einige von ihnen wegen Übertretung der Kirchengesetze aus der Kirche ausgeschlossen wurden. Die drei ersten Zeugen bestätigten auf dem Sterbebett nochmals, was sie ihr ganzes Leben lang in bezug auf die Platten behauptet hatten.

2. Das Buch Mormon

Dieses Buch ist ein Bericht über die Ureinwohner Amerikas, ihre

10. Zwei hebräische Begriffe aus dem Alten Testament, von Luther übersetzt mit »Licht und Recht« (2. Mose, 28,30). Es handelt sich um heilige Gegenstände, die zur Ausrüstung des israelitischen Priesters gehörten; sie dienten zur Erforschung des göttlichen Willens.

Entstehung, ihre Geschichte und besonders ihr Verhältnis zu Gott. Es wurde von Propheten niedergeschrieben, ihre Worte sind göttliche Offenbarungen, sie betreffen z. B. die Schöpfungsgeschichte, Taufe und Abendmahl. Der Bericht beginnt im Jahre 600 v. Chr. in Jerusalem. Ein Prophet namens Lehi, ein Abkömmling des Stammes Joseph, wird von Gott aufgefordert, mit seinen Anhängern in die Wüste Arabiens zu fliehen, um der drohenden Zerstörung Jerusalems zu entrinnen. Sie wandern bis zur Küste des Roten Meeres, bauen auf Geheiß des Herrn ein Schiff und überqueren darin den Stillen Ozean. Die kleine Gruppe landet in Südamerika, wo sie eine neue Heimat findet. Bei dem Tode Lehi's kommt es zu Zwistigkeiten unter seinen Söhnen. Der gläubige Sohn Nephi zieht mit seinen Anhängern weiter ins Land. Laman, Nephi's Bruder, leitet die anderen, die ein gottloses und unsittliches Volk werden. Gott kennzeichnet sie deshalb mit dunkler Hautfarbe, wie sie heute noch die Indianer haben. Sie werden »Lamaniten« genannt, während die gläubigen Hellhäutigen »Nephiten« heißen. Die Propheten der Nephiten weissagen von der Geburt Christi und geben die Verheißung, daß Christus auch ihr Volk besuchen werde. Dies erfüllt sich auch; denn Christus kommt nach Vollendung seiner Mission im Heiligen Land und seiner Himmelfahrt zu ihnen und sagt, daß sie die »Schafe« seien, von denen er in Jerusalem gesprochen hatte. Er wolle sie besuchen, damit sie zu seiner Herde gezählt werden könnten (Johannes 10,16). Er erwählt auch in Amerika 12 Apostel und gründet dort seine Kirche. 200 Jahre leben die Nephiten in Wohlstand und guten Verhältnissen, bis auch sie von der Lehre Christi abfallen. Daraufhin läßt sie der Herr von den Lamaniten durch Kriege vernichten; dies geschieht im Anfang des 5. Jahrhunderts n. Chr. Außer dem Propheten Moroni, der die goldenen Platten besitzt, bleibt kein Nephite mehr am Leben. Moroni vergräbt diese Platten dann im Hügel Cumorah. Dort bleiben sie vom Jahre 421 n. Chr. an vor den Augen der Welt verborgen, bis Moroni sie dem Joseph Smith aushändigt. Das Buch Mormon erhielt seinen Namen nach einem der letzten Propheten, Mormon, der neben selbstempfangenen Offenbarungen eine Zusammenfassung des Inhalts der Platten gab.

3. Wiederherstellung der Kirche

Während Joseph Smith und Oliver Cowdery noch mit der Übersetzung der Platten beschäftigt sind, taucht die Frage nach der Vollmacht zur Vollziehung der Taufe auf. Die beiden jungen Männer bitten den Herrn um Auskunft, wie sie darüber Klarheit bekommen könnten. Daraufhin erscheint ihnen Johannes der Täufer als auferstandenes Wesen, legt den beiden die Hände auf und überträgt auf sie das Aaronische Priestertum. Dieses Priestertum, nach Aaron, dem Bruder des Moses genannt, beinhaltet die Vollmacht zu taufen, das Abendmahl zu segnen und zu lehren. Johannes der Täufer erklärt ihnen weiter, daß dieses Priestertum nach dem Hinscheiden der Apostel verloren gegangen sei und daß er es erst jetzt wieder hergestellt habe. Er selbst käme aus der Gegenwart Gottes und arbeite im Auftrage von Petrus, Jakobus und Johannes. Diese Jünger des Herrn würden zur geeigneten Zeit selbst kommen, um weitere Vollmachten auf sie zu übertragen. Aus diesem Gespräch mit ihm geht auch hervor, daß keine Kirche der jetzigen Zeit die Vollmacht zur Vollziehung der Taufe habe. Jede Taufe, die ohne diese Vollmacht vollzogen werde, sei bedeutungslos und von Gott nicht anerkannt. Nachdem ihnen das Aaronische Priestertum übertragen ist, taufen sich Smith und Cowdery gegenseitig.

Kurze Zeit danach erscheinen Joseph Smith und Oliver Cowdery die drei Jünger des Herrn Petrus, Jakobus und Johannes, um das Melchisedekische Priestertum (Hebräer 5 und 7) auf sie zu übertragen und das Apostelamt wieder herzustellen. Dieses Priestertum beinhaltet die Vollmacht, durch Handauflegung den Heiligen Geist zu spenden, Kranke zu segnen und alle höheren Ämter in der Kirche zu bekleiden. Die drei Boten ordinieren durch Handauflegen Smith und Cowdery und geben ihnen dieselbe Vollmacht, die sie einst als Apostel auf Erden besessen hatten. Smith und Cowdery werden somit die einzigen Träger der Vollmacht, das Evangelium zu verkündigen und die Kirche zu leiten. Damit ist die Verbindung zwischen Himmel und Erde wiederhergestellt. Joseph Smith bekommt eine Offenbarung, derzufolge die offizielle Wiederherstellung der Kirche am 6. April 1830 vorgenommen werden sollte. An diesem Tage versammeln sich sechs Glaubensbrüder in Fayette/New York und vollziehen die Wiederherstellung. Die Kirche erhält aufgrund göttlicher Bestimmung den Namen »Kirche Jesu Christi der Heiligen der Letzten Tage«[11].

11. Der Apostel Petrus hat die ersten Christen wiederholt als »Heilige« bezeichnet, weil sie bereit waren, den Lehren Christi unbedingt zu folgen. Diesen »Heiligen der ersten Tage« entsprechend heißen wir »Heilige der letzten Tage«.

Bald darauf setzen heftige Verfolgungen ein, und zwar nicht nur wegen der neuartigen Glaubensgrundsätze, die die Heiligen vertraten, sondern auch wegen ihrer Weigerung, Sklaven auf ihren Farmen zu beschäftigen; dies Verbot ist im Buch Mormon enthalten (Alma 27: 8 und 9). Deshalb sind sie gezwungen, ihre Heimat zu verlassen. Sie siedeln 1831 nach dem Westen Amerikas über und lassen sich in Kirtland/Ohio nieder. Dort bauen sie unter großen Opfern und Schwierigkeiten eine prachtvolle Stadt mit einem Tempel. Auch von dort werden sie vertrieben und ziehen von Ohio nach Missouri. Aber auch hier duldet sie der Pöbel ihres Glaubens wegen nicht, und so gehen sie 1841 nach Illinois. Hier legen sie ein Sumpfland trocken und bauen wiederum eine Stadt namens Nauvoo (»Die Schöne«) und einen Tempel.

Während sich die Heiligen in Nauvoo aufhalten, wird ihr Prophet Joseph Smith und sein Bruder Hyrum, der Patriarch der Kirche, von einem Pöbelhaufen erschossen. Dies geschieht 1844 in der Stadt Carthage, wo sich die beiden aufgrund falscher Anschuldigungen in Untersuchungshaft befinden. Daraufhin wird dem damaligen Präsidenten der 12 Apostel, Brigham Young, durch Offenbarung die Leitung der Kirche übertragen. Er bereitet die Mitglieder auf eine Übersiedlung nach dem Westen Amerikas vor. Im Februar 1846 beginnt der historische Treck der Mormonen: Etwa 20000 Gläubige verlassen ihre Heimstätten, überqueren den zugefrorenen Mississippi und ziehen über die Prärien einer neuen Heimat entgegen. Trotz Hunger, Entbehrungen jeder Art und Tod – Tausende ziehen ihre Habseligkeiten auf Handkarren hinter sich her – gelangen die ersten Gruppen im Juli 1847 ins Salzseetal, den heutigen Staat Utah. Sie bebauen die Einöde, führen ein Bewässerungssystem ein und verwandeln die Salzwüste in ein fruchtbares Land. Sie gründen mehrere Städte und errichten außer dem großen Tempel in Salt-Lake-City noch viele andere. In Salt-Lake-City befindet sich bis auf den heutigen Tag der Hauptsitz der Kirche.

4. Glaubensgrundsätze

Die Kirche ist nach Gottes geoffenbartem Willen auf der reinen Wahrheit gegründet. Für das Fortbestehen der Kirche sind fortlaufende Offenbarungen unerläßlich. Sie werden dem Propheten der Kirche, der zugleich ihr Präsident ist, zuteil. Daher sind die Heiligen Schriften nicht mit der Bibel abgeschlossen, sie bestehen vielmehr aus folgenden

Büchern: a) die Bibel[12], b) Das Buch Mormon, c) Lehre und Bündnisse und d) Die Köstliche Perle.

Das Buch »Lehre und Bündnisse« enthält Offenbarungen, die dem Propheten Joseph Smith und den nachfolgenden Propheten gegeben wurden. »Die Köstliche Perle« enthält u. a. ein Buch Mose, das dem Propheten Smith offenbart wurde. Das Buch Abraham ist eine alte Handschrift Abrahams auf Papyrus, die sich durch göttliche Fügung im Besitz der Kirche befindet. Alle diese Schriften sind für uns gleich maßgebend, und nach allen vier Büchern wird die Welt am Jüngsten Tage gerichtet werden.

Die Gottheit besteht aus drei selbständigen Wesen. Die Lehre der Trinität wird als nichtbiblisch abgelehnt. Wir glauben an einen persönlichen Gott, nach dessen Ebenbild Jesus Christus und auch wir Menschen geschaffen sind. Jesus Christus ist der leiblich auferstandene Sohn Gottes, der vor diesem Leben bei seinem Vater wohnte; durch ihn wurde die Schöpfung zustande gebracht. Er lebte und lebt in der Gegenwart Gottes und wird leiblich wieder auf diese Erde kommen, um das tausendjährige Reich aufzurichten. Der Heilige Geist ist die dritte Person der Gottheit, ein Wesen aus Geist.

Taufe und Abendmahl sind Verordnungen der Kirche. Sakramente kennen wir nicht. Kleine Kinder werden nach dem Beispiel, das Jesus Christus gab (Matthäus 19,14–15), gesegnet und erst dann getauft, wenn sie das 8. Lebensjahr vollendet haben. Die Voraussetzung für die Taufe sind Glaube an den Herrn Jesus Christus und Buße. Die Taufe wird durch Untertauchen vollzogen. Damit wird ein Bund zwischen Gott und den Menschen geschlossen. Nach der Taufe wird die Gabe des Heiligen Geistes durch Handauflegen gespendet. Das Abendmahl wird in beiderlei Gestalt erstens zum Gedächtnis an das Leben und Sterben unseres Herrn Jesus Christus gereicht und zweitens zur Erneuerung unseres Bündnisses mit Gott. Für das Abendmahl wird Brot und Wasser verwendet, nicht Wein.

Die Heiligen bauen Tempel, in denen göttliche Verordnungen für die Lebenden und Toten vollzogen werden. Dazu gehört z. B. die Eheschließung für Zeit und Ewigkeit. Ein Teil der Tempelarbeit betrifft unsere Vorfahren, die gestorben sind, ohne Gelegenheit gehabt zu haben, das Evangelium anzunehmen. In den Tempeln werden stellvertretende Taufen für Verstorbene vollzogen, wie dies bereits bei den Urchristen der Fall war (vergl. 1. Korinther 15,29). Die Taufe der

12. In Deutschland wird die Luther-Übersetzung benutzt.

Verstorbenen setzt eine umfangreiche genealogische Forschung voraus, um die Identifikation der Verstorbenen zu sichern[13]. Dadurch können auch die Verstorbenen an den Segnungen des Evangeliums teilnehmen.

Wir glauben, daß wir alle einmal in der Gegenwart Gottes in einer Präexistenz waren, deren Fortsetzung dieses Leben ist. Wir kommen hier auf die Erde, um uns zu entwickeln und uns auf eine höhere Herrlichkeit nach der Auferstehung vorzubereiten. Wir erfüllen den Zweck unseres Lebens, wenn wir uns den Gesetzen und Geboten Gottes unterwerfen. Nach unserm Ableben gehen wir in eine Geisterwelt (nicht in den Himmel), wo wir ein bewußtes und intelligentes Leben in Erwartung der Auferstehung führen. Auch in der Geisterwelt kann der Mensch durch Buße von seinen Sünden geläutert werden. Die körperliche Auferstehung ist eine zukünftige Wirklichkeit, die für alle Menschen bestimmt ist.

Durch Offenbarungen erhielten die Heiligen die Gebote der Weisheit und des Zehnten. Das Gebot der Weisheit besagt, daß sich die Mitglieder von alkoholischen Getränken, Tabak, Bohnenkaffee und schwarzem Tee fernhalten sollen, da diese Dinge gesundheitsschädlich sind. Die Heiligen geben 10 % ihres Einkommens der Kirche, wovon die Kosten und der Unterhalt der Gemeinden bestritten wird.

1832 erhielt der Prophet Joseph Smith durch Offenbarung das Gebot der Vielehe, aber nur 2 % der Mitglieder hatten mehr als eine Frau. Auf göttliches Gebot wurde 1890 die Vielehe wieder aufgehoben. Nach ihrem Verbot haben Übertretungen in dieser Hinsicht Ausschluß aus der Kirche zur Folge.

5. Die Glaubensartikel

1. Wir glauben an Gott, den ewigen Vater, und an seinen Sohn Jesus Christus und an den Heiligen Geist.
2. Wir glauben, daß alle Menschen für ihre eigenen Sünden bestraft werden und nicht für Adams Übertretung.
3. Wir glauben, daß durch das Sühnopfer Christi die ganze Menschheit selig werden kann durch Befolgen der Gesetze und Verordnungen des Evangeliums.
4. Wir glauben, daß die ersten Grundsätze und Verordnungen des Evangeliums

13. Die Kirche hat umfassende Einrichtungen geschaffen, um das gesammelte Urkunden-Material zu registrieren und vor Vernichtung zu schützen.

sind: 1. Glaube an den Herrn Jesus Christus; 2. Buße; 3. Taufe durch Untertauchen zur Vergebung der Sünden; 4. Das Auflegen der Hände für die Gabe des Heiligen Geistes.

5. Wir glauben, daß ein Mann von Gott berufen sein muß durch Offenbarung und durch das Auflegen der Hände derer, die die Vollmacht dazu haben, das Evangelium zu predigen und in dessen Verordnungen zu amtieren.

6. Wir glauben an die gleiche Organisation, die in der ursprünglichen Kirche bestand, nämlich Apostel, Propheten, Hirten, Lehrer, Evangelisten usw.

7. Wir glauben an die Gabe der Zungen, Prophezeiung, Offenbarung, Gesichte, Heilung, Auslegung der Zungen usw.

8. Wir glauben an die Bibel als das Wort Gottes, soweit sie richtig übersetzt ist. Wir glauben auch an das Buch Mormon als das Wort Gottes.

9. Wir glauben alles, was Gott geoffenbart hat, alles, was er jetzt offenbart, und wir glauben, daß er noch viele große und wichtige Dinge offenbaren wird in bezug auf das Reich Gottes.

10. Wir glauben an die buchstäbliche Sammlung Israels und an die Wiederherstellung der zehn Stämme; daß Zion auf diesem (dem amerikanischen) Kontinent aufgebaut wird, daß Christus persönlich auf der Erde regieren, daß die Erde erneuert und eine paradiesische Herrlichkeit erhalten wird.

11. Wir erheben Anspruch auf das Recht, den allmächtigen Gott zu verehren nach den Eingebungen unseres Gewissens und lassen allen Menschen dasselbe Recht, mögen sie verehren wie, wo oder was sie wollen.

12. Wir glauben daran, Königen, Präsidenten, Herrschern und Magistraten untertänig zu sein, den Gesetzen zu gehorchen, sie zu ehren und zu unterstützen.

13. Wir glauben daran, ehrlich, getreu, keusch, wohlwollend und tugendhaft zu sein und allen Menschen Gutes zu tun. In der Tat können wir sagen, daß wir der Ermahnung Pauli folgen: »Wir glauben alles, wir hoffen alles«. Wir haben vieles ertragen und hoffen, fähig zu sein, alles zu ertragen. Wo etwas Tugendhaftes, Liebenswürdiges oder von gutem Rufe oder Lobenswertes ist, trachten wir nach diesen Dingen.

Joseph Smith

6. Organisation und Verbreitung

Die Kirche umfaßt z. Z. ca. 700 Pfähle und an 200 Missionsgebiete. Ein Pfahl – nach den Pfählen Zions genannt (Jesaja 33,20) – umfaßt ein Gebiet mit einer bestimmten Mitgliederzahl. Übersteigt die Mitgliederzahl die Sollgrenze, so wird der Pfahl geteilt. Die Kirche ist in der gesamten freien Welt vertreten. Ihre Leitung wird ausgeübt von der ersten Präsidentschaft, die heute (1978) aus dem Propheten Spencer

W. Kimbal und seinen beiden Ratgebern besteht. Ihr Sitz ist in Salt-Lake-City, Utah/USA. Unter der Leitung der ersten Präsidentschaft sind die 12 Apostel u. a. damit betraut, die geistliche Arbeit in der Welt zu überwachen. Dadurch sind sie gezwungen, regelmäßig in die oft weit auseinanderliegenden Pfähle zu reisen. Den Aposteln zur Seite steht der Rat der Siebziger. Diese sollen im Namen des Herrn unter Leitung der Apostel wirken, um die Kirche unter allen Völkern aufzubauen und ihre Angelegenheiten zu ordnen. Die materiellen Belange der Kirche werden von der Präsidierenden Bischofschaft wahrgenommen. Schließlich gehört noch der Präsidierende Patriarch zu den Generalautoritäten der Kirche. Seine Stellung ist mit der Abrahams zu vergleichen; er erteilt die Segnungen an die Kirche und ihre Mitglieder.
Die Pfähle und Missionen sind in Gemeinden unterteilt, an deren Spitze ein Bischof steht. Innerhalb der Gemeinden gibt es verschiedene Hilfsorganisationen, darunter einen vollorganisierten Frauen-Hilfsverein. Die Kosten der Kirche und die Unterhaltung der Gemeinden werden durch das Gebot des Zehnten bestritten. Alle Mitglieder, die kirchliche Ämter bekleiden, erfüllen ihre Aufgaben ehrenamtlich und nebenberuflich. Auch die Tausende von Missionaren, die für zwei Jahre auf Mission gehen, erhalten keine Vergütung.
Die Kirche hat gegenwärtig etwa 4 Millionen Mitglieder (1953 waren es ca. 1,3 Millionen). Besonderer Akzent wird auf die Erziehung der Jugend gelegt sowie auf die Festigung und Erhaltung der Familie. Wertvolle Familienprogramme werden für die Mitglieder herausgegeben und von diesen angewandt.
Die Mitgliedschaft wird durch Taufe erworben, wobei der Täufling untergetaucht wird. Taufen, die andere Kirchen vollzogen haben, werden nicht anerkannt. Doppelmitgliedschaft bei einer anderen Kirche ist nicht zulässig.

7. Die Kirche in Deutschland

Die ersten Deutschen, die sich zur Kirche bekehrten, waren Emigranten in Amerika, bereits kurz nach 1830. Die erste europäische Mission wurde 1832 gegründet. 1841 war der Apostel Orson Hyde elf Monate in Deutschland, um zu missionieren. 1851 kam der spätere Prophet John Taylor nach Hamburg und gründete die erste deutsche Mission, er übersetzte zusammen mit G. P. Dykes das Buch Mormon in die deutsche Sprache (1852). Größeren Erfolg in der Missionsarbeit hatte die Kirche allerdings erst nach 1875. Nach den beiden Weltkriegen 1918 und 1945 wanderten viele deutsche Mitglieder nach Amerika aus. In Salt-Lake-City gibt es mehrere deutschsprachige Gemeinden. Zur Zeit leben in Deutschland über 25000 Mormonen.

8. Literatur (Auswahl)

Außer den bereits oben genannten Heiligen Schriften sind noch folgende Bücher wichtig, die durch den Verlag der Kirche Jesu Christi der Heiligen der Letzten Tage, Ditmarstraße 9, 6000 Frankfurt/M, bezogen werden können:

Die Lehren Joseph Smith's.
Talmage, James E.: Die Glaubensartikel.
– Jesus der Christus.
Smith, Joseph F.: Evangeliumslehre.
– Der Weg zur Vollkommenheit.
Widtsoe, J.: Eine vernunftgemäße Theologie.
Kimbal, Spencer W.: Das Wunder der Vergebung.
Zeitschrift »Der Stern«, monatl. seit 1874.

Siegfried Raguse

Die Mennoniten

1. Geschichte

Überblick. Die Mennoniten, Nachfahren der Täuferbewegung der Reformationszeit, sind eine evangelische Freikirche. Zusammen mit anderen Kirchen und Freikirchen wollen sie eine allein von Jesus Christus her bestimmte Kirche sein. Für die Mennoniten ist der Ausgangspunkt die Bibel, sie haben daneben kein verpflichtendes Glaubensbekenntnis. Sie taufen keine Kinder, sondern Mündige. Jede Ortsgemeinde ist selbständig. Die Mennoniten setzen sich für die strikte Trennung von Kirche und Staat ein, lehnen den Eid ab und verweigern den Kriegsdienst. Sie betonen die Zusammengehörigkeit von Glaube und Leben und bemühen sich deshalb auch um einen Friedensdienst durch ihre Hilfswerke. Die erste Täufergemeinde (= Wiedertäufer) entstand 1525 in Zürich. Das Täufertum verbreitete sich rasch unter schwerster Verfolgung nach Süd- und Norddeutschland sowie in den Niederlanden. Dort schloß sich Menno Simons 1536 den Täufern an und wurde ihr bedeutendster Führer. Die Nachfahren der Täufer des 16. Jahrhunderts nennen sich größtenteils nach ihm.

Entstehung. Die Bedeutung Luthers für die Reformation Europas bleibt für die Mennoniten unbestritten: Er setzt die biblische Lehre der Rechtfertigung des Menschen allein durch Gottes Gnade in den Mittelpunkt des christlichen Glaubens.
In Zürich treibt Zwingli seit 1519 die Reformation voran mit dem Erfolg, daß der Stadtrat von Zürich die Stadt 1523 für evangelisch erklärt. Als aber wenig später die Heiligenbilder und die Messe abgeschafft und das evangelische Abendmahl als Gedächtnisfeier eingeführt werden sollen, weigert sich der Stadtrat. Zwingli gibt nach, gerät jedoch in Konflikt mit einigen Mitarbeitern und Schülern, die die Autorität der Bibel höher achten als die der Obrigkeit. Bald danach weigern sich zwei Pfarrer, am Ostersonntag 1524 die übliche Kinder-

taufe durchzuführen, weil sie meinen, die Bibel kenne solche Praxis nicht.
Einige Monate später finden sich diese Pfarrer mit anderen Geistlichen, Humanisten, Handwerks- und Handelsleuten unter Führung des Patriziersohnes Konrad Grebel zusammen. Sie lösen sich theologisch und politisch von Zwingli, suchen jedoch weiterhin das Gespräch sowohl mit ihm als auch mit Martin Luther in Wittenberg und Thomas Müntzer in Thüringen. Doch scheitern diese Versuche. Zwingli läßt sich auf kein Gespräch ohne Beisein des Stadtrates ein, Luther reagiert auf das Schreiben Grebel's nicht und Müntzer, der stark mit dem Bauernkrieg beschäftigt ist und um sein Leben fürchtet, erhält den an ihn gerichteten Brief überhaupt nicht. So besteht keine Möglichkeit, die Unterschiede gegenüber den großen Reformatoren zu beseitigen. Es werden folgende Forderungen aufrecht erhalten: 1. Für Christen steht die Autorität der Bibel höher als die der Obrigkeit; 2. die Kirche wendet im Gegensatz zur Obrigkeit keine Gewalt an; 3. nur Erwachsene, die sich von der Bibel her belehren und gegenseitig belehren lassen, werden getauft und nehmen am Abendmahl als Gedächtnis- und Gemeinschaftsmahl teil; 4. folglich ist die Kirche vom Staat in organisatorischer, finanzieller, politischer, personeller und theologischer Hinsicht zu trennen.
Der Stadtrat von Zürich fürchtet in den radikalen Forderungen des Grebelkreises religiöse, soziale und politische Unterstützung des Volkes und somit das Zerbröckeln einer einheitlichen Gesellschaft. Angesichts dieses befürchteten Chaos reagiert der Stadtrat mit einem Beschluß vom 21. 1. 1525: Redeverbot für Konrad Grebel und den Domherrnsohn Felix Mantz, Versammlungsverbot für den ganzen Grebelkreis und Aufenthaltsverbot für die Nichtzürcher. Am Abend des gleichen Tages trifft sich der Kreis heimlich; er ist verzweifelt, betet zu Gott und sucht einen Ausweg. Spontan begehrt der Priester Jörg Blaurock die Glaubenstaufe, die Grebel vollzieht; daraufhin tauft Blaurock die anderen. Am gleichen oder am nächsten Abend, wieder heimlich, halten sie das erste Abendmahl als Gedächtnis- und Gemeinschaftsfeier mit einfachem Brot und Wein, im Privathaus ohne Altar und Meßgewand und in deutscher Sprache. Kirchengeschichtlich entsteht hier nicht nur die erste Täufergemeinde, sondern die erste evangelische Kirche überhaupt; denn im Januar 1525 zelebrieren Zwingli und Luther noch die Messe.

Entwicklung. Die Täufer sind verboten und verlieren nicht nur jegliche Verbindung zur offiziellen Kirche und den Schutz des Staates, sondern werden von beiden in grausamster Weise verfolgt. Trotzdem vermehren sie sich rasch. Innerhalb von drei Jahren entstehen Täufergemeinden in Süddeutschland, Tirol und anderen Teilen Österreichs, vor allem auch in Mähren. Die führenden Täufer finden nach kurzer Tätigkeit entweder den Märtyrertod oder haben ihn zu befürchten: Michael Sattler, Hans Hut, Hans Denck, Balthasar Hubmaier, Pilgram Marbeck, Jakob Hutter. Neben den gebildeten ersten Täufern stehen Tausende schlichte Gläubige, ungebildete Menschen; sie hatten zu einem Glauben gefunden, der für sie sinnvoll war und für den sie bereit waren, Opfer zu bringen, ja sogar zu sterben. Der »Märtyrerspiegel«, ein Buch aus dem 17. Jahrhundert, berichtet von über 600 Täufern, die den Märtyrertod allein in den Niederlanden fanden.
Als die Täuferbewegung 1530 nach Norddeutschland und in die Niederlande vordringt, wird sie durch Melchior Hoffmann in schwärmerische Bahnen geleitet. Seine eigenartigen Vorstellungen über Jesus Christus, das Weltende, die Prophetie, ja sein Schriftverständnis überhaupt verbreiten Unruhe. Von Jan van Leiden weiter entstellt, führen diese Auffassungen zur Errichtung des unheilvollen »Wiedertäuferreiches« (1534–35) in Münster/Westf., wo Gewalt herrscht, so daß u. a. Zwangstaufen, Vielweiberei und Todesstrafen durchgeführt werden. Die militärische Gegengewalt des Bischofs von Waldeck und der evangelischen Fürsten der Umgebung zerstören nach eineinhalb Jahren dieses »Reich«, das dem Täufertum größtenteils widersprach. Von Kirchen und Behörden werden nun alle Täufer den Münsteranern gleichgesetzt.
Im Jahre 1536 tritt Menno Simons auf den Plan – er lebte von 1496 bis 1561 – und wird für die weitere Entwicklung der Täuferbewegung von entscheidender Bedeutung; nach ihm nennt sich unsere Gemeinschaft »Mennoniten«. Überzeugt von der richtigen Interpretation der Bibel durch die Täufer und aufgrund eigener Studien legt er im Alter von 40 Jahren sein Amt als katholischer Priester nieder und läßt sich taufen. 1537 wird er als Prediger und Ältester (= Bischof) der Täufergemeinden in Friesland eingesetzt. Die Grundlagen seiner Theologie legt er 1539 in seinem einflußreichen Buch »Das Fundament« fest. Sein Motto ist: »Einen anderen Grund kann niemand legen außer dem, der gelegt ist, welcher ist Jesus Christus« (1. Korinther 3,11). In den folgenden Jahren betreut er die Täufergemeinden von Friesland bis Köln und im Rheinland von Amsterdam über Holstein, Wismar und

Rostock bis Danzig. Dabei befindet er sich in ständiger Lebensgefahr und flüchtet von Ort zu Ort. Durch seine unermüdliche Tätigkeit nähert sich das Täufertum des Nordens dem Täufertum des Südens.

Verbreitung. Die Verbreitung der Täufer-Mennoniten in neue Gegenden kommt weniger durch missionarische Tätigkeit als durch ihre von Verfolgern veranlaßten Wanderungen zustande. Im 17. Jahrhundert wandern die ersten Mennoniten vom Niederrhein nach Amerika aus. Im 18. Jahrhundert folgen Massenemigrationen aus der Pfalz und der Schweiz in die USA (Pennsylvanien). Aus Westpreußen findet die erste Massenwanderung in die Ukraine statt, hierbei spielen ökonomische Gründe eine Rolle. In der ersten Hälfte des 19. Jahrhunderts gründen die Mennoniten Westpreußens weitere Kolonien in Rußland. In der zweiten Hälfte – nach Einführung der allgemeinen Wehrpflicht – wandern die ersten Rußland-Mennoniten nach Kanada und in die USA aus. Im 20. Jahrhundert – jeweils nach den beiden Weltkriegen – finden Massenwanderungen von Rußland und Westpreußen statt nach Kanada, Mexiko, Paraguay, Uruguay und Brasilien. Nach 1945 lösen sich alle Gemeinden in West- und Ostpreußen auf; deren Mitglieder leben heute z. T. in der DDR und in der Bundesrepublik Deutschland, z. T. in Kanada und Uruguay.
Die Mission im modernen Sinne begann im 19. Jahrhundert in Indonesien und Indien und unter Indianern in Nordamerika. Im 20. Jahrhundert wird sie auf weitere Länder in Asien, Afrika und Lateinamerika ausgedehnt. Die missionarische Tätigkeit beschränkt sich nicht auf die Verkündigung des Wortes, sondern schließt umfangreiche soziale Leistungen ein: Krankenhäuser, Schulen und die Entwicklung der Landwirtschaft. Diese Missionsgemeinden sind größtenteils selbständig und nennen sich oft nicht Mennoniten, weil sie mit den Christen anderer Konfessionen in ihren Ländern eine Kirche sein wollen.

2. Glaubensgrundlagen

Für die Mennoniten bildet die Bibel die einzige Glaubensgrundlage, neben ihr haben sie kein verpflichtendes Glaubensbekenntnis. Sie stimmen mit den Lehren der Reformation überein, vermissen aber die Konsequenzen, die sie selbst aus diesen Lehren ziehen und für Christen geltend machen.

Gemeinde der Gläubigen. Die Mennoniten unterscheiden zwischen der allgemeinen Gesellschaft und der christlichen Gemeinde. Letztere besteht aus verantwortlichen Personen, die die Glaubensentscheidung getroffen haben, ein christliches Leben zu führen und zum Zeichen dessen sich taufen lassen. Der Täufling bekundet durch die Taufe sein Bündnis sowohl mit Gott als auch mit der Ortsgemeinde. Dieses Doppelbündnis besteht auch für das Abendmahl, das einerseits an die Versöhnungstat Jesu erinnert und andererseits eine Gemeinschaft mit Gott und den Mitgläubigen bekundet. Deshalb werden Gemeindeglieder vor dem Abendmahl aufgefordert, jeglichen Streit zu beseitigen und wieder Brüderlichkeit herzustellen. Die Gemeinde ist der Ort, an dem sich die Mitglieder verpflichten, einander zu helfen, zu trösten und zu korrigieren (Gemeindezucht). Kinder können in dieser Weise nicht handeln und werden nicht getauft. Eine solche Freikirche kann allerdings zur Familienkirche führen. Dies geschah auch in Auswirkung der Verfolgungen und durch die Absonderung von der Umwelt: Mennoniten sind heute gewöhnlich Kinder von Mennoniten; deshalb ist ihre Erwachsenen- oder Glaubenstaufe ein weniger wichtiges Zeichen echter Entscheidung geworden. Diese Erfahrung hebt die zunehmende Wichtigkeit der Verantwortung aller Mitglieder füreinander hervor. Dabei übernehmen Laienprediger und akademisch ausgebildete Theologen eine leitende, jedoch keine hierarchische Rolle. Die ganze Gemeinde, nicht nur ihr Leiter, soll mündig sein, um sich selbst in Zucht zu halten und um der Gesellschaft kritisch und verantwortlich gegenüberzustehen.

Trennung von Kirche und Staat. Mennoniten meinen, Gott mehr gehorchen zu müssen als den Menschen (= Staat) oder bereit zu sein, dafür zu leiden, wenn es um irgendwelche menschenfeindliche Handlung oder Gesinnung geht (z. B. Kriegsdienst). Kirche und Staat sind nicht nur juristisch, organisatorisch und finanziell zu trennen, sondern auch theologisch. Es kommt darauf an, ob die Kirche frei ist von starken Einflüssen einer anders denkenden Umwelt – Nationalismen, Rassismen, Konfessionalismen und anderen Egoismen –, die dem Geist und der Lehre Christi widersprechen. Daß manche Mennoniten nicht nur Mitläufer, sondern sogar aktive Förderer des Nationalsozialismus waren anstatt Mitgestalter der Bekennenden Kirche, bestätigt die Notwendigkeit, zwischen Kirche und Staat auch theologisch zu differenzieren.

Christlicher Pazifismus. Christlicher Pazifismus wird innerhalb und außerhalb der Gemeinde vertreten und bedeutet nicht nur Ablehnung des Kriegsdienstes, sondern will Ausdruck der Liebe Gottes sein, die in Jesus Christus Gestalt geworden ist. Christlicher Pazifismus, mennonitisch verstanden, erstrebt die Überwindung der Ungerechtigkeit und des Hasses. Er ist christlicher Dienst, d. h. selbstloser, aktiver Einsatz für Versöhnung zwischen Menschen, zwischen Interessengruppen, zwischen Nationen. Mennonitische Hilfswerke und Friedensorganisationen wollen Feindesliebe üben und Notleidenden ohne Rücksicht auf deren Konfession helfen.

Eidesverweigerung. Weil der Eid nicht nur einfache Aussagen bekräftigen, sondern auch den Menschen für die Zukunft verpflichten soll, verbietet Jesus ihn ausdrücklich (Matthäus 5,33 f.). Christen sprechen selbstverständlich die Wahrheit und machen den gerichtlichen (assertorischen) Eid überflüssig. Da Gott allein Herr ist und Zeit und Zukunft bestimmt und der Christ sich an Gottes Willen binden soll, darf er sich nicht durch einen behördlichen (promisorischen) Eid binden lassen. Außerdem halten die Mennoniten die Anrufung Gottes in der säkularen Gesellschaft für einen Anachronismus und verlangen die völlige Abschaffung des Eides.

3. Organisation

Deutschland. Jede Gemeinde ist selbständig, wählt ihren Gemeinderat und entscheidet selbst über ihre Angelegenheiten (z. B. Kirchensteuer). Die 58 Gemeinden in der Bundesrepublik sind in zwei Konferenzen zusammengefaßt: Die »Vereinigung der Deutschen Mennonitengemeinden« mit Sitz in Hamburg (KdöR., gegr. 1886) umfaßt 34 Gemeinden mit 7500 Gliedern in Norddeutschland und der Pfalz. Der »Verband deutscher Mennoniten-Gemeinden e. V.« mit Sitz in Heilbronn (gegr. um 1840) umfaßt 24 ländliche Gemeinden mit 1500 Gliedern in Süddeutschland. Manche Gemeinden der »Vereinigung« sind von der Aufklärung stark beeinflußt worden. Die Gemeinden des »Verbandes« wurden mehr durch den Pietismus geprägt. Obwohl diese Entwicklungen zu manchen Spannungen geführt haben, arbeiten diese beiden Organisationen auf verschiedenen Gebieten zusammen, z. B. in der Mission, der Jugendarbeit, der Friedensarbeit, dem Hilfswerk, der Diakonie, der Publikationen (Zeitschriften, Jahrbücher, Gesangbücher), ferner auf dem Gebiet der Altersheime, der Bibelschule und der Prediger-Rüstzeiten. Beide Konferenzen sind Zweckverbände und haben nur beratende Funktion. Eine eigene Ausbildungsstätte für Prediger haben die Mennoniten nicht. Die Prediger werden sowohl an Universitäten als auch an Seminaren anderer Freikirchen ausgebildet. Jede Gemeinde wählt ihre Prediger. Zur Zeit werden die Gemeinden in der Bundesrepublik Deutschland von 30 hauptamtlichen Pastoren und 80 nebenamtlichen Laienpredigern betreut. In der DDR besteht eine eigenständige Gemeinde mit 300 Gliedern. Ihr Sitz ist in Ostberlin. Gottesdienste finden dort und in acht anderen Städten regelmäßig statt.

Weltbruderschaft. Die Mennoniten Deutschlands fühlen sich mit den Mennoniten in Europa und in der ganzen Welt verbunden. Diese Verbundenheit kommt teils in der diakonischen Arbeit zum Ausdruck (Internationale Mennonitische Organisation in Europa und »Mennonite Central Committee« in Nordamerika), teils durch die Zusammenarbeit in der Mennonitischen Europäischen Regionalkonferenz und der Mennonitischen Weltkonferenz, beides Foren des Austausches über theologische, politische und soziale Fragen. Diese Verbindungen sind nicht zuletzt wegen der gemeinsamen Tradition wertvoll. Gegenwärtig gibt es 560000 Mennoniten, von denen 300000 in Nordamerika leben, 94000 in Europa (davon 50000 in der UdSSR), 35000 in Lateinamerika, 63000 in Asien und 68000 in Afrika.

Ökumene. Ebenso wichtig wie die Verbindung mit der weltweiten Bruderschaft der Mennoniten sind die Kontakte zu anderen Kirchen und zu den Juden, die Teilnahme an Veranstaltungen der Evangelischen Allianz und der Ökumenischen Räte sowie die Zusammenarbeit im Weltrat der Kirchen. Die ökumenischen Kontakte, die heute möglich sind, halten wir für aktuell und notwendig.

Aufnahme. Jeder, der sich zum christlichen Glauben bekennt, mit der Geschichte der Mennoniten vertraut ist und ernsthaft ein christliches Leben zu führen strebt, kann durch die Taufe oder durch den Übertritt von einer anderen christlichen Gemeinde in die Mennoniten-Gemeinde aufgenommen werden. Doppelmitgliedschaft ist möglich.

4. Literatur

Bornhäuser, Christoph: Leben und Lehre Menno Simons', Neukirchen–Vluyn: Neukirchner Verlag 1973.

Fast, Heinold: Der linke Flügel der Reformation, Bremen: Carl Schünemann Verlag 1962.

Goertz, H.-J. (Hg.): Umstrittenes Täufertum 1525–1975, Göttingen: Verlag Vandenhoeck & Ruprecht 1975.

Herschberger, G. F. (Hg.): Das Täufertum. Erbe und Verpflichtung, Stuttgart: Evangelisches Verlagswerk 1963.

Penner, Horst: Weltweite Bruderschaft. Ein mennonitisches Geschichtsbuch, hg. vom Mennonitischen Geschichtsverein e. V., 6719 Weierhof, Post Marnheim (3. Aufl. 1972).

Yoder, J. H.: Täufertum und Reformation im Gespräch, Zürich: EVZ Verlag 1968.

Mennonitisches Lexikon, 1–4, Karlsruhe: Verlag Heinrich Schneider (Karlstr. 90) 1913–1967.

Der Märtyrerspiegel. Provident Bookstore, Lancaster, Pa., USA.

Zeitschriften

Mennonitische Blätter. Monatszeitschrift der Vereinigung der Deutschen Mennonitengemeinden, Mennonitenstr. 20, 2000 Hamburg 50.

Gemeinde Unterwegs. Monatszeitschrift des Verbandes der deutschen Mennoniten-Gemeinden, Moltkestr. 40, 7100 Heilbronn.

Mennonitisches Jahrbuch, Verlag Heinrich Schneider, Karlstr. 90, 7500 Karlsruhe 41.

Mennonitische Geschichtsblätter, hg. vom Mennonitischen Geschichtsverein e. V., 6719 Weierhof, Post Marnheim.

Weitere Auskunft: Berliner Mennoniten-Gemeinde, Promenadenstr. 15b, 1000 Berlin 45, Tel.: 7725058.

Pastor John R. Friesen

Die Neuapostolische Kirche[14]

1. Gesamtschau

Die Neuapostolische Kirche ist die Vollendung des von Jesu und seinen Aposteln begonnenen Erlösungswerkes. Sie ist die wiederaufgerichtete Urkirche Christi in der Endzeit, die neue Apostolische Kirche.

Wie die Kirche Christi im Anfang ihres Bestehens auf der reinen Jesu- und Apostellehre gegründet und erbaut war und von lebenden Aposteln geleitet und regiert wurde, so trägt auch die Neuapostolische Kirche unverkennbar alle echten und untrüglichen Kennzeichen derselben Gestaltung.

Die Neuapostolische Kirche ist keine nach dem Willen von Menschen ins Leben gerufene Organisation; sie ist die Erfüllung des göttlichen Liebesratschlusses an allen Menschen zu deren ewigen Errettung (Amos 9,11), und der Herr selbst hat das Zeugnis und die Zusage dafür gegeben (Jesaja 2,2.3; Micha 4,1). So erfolgt in der Neuapostolischen Kirche die Sammlung aller Menschen, die guten Willens sind, ihr Leben nach der reinen, unverfälschten Jesu- und Apostellehre einzustellen, daß sie zu einem Tempel des lebendigen Gottes werden und dem Gottessohn – nach ihrem Glauben und ihrer unerschütterlichen Zuversicht von der Wiederkunft Jesu Christi – am Tage seiner herrlichen Erscheinung als seine zubereitete Braut entgegengehen können (Offenbarung 22,7ff.).

Der Name der Neuapostolischen Kirche gibt in sinnfälliger Form Aufschluß über ihre Grundlage und Lebensquellen. Träger ihres Geistesgutes und Wahrer der reinen Christuslehre sind wie am Anfang der christlichen Haushaltung *Apostel*; – die Urkirche Christi war eine »apostolische«. Von dem auferstandenen Herrn wurden seine Jünger mit dem Heiligen Geist begabt, von ihm erhielten sie einen festen Sendungsauftrag und bestimmte Vollmachten; der Herr selbst sandte

14. Unveränderter Nachdruck aus der 1. Auflage des Buches, 1954.

sie aus als seine Botschafter, und dadurch erst wurden seine Jünger zu Aposteln, denn Apostel heißt Gesandter (Johannes 20,21 bis 23). Die Gemeinde aber blieb beständig in der Apostel Lehre ... (Apostelgeschichte 2,42).
Das Vornehmen Gottes und seines Sohnes von einst bliebe unverständlich, sollte diese Einrichtung nur zu damaliger Zeit Gültigkeit gehabt haben, und es ist nicht einzusehen, warum nur zu jener Zeit lebende Menschen diesen Vorzug gehabt haben sollen. Die heutige Generation hat den gleichen Anspruch auf Belehrung und Segnungen durch Apostel wie die Urkirche, zumal der Herr selbst die Weisheit Gottes offenbarte: Ich will Propheten und Apostel zu ihnen senden . . .! (Lukas 11,49) und die Verheißung gab: Siehe, ich bin bei euch alle Tage bis an der Welt Ende! (Matthäus 28,20) und außerdem: ... werdet meine Zeugen sein ... bis an das Ende der Erde (Apostelgeschichte 1,8).
Das von Christus zu seiner Zeit begründete Apostelamt ist niemals erloschen, jedoch in Vergessenheit geraten und vom Herrn in der neuen Apostolischen, in der Neuapostolischen Kirche wiederhergestellt worden.
Die Merkmale und allen Menschen offenkundlichen Kennzeichen der Neuapostolischen Kirche als einer Offenbarungsstätte Gottes und seines Sohnes durch die Wirksamkeit des Heiligen Geistes, wodurch sie als die wiederaufgerichtete Kirche Christi allein legitimiert wird, sind die völlige Einheit der Apostellehre auf dem ganzen Erdenrund in Übereinstimmung mit der Jesu- und Apostellehre der Heiligen Schrift, die Offenbarungen des Heiligen Geistes im Tempel der Lebenden durch Aufschließen der göttlichen Geheimnisse (Matthäus 13,11; 1. Korinther 4,1; 1. Korinther 14,2) und ihre Heiligkeit – heilig heißt abgesondert und dem Herrn geweiht – sowie der allezeit sichtbare Segen Gottes, wodurch der Höchste selbst sich zu seinem Werk bekennt.

2. Geschichtliche Entwicklung

Um das Jahr 1830 waren in Schottland und England ernste, mit tiefer Besorgnis um die damaligen Geisteszustände unter der Menschheit erfüllte Männer und Frauen in Gebetsversammlungen vereint, die im Ansehen der großen Seelennöte zu Gott beteten und flehten, die nach der Heiligen Schrift verheißenen weisen Ratsherren und Richter wieder zu senden und den Spatregen, den Heiligen Geist, unter allem Fleisch auszugießen (Sacharja 10,1; Jakobus 5,7). Es kamen unter einfachen und höchst schlichten Männern und Frauen in Port Glasgow, Fernicerry und Row besondere Wirkungen des Geistes Gottes zur Offenbarung. Durch Weissagungen wurden selige Verheißungen ausgesprochen, daß der Herr das Bitten erhören und die verwaiste Kirche Christi aufs neue wieder gründen, festigen und mit den nötigen Gaben des Heiligen Geistes ausstatten werde. Am 31. Oktober 1832 wurde der erste Apostel der letzten Haushaltung Christi hier auf Erden gerufen und in der Folgezeit nicht nur das Apostelamt durch göttliches Vornehmen aufgerichtet, sondern seiner Kirche auch alle Ämter gegeben, wie im Epheserbrief berichtet ist, daß etliche gesetzt waren zu Aposteln, etliche zu Propheten, etliche zu Evangelisten, Hirten und Lehrern (Epheser 4,11).

Die von den englischen Aposteln geleiteten Gemeinden der durch das Wort dieser Apostel Gläubiggewordenen nannten sich »katholisch-apostolisch«. Der Name »katholisch« war im Hinblick auf die liturgischen Formen des Gottesdienstes nicht unberechtigt. Die Einführung des katholischen Kultus erklärte sich daher, daß die Anglikanische (evangelische) Kirche sich in ihrem Kultus vom katholischen am wenigsten entfernt hatte. Da von England das apostolische Werk ausgegangen war, so lag es nur zu nahe, in dieser Beziehung das Überlieferte beizubehalten.

Der Name »apostolisch« kennzeichnet die völlige Übereinstimmung mit der von Christus, dem großen Apostel urchristlichen Bekenntnisses, vorgezeichneten und seinem Jünger Petrus verheißenen Kirche, die er bauen wolle auf dem Felsen, daß die Pforten der Hölle sie nicht sollen überwältigen (Matthäus 16,18).

Die Apostellehre fand ihre Verbreitung und Ausweitung auch auf dem Kontinent und kam durch die englischen Apostel Woodhouse und Carlyle nach Deutschland.

Die Feinde des Werkes Gottes haben, um die apostolische Bewegung in Mißkredit zu bringen, den Anhängern der englischen Apostel den Namen »Irvingianer« gegeben. Die Apostolischen brauchten sich dieses Namens nicht zu schämen, aber nie wurde von ihnen der Name Irvings, der das Amt eines Bischofs bekleidete, akzeptiert. Irving war weder der Urheber noch der Anführer einer neuen Sekte; seine überragende Größe, die selbst von seinen schärfsten Feinden anerkannt wurde, schuf ihm bei seinen Gegnern einen Namen von bleibendem Klang.

Die englischen Apostel waren von der Überzeugung durchdrungen, daß nach der Wiederaufrichtung des Apostelamtes und der Kirche Christi der Herr kommen und alle Gläubigen, seine Kirche, nach den gegebenen Verheißungen zur Herrlichkeit führen werde. Sie hielten fest an dem Grundsatz, daß sie zur Wiederaufrichtung und abschließenden Vollendung des neuen Gottestempels allein gerufen seien und unterlagen ihren menschlichen Anschauungen, wonach außer ihnen weitere Apostel nicht nötig seien. Darum mußte Gott in seinem Heilsplan eigene Wege gehen und Apostel berufen, die jedoch von den englischen Aposteln nicht anerkannt wurden. Die Folgezeit hat offenkundig die Richtigkeit dieser göttlichen Handhabung und Einrichtung bewiesen; denn die »Katholisch-apostolischen Gemeinden« sind heute verwaist, da alle einmal gerufenen Apostel ihrer Ordnung verstorben sind, wogegen die aus ihnen im Jahre 1863 hervorgegangene »Neuapostolische Kirche« im Vollbesitz aller von Gott verordneten Ämter – Apostel, Bischöfe, Ältesten, Evangelisten, Hirten, Priester und Diakonen – und aller lebendigen und bezeugenden Geistesgaben herrlich erstanden und erbaut ist.
So besitzt die Neuapostolische Kirche keine nur das Erbe der ersten Apostel bewahrenden und pflegenden Nachfolger, sondern wieder wie am Anfang: Botschafter Gottes, Haushalter Christi und Träger des Heiligen Geistes, welche das Volk des Herrn zubereiten auf den herrlichen Tag seiner glorreichen Wiederkunft.

3. Glaubenslehre

Die Lehre der Neuapostolischen Kirche steht in völliger Übereinstimmung mit den Grundsätzen der Urkirche Christi, die eine »apostolische« war. Die Kirche Christi, in ihrer Urform zu Beginn der christlichen Haushaltung unter der Regierung der ersten Apostel und in ihrer Enderscheinung zum Abschluß des göttlichen Liebesratschlusses unter dem wieder errichteten Apostelamt lebender Apostel, ist der sichtbare Leib Christi, an dem Gottes eingeborener Sohn das Haupt ist. Sie betreibt nach dem Walten der göttlichen Gnade und unter der Wirksamkeit des Heiligen Geistes den Zusammenschluß, die Pflege und Erziehung ihrer Gläubigen nach dem in der ganzen Welt verbreiteten neuen apostolischen Glaubensbekenntnis. Die Bestimmung der Neuapostolischen Kirche beruht in dem Auftrag, Gottes Wort und Ordnungen allen Menschen zu vermitteln, sie zu bewahren und ihnen die

Segnungen zu spenden, die eine wahre Christenheit im öffentlichen und häuslichen Leben auszeichnen. Nach Jesu eigenen Worten: Mein Reich ist nicht von dieser Welt! enthält die Neuapostolische Kirche sich der Politik. Sie erwartet Achtung und Schutz des Staates und der Verwaltungen, um allein ihren kirchlichen Aufgaben und Zielen zu leben. In Erfüllung des Auftrages ihres Senders (Matthäus 28,18–20) lehren die Apostel des Herrn alle Völker und taufen im Namen Gottes des Vaters und des Sohnes und des Heiligen Geistes, wodurch die Glieder dem Leibe Christi zugetan werden. Ihre heiligsten Güter sind der Neuapostolischen Kirche in drei Sakramenten bewahrt, das sind die Taufe, das Heilige Abendmahl und die Versiegelung mit dem Heiligen Geiste (1. Johannes 5,6–8). Diese Heilstaten von Jesus stehen allen Menschen offen, die durch das Wort der Apostel gläubig geworden sind und sich den Satzungen der Kirche Christi in Gehorsam und Treue unterstellen (Paulus an die Epheser im 1. Kapitel seines Briefes). So sind die Heilseinrichtungen des Herrn wiederum in Menschen hineingelegt, welche er zum Amt des Geistes berufen hat (2. Korinther 3,6; Johannes 6,63) und zu deren Wort er sich allezeit bekennen will (Matthäus 10,32 und 40). Neben dem Wort der Heiligen Schrift steht das Wort seiner Gesandten und Apostel; denn Christus hat die Verheißung gegeben: Wer euch höret, der höret mich! (Lukas 10,16).

Das Glaubensleben steht unter dem Zeichen des Neuapostolischen Glaubensbekenntnisses auf Gott den Vater, Gott den Sohn und Gott den Heiligen Geist. Die Gottesdienste sind einzig auf die geistige Betreuung mit dem lebenschaffenden Wort des Heiligen Geistes durch das priesterliche Amt und auf die Spendung der Segenshandlungen in den Sakramenten abgestellt und wahren die urchristliche Form schlichter und einfacher, aber höchst heiliger Handlungen. Die Geistesvorstellung ist frei von allen bildhaften Einwirkungen und einzig auf das seligkeitschaffende Wirken des zeugenden Gottesgeistes im Gegenwartswort ausgerichtet. Daraus erwächst die neue Kreatur in Christo, wozu den Gläubigen der Geist des Herrn durch Handauflegen eines lebenden Apostels im Sakrament der Geistestaufe vermittelt ist.

Der Opferdienst in der Neuapostolischen Kirche ist für alle Mitglieder ein freiwilliger. Bewußt ist von der Einführung und Erhebung einer festen Kirchensteuer Abstand genommen worden; denn die vom Geiste Gottes bewegten Herzen der Gläubigen wissen, daß alle Gaben und Opfer durch die Kirche dem Herrn dargebracht werden. Dadurch ist die Neuapostolische Kirche in der Lage, konkordatlos und unabhängig von fremder Hilfe und frei von Subventionen sich vollkommen nach eigenem Ermessen und aus sich selbst zu entfalten. Außer den sakramentalen Handlungen erlangen alle Mitglieder der Kirche ihren Segen zu den besonderen Anlässen des Lebens, zu Trauungen, im Falle des Ablebens, bei Beerdigungen usw. Der Dienst an den Seelen ist Liebespflicht und geschieht im Namen Jesu frei von allen Kosten (Matthäus 10,8).

Jeglicher Dienst in der Neuapostolischen Kirche ist ehrenamtlich und wird von allen Ämtern neben der täglichen Berufsausübung versehen. Lediglich in den Fällen, da der Umfang der geistlichen Aufgaben die Wahrnehmung des eigenen Berufs nicht mehr gestattet, erfolgt eine Freistellung solcher Amtsträger.

Die Ausübung des heiligen Dienstes und der geistlichen Funktionen im Gotteshause während der Gottesdienste wird in Zivilkleidung unter Beachtung schlichter, unauffälliger Erscheinung durchgeführt. Besondere Amtstrachten sind im gottesdienstlichen Zeremoniell nicht vorgesehen. Auf jede ablenkende Ausgestaltung der Kirchenräumlichkeiten wird verzichtet.

Frei von Schein und Frömmelei nehmen die neuapostolischen Christen allezeit das Wort der Verkündung als göttliche Offenbarungen, da es buchstäblich erkannt wird, was Jesus verheißen hat: Wenn aber jener, der Geist der Wahrheit kommen wird, der wird euch in alle Wahrheit leiten! (Johannes 16,13).

4. Organisation der Kirche

Die Neuapostolische Kirche vertritt das freikirchliche Prinzip und regelt, führt und ordnet ihre Angelegenheiten selbständig innerhalb der Bestimmungen der für alle Kirchen geltenden Gesetze. Die Wahrer der Reinheit der Lehre sind die Apostel. Höchste Autorität verkörpert unter ihnen der Stammapostel. Wie Petrus inmitten der ersten Apostel als das sichtbare Haupt der Kirche vom Herrn selbst als der Fels bezeichnet wurde, auf dem er seine Kirche gründet, so hat der Herr seiner Kirche wiederum im Stammapostel ein sichtbares Haupt gegeben. Die Beschlüsse aller im Apostelkollegium[15] zusammenge-

15. Der Verein »Apostelkollegium E. V.« ist im Vereinsregister des Amtsgerichts Dortmund eingetragen.

schlossenen Apostel der ganzen Erde regeln das Glaubensleben aller Christen neuapostolischen Bekenntnisses. In ihnen verkörpert sich die Regierungsgewalt des Geistes Gottes zum Heile der Menschheit und ihrer ewigen Erlösung. (Johannes 16,13.) Durch das Apostelkollegium wird die Wahl der zu ordinierenden Apostel nach göttlicher Lenkung getroffen, und vom Stammapostel werden diese zum Dienst ausgesondert und in ihr Amt eingeführt. Das Bedürfnis nach weiteren Aposteln richtet sich nach den Erfordernissen des wachsenden und sich ausweitenden, das ganze Erdenrund umfassenden Gotteswerkes (Matthäus 20,6.7). Die englischen Apostel unterlagen ihrer eigenen Anschauung, indem sie an der Zwölfzahl festhielten. Die Heilige Schrift spricht aber schon außer von den in Math. 10, 2–4 genannten zwölf Aposteln aus dem persönlichen Zeugenkreis und aus der Zeit des Herrn von weiteren namentlich erwähnten Männern, die zweifellos als Apostel anzusehen sind: Matthias, Barnabas, Paulus, Epaphroditus, Andronikus, Junias, Jakobus, Judas, Silvanus, Timotheus, Ananias, Apollos usw.

So wird heute das Apostelkollegium der Neuapostolischen Kirche von dem Stammapostel und 40[16] gegenwärtig lebenden Aposteln gebildet. Zwanzig dieser amtierenden Apostel sind Leiter der von ihnen betreuten Apostelbezirke und somit Bezirksapostel.

Den Bezirksaposteln stehen, nach Größe ihrer Wirkungsbereiche, die übrigen Apostel als Hilfen zur Seite und außerdem die priesterlichen Ämter: Bischöfe, Älteste, Hirten, Evangelisten und Priester. Die Gemeinde- und Seelenpflege, besonders der Altardienst im Hause Gottes, wird außerdem vom Amte der Diakonen versehen.

Das Priesteramt, von den Priestern bis zu den Bischöfen, umfaßt das Lehramt der Kirche Christi durch Wortverkündung und Darreichung aller Segnungen in den sakramentalen Handlungen, außer der Heiligen Versiegelung, welche allein von den Aposteln gespendet werden kann (Apostelgeschichte 8,14–17; 9,17; 13,2.3; 19,6; 1. Timotheus 5,22; 2. Timotheus 1,6).

Regional sind die einzelnen Apostelbezirke in sich selbständige und eigenverantwortliche Organisationen und bilden zusammen die Neuapostolischen Kirchen und Gemeinden des In- und Auslandes. Der einzelne Apostelbezirk gliedert sich nach Unter- oder Ältestenbezirken. An der Spitze jedes Unterbezirkes steht ein Leiter im Amte eines Bezirksältesten oder Bezirksevangelisten. Es können je nach

16. 1976 = 50 Apostel.

Erfordernis einige solcher Unterbezirke unter der Leitung eines Bischofs zusammengefaßt werden, die einen Bischofsbezirk ergeben. Dem Gemeindevorsteher und den ihm zur Hilfe gegebenen Ämtern der Priester und Diakonen obliegt die unmittelbare und intensive Seelsorge und Aufsichtspflicht über die Gläubigen. Das Kennzeichen des regen und positiven neuapostolischen Gemeindelebens ist ein lebendiges und pulsierendes Treiben sowie das alle Herzen der Glieder erfüllende und bewegende Umfassen des allezeit wahrnehmbaren Gottesgeistes, wie Paulus einmal sagte: Welche der Geist Gottes treibt, das sind Gottes Kinder! (Römer 8,14.)

Arthur Landgraf († 1956)

Die Neue Kirche (Swedenborgianer)

Die Neue Kirche (NK) versteht sich als ein Organ am Leibe Christi, ihm will sie mit ihren besonderen Einsichten und Erfahrungen dienen. Die Anhänger der NK glauben, daß die Lehren für ihre Kirche in den Jahren zwischen 1745 und 1772 vom Herrn selbst durch seinen Diener Emanuel Swedenborg (1688–1772) geoffenbart worden sind; sie stellen die Grundlagen für eine umfassende Erneuerung der Kirche Christi dar. Daher benutzt die NK ihre Eigenständigkeit dazu, dieses Gut zu pflegen und bekanntzumachen.

Entstehungsgeschichte

Swedenborgs Vater, Jesper Swedberg, war Bischof der Schwedisch-Lutherischen Reichskirche. Er hatte erkannt, daß der Krebsschaden der Kirche der »Nur-Glaube« ist, der sich sowohl in bloß äußerlich guten Werken als auch in formeller Frömmigkeit ausdrücken bzw. tarnen kann. Wahrer Glaube erlaubt kein Ausweichen vor dem strengen Liebesgebot des Herrn, das in der Feindesliebe gipfelt und nur aufgrund von Sinnesänderung (Buße) zu verwirklichen ist.
Sein Sohn Emanuel wird in demselben Geist erzogen und entwickelt sich zu einem hervorragenden Naturforscher und Denker seiner Epoche. Swedenborg erlebt 1743 eine Christuserscheinung. Im Jahre 1744 erscheint ihm Gott wiederum und beruft ihn in einer überwältigenden Weise zum Amt eines Sehers und Apostels. Das Ziel dieser Berufung ist, die Voraussetzungen für eine Erneuerung der Kirche des Herrn zu schaffen. Dazu gehört, daß ihm die höheren Sinne für jenseitige Bereiche sowie für den inneren Sinn der Heiligen Schriften aufgeschlossen werden. Diese Schau führt ihn zu folgender Erkenntnis: Das Zeitalter der ersten christlichen Kirche, auf Autorität und Macht gegründet, geht seinem Ende entgegen. Swedenborg erkennt darin

eine Erfüllung der Weissagungen, die in der Offenbarung Johannes (6–9; 11–13) in gewaltigen Bildern geschildert werden. Die großen Umwandlungen in der geistigen Welt, deren Zeuge er in visionärer Schau wird (1757), bringt er in Verbindung mit dem Gericht Gottes über das erste christliche Zeitalter (Offenbarung 14,14 ff.; ferner 17–19). Dieses erste Zeitalter wird von einem neuen christlichen Zeitalter abgelöst, symbolisch dargestellt durch das Neue Jerusalem, das Gott vom Himmel herabkommen läßt (Offenbarung 21; 22). Das Neue Jerusalem ist die eigentliche Neue Kirche. Sie ist also keine Organisation; vielmehr handelt es sich bei ihr um eine vom Himmel her »einfließende«, den Geist der Freiheit und Liebe atmende spirituelle Frömmigkeit, die sich nicht mit dem bloßen Glauben und Verstehen begnügt, sondern Aktivität verlangt. Sie wird sich in allen bestehenden Konfessionen und Religionen bemerkbar machen und auf Wandlung drängen, bis das Neue Jerusalem, die Neue Kirche des Herrn, auf Erden wie im Himmel verwirklicht ist.
Die von Anhängern der Swedenborgschen Offenbarungen in London 1787 gegründete Körperschaft der Neuen Kirche mit dem Namen »New Jerusalem Church« ist also nicht identisch mit der von Swedenborg »auf Befehl des Herrn« vorausgesagten und in ihren geistigen Grundlagen beschriebenen Neuen Kirche. Die heute in zahlreichen Ländern, so auch in Deutschland, verbreitete Körperschaft der Neuen Kirche ist also nur ein Werkzeug des Herrn bei der Errichtung der weltweiten eigentlichen »Neuen Kirche«. Ihre geringe Mitgliederzahl beschränkt ihre Wirksamkeit oft auf die interne Pflege des großen geistigen Erbes. Es ist denkbar, daß der Zustand der Christenheit eine raschere Verbreitung der Lehren der Neuen Kirche einstweilen noch nicht zuläßt. In Deutschland hat es schon früh Freunde der Neuen Kirche gegeben, ohne daß es zu einer eigentlichen Organisation gekommen wäre.
Swedenborgs zahlreiche religiöse Schriften beeinflußten von Goethe an viele große Dichter und Denker, durch deren Werke wesentliche Ideen des schwedischen Sehers und Reformators wirksam wurden. Erst der Tübinger Universitätsprofessor Dr. Immanuel Tafel, der einen großen Teil der religiösen Schriften Swedenborgs ins Deutsche übersetzte, ging in der Mitte des 19. Jahrhunderts an die Sammlung der weitverstreuten Anhänger. Zur Gründung kirchlicher Körperschaften kam es in Deutschland jedoch erst nach der Jahrhundertwende: 1900 in Berlin, in den Jahren nach dem Zweiten Weltkrieg in Nordrhein-Westfalen (Zentrum Detmold) und in Südwestdeutsch-

land (Zentrum Freiburg/Br.). 1966 schlossen sich die weitverstreuten Mitglieder zur »Union der Neuen Kirche in Deutschland« zusammen. Die neue Körperschaft wurde gleichzeitig Mitglied in der »Kontinentalen Vereinigung der Neuen Kirche« (Continental Association of the New Church) mit Sitz in Zürich.

Einige der wichtigsten Lehren

Unbeschadet ihrer Toleranz unterscheiden sich die Lehren der Neuen Kirche weitgehend von denen aller anderen christlichen Kirchen und Gemeinschaften. Bei den Unterschieden handelt es sich weniger um sonst nirgends vorkommende »Spezialitäten« – diese gibt es freilich auch –, als vielmehr um Folgerungen aus grundlegend neuen Ansätzen. Hier einige Beispiele:
Die Lehren der Neuen Kirche beruhen nicht auf einer Weiterentwicklung irgendeiner menschlichen Theologie, sondern auf einer Offenbarung des Herrn Jesus Christus an Swedenborg zwischen dem Zeitalter der alten und der neuen Kirche. – Die Konzilsbeschlüsse des 4. und 5. Jahrhunderts, praktisch für alle Kirchen bis heute maßgebend, sind für die Neue Kirche unverbindlich. Dies wirkt sich vor allem aus auf die Lehre vom dreieinigen Gott. – Der Kanon der Bibel erfährt eine Begrenzung auf die Bücher, die einen »fortlaufenden inneren Sinn« aufweisen (darüber weiter unten). Das bedeutet: Die Briefe des Apostels Paulus sowie alle übrigen Briefe des Neuen Testamentes gelten nicht mehr als »Wort Gottes«, sondern werden eingereiht unter die »Schriften der Kirche, nützlich zu lesen«, wie auch schon Luther die Apokryphen bezeichnet hat. Damit wird der bisher übermächtige Einfluß des Apostels Paulus eingedämmt. – Oberste Autorität gebührt den Texten der Evangelien, in denen die göttliche Offenbarung »unverhüllt« zutage tritt. Das ist namentlich bei den Taten und Reden Jesu Christi der Fall, auf die sich die Lehre der Neuen Kirche in erster Linie stützt. – Die Worte des Herrn vom »Ende«, also von seiner Wiederkunft zur Auferweckung der Toten und zum Jüngsten Gericht, werden bildlich verstanden: Der Herr spricht hier im Bilde der zeitgenössischen Erwartungen von einer zukünftigen Geistkirche und von seinem Kommen zu ihr.
Diese und andere Voraussetzungen führen u. a. zu folgenden Lehrsätzen:
Gott ist einer. Drei Wesenheiten oder Wesenselemente, nicht drei

Personen (also »Iche«) bilden die göttliche Trinität. Diese spiegelt sich vielmehr in den drei Graden oder Abstufungen des Seins: Dem Endzweck, der Ursache und der Wirkung; sie entsprechen der himmlischen, geistigen und materiellen Welt und manifestieren sich im Menschen als Seele, Geist und Leib.

Gott ist reine Liebe. Bibelstellen, die vom Zorn oder von der Vergeltung Gottes handeln, sind »Scheinbarkeiten des Wahren«. Sie ergeben sich aus dem Zwang der Anpassung der ewigen Wahrheiten an den durch die Sünde verderbten Menschen, der in seiner Blindheit einen Gott der reinen Liebe als schwach ansehen und seine Gebote in den Wind schlagen würde. Aber wie könnte Gott Feindesliebe von uns verlangen, wenn er selbst nicht dazu bereit wäre?

Die Bibel ist Gottes Wort, angemessen dem Verständnis der Menschen, die es empfingen und weitergaben. Im Buchstaben spiegelt es – bis hin zu Ungereimtheiten und Widersprüchen – deren Art und Denkweise; im Geist drückt es Gottes Willen mit uns Menschen aus. Buchstabe und Geist der Bibel sind durch Entsprechungen (Analogien) aufeinander bezogen, aus ihnen kann ein »innerer Sinn« abgeleitet werden. Die Entsprechungen beruhen auf der Tatsache, daß »alles Vergängliche nur ein Gleichnis« ist, wie Goethe in den Schlußzeilen von »Faust II« sagt. Die irdische Welt als das Letzte der göttlichen Schöpfung bringt in stofflicher Umhüllung zum Ausdruck, was in den höheren Bereichen der Schöpfung als Urform vorhanden ist. Swedenborg hat in jahrzehntelangem Studium ein ganzes System solcher Entsprechungen in der Bibel entdeckt und war so imstande, viele bis dahin dunkle Stellen zu deuten und für die Begründung eines verständlichen Glaubens heranzuziehen.

Hier einige Beispiele: Wenn wir etwas begriffen, eingesehen oder erkannt haben, so sagen wir auch: »Jetzt ist mir ein Licht aufgegangen, jetzt sehe ich klar«. In der Sprache der Bibel ist das Licht immer eine Entsprechung der göttlichen Wahrheit bzw. dessen, was der Mensch davon wahrnimmt oder nicht wahrnimmt. Wir sprechen von »wachsender Einsicht«; in der Bibel ist alles, was zur Pflanzenwelt gehört, also was da wächst, Entsprechung höherer Einsichten oder Erkenntnisse des Menschen bezüglich des Göttlichen und Geistigen. Denken wir nur an den »Baum der Erkenntnis« im Garten Eden. Swedenborg hat dieses Gesetz der Entsprechung nicht als Erster entdeckt, sondern er hat es wiederentdeckt und philosophisch und theologisch untermauert. Die Theologie sollte der Tatsache vermehrt Rechnung tragen, daß große Teile der Bibel über ihren historischen Sinn hinaus einen tieferen, in Entsprechungen eingekleideten Sinn aufweisen, der von der Seele des Menschen und ihrem Verhältnis zu Gott handelt. Die Tiefenpsychologie und Psychagogik (z. b. C. G. Jung, W. Kretschmer, Chr. Mewes) sind der Theologie auf diesem Gebiet weit voraus. Jesu Kreuzestod ist neu zu deuten: Da Gott auch die Sünder liebt (vgl. Römer 5,8), kann es sich dabei nicht um ein »stellvertretendes, allgenugsames Opfer zur Versöhnung Gottes« gehandelt haben. In Jesus nimmt auch nicht eine »zweite Person Gottes von Ewigkeit« menschliche Gestalt an, um die erste, Gott-Vater, zu versöhnen, sondern der eine Herr von Ewigkeit.

Ziel der Menschwerdung Gottes ist es, »die Höllen zu unterjochen und sein Menschliches zu verherrlichen«. Durch Annahme einer menschlichen Natur unterzieht sich Gott den Versuchungen der Hölle, deren pausenlose Angriffe er schließlich in der letzten und schwersten Versuchung, der des Kreuzes, endgültig zunichte macht. Die Dämonenaustreibungen, die im Neuen Testament von Jesus berichtet werden, sind Zeichen seiner stets wachsenden Macht über das Reich der Finsternis, das sich bis dahin Gott zu entziehen und die Menschheit in ihren Bann zu schlagen verstanden hatte; sie gipfeln in den viel zu wenig beachteten Worten Jesu: »Wenn ich mit dem Geist Gottes[17] die Dämonen austreibe, so ist ja das Reich Gottes bereits zu euch gekommen« (Matthäus 12,28). Jesu vollständiger Sieg am Kreuz beseitigt das Übergewicht der bösen Mächte und stellt das Gleichgewicht zwischen Gut und Böse wieder her. Dadurch wird es jedem Menschen, der sich an den Herrn wendet, möglich, das Gute zu wählen und mit seinem eigenen Bösen fertig zu werden. Hand in Hand mit dieser Unterjochung (nicht Vernichtung) der Höllen geht die Verherrlichung bzw. Vergöttlichung des angenommenen Menschlichen.

Die Auferstehung des Menschen erfolgt unmittelbar nach dem Tode. Jesus hat das im Gegensatz zu den herrschenden Ansichten seiner jüdischen Zeitgenossen mehrfach deutlich gesagt (vgl. Lukas 16,19–31; 20,27–40; 23,24). Wenn er – scheinbar im Gegensatz dazu – gelegentlich dennoch von einer Auferstehung am Jüngsten Tage spricht, so haben wir darin wohl eine Anpassung an das mythologische Denken seiner Zuhörer zu erblicken.

Das Gericht findet sogleich nach dem Tode statt. Es besteht darin, daß nun der innerste Kern des Menschen, unbehindert durch irdische

17. Bei Lukas 11, 20 heißt es: »Finger Gottes«.

Gesetze und Rücksichten, ans Licht kommt. Jetzt zeigt sich, ob die Liebe zu Gott und zu den Mitmenschen echt war oder nur in Eigenliebe bestand. Aus freiem Antrieb gesellen sich die Seelen zu ihresgleichen, und so bilden sich aus den Liebevollen die Himmel, aus den Selbstsüchtigen die Höllen.

Rechtsform und Organisation

Die Gemeinden der Neuen Kirche haben in der Regel die Rechtsform von eingetragenen Vereinen. Jede Gemeinde arbeitet eigenverantwortlich unter Leitung eines Vorsitzenden (Laien), jedoch nur teilweise auch mit neukirchlich ausgebildeten Geistlichen. Unsere Ausbildungsstätten sind z. Z. in Amerika und England.
Die Aufnahme von Mitgliedern in die Gemeinden kann vom 18. Lebensjahr an erfolgen und geschieht ohne große Formalitäten. Die bisherige Kirchenzugehörigkeit braucht nicht aufgegeben zu werden. Die vorher vollzogenen Sakramente werden anerkannt bzw. mit einem vertiefenden Geist erfüllt. Das Sakrament der Taufe (Kinder oder Erwachsene) und des Abendmahls wird allen gespendet, ob sie Mitglieder der Kirche sind oder nicht.
Finanziell ist die Neue Kirche auf sich selbst angewiesen. Die Beiträge der Mitglieder werden unterschiedlich nach Selbsteinschätzung entrichtet.

Literatur

1. *Auswahl aus den Werken Swedenborgs*
Himmlische Geheimnisse im Worte Gottes (Erklärungen zur Heiligen Schrift), Studienausgabe 1967–1974, 9 Folio-Bde.
Die wahre christliche Religion (Grundlagen der Religion), 4 Bde., neu übertragen von Dr. Friedemann Horn, 1965.
Die vier Hauptlehren der Neuen Kirche (Der Herr, die Heilige Schrift, vom Leben, vom Glauben), 1930.
Die eheliche Liebe (Grundlagen der Beziehung zwischen Mensch und Gott), 1970.
Die göttliche Liebe und Weisheit, 1941.
Die göttliche Vorsehung, 1969.
Himmel und Hölle (beschrieben nach Gehörtem und Gesehenem), neu übertragen von F. Horn, 1977.
Vom Jüngsten Gericht, 1972.

2. *Auswahl aus den Werken nach Swedenborg*
Benz, Ernst: Swedenborg, Naturforscher und Seher.
de Geymüller, Henry: Swedenborg und die übersinnliche Welt.
Goerwitz, Adolf: Swedenborg, Wegbereiter der Neuzeit.
Gollwitzer, Gerhard: Die durchsichtige Welt. Ein Swedenborgbrevier.
–, Der Mensch als Mann und Weib.

3. *»Neukirchenblatt« Berlin, Zürich und Wien*
jährlich 12 Nummern ab 1963.
»Offene Tore«, Beiträge zum neuen christl. Zeitalter, jährl. 6 Nummern ab 1957.

Die hier aufgeführten Bücher und Zeitschriften können bezogen werden vom Swedenborg-Verlag, Apollostr. 2, CH 8032 – Zürich.

Pfarrer Dr. Friedemann Horn

Die Orthodoxe Kirche

Jesus Christus versprach dem heiligen Apostel Petrus, ihn zu einem der Steine zu machen, auf denen Er seine Kirche bauen wird. Dieses Versprechen erfüllte Er, als Er seine Apostel mit allen Rechten und Kräften zur Fortsetzung seines großen Werkes versah[18]. Bereitet waren die Steine des Fundamentes. Am Tage des Pfingstwunders, dem Geburtstage der Kirche, begann der Bau der Kirche zu wachsen. Der Heilige Geist kam nicht nur auf die Apostel hernieder, sondern auf alle, die mit ihnen waren[19]. Der Herr verlieh den Aposteln die Fülle der Gaben des Heiligen Geistes, und so wurde an ihnen das Sakrament der Priesterweihe vollzogen: Sie wurden zu Bischöfen der zukünftigen Kirche. Am Tage des Pfingstgeschehens erhielt die ganze versammelte Gemeinschaft Gaben des Heiligen Geistes. In der Vielfalt dieser Gaben wuchsen sie zu dem *einen* Körper der Kirche zusammen.

Die Kirche Christi ist »Gottes Bau«, dessen einziger Grundstein Christus ist, und dieser Bau wächst weiter »auf dem Grund der Apostel und Propheten«, und er ruht auf sieben Säulen, den sieben Sakramenten. Die Kirche ist der Leib Christi, ein mystischer Organismus, dessen Haupt Christus selbst ist. In diesem Organismus ist jedes einzelne Glied wesentlicher Bestandteil des Ganzen. An jedem Ort, an dem der rechtmäßig eingesetzte Bischof mit seiner Gemeinde die heilige Eucharistie feiert, ist die Fülle der Gesamtkirche zugegen. Die Orthodoxe Kirche versteht sich als diese Gesamtkirche durch die Einheit im Glauben und durch die verbindende Gemeinsamkeit in den Ökumenischen Konzilien[20]. Daher ist die Grundbedingung des Lebens der wahren Kirche Christi die Einheit in der gemeinsamen Liebe, die

18. Matthäus 16,18–19; Johannes 20,21–23; Apostelgeschichte 1,26; Offenbarung 21,14.
19. Apostelgeschichte 2; Apostelgeschichte 1,15.
20. 1. Korinther 9,11; Epheser 2,20; Epheser 1,22–23.

wirkliche Gesinnungsgleichheit, die Einheit der Lebensordnung und die Heiligung durch die Gnade der Sakramente aus der gemeinsamen Quelle[21].

An zwei äußeren Zeichen ist die wahre Kirche Christi zu erkennen:

1. Die Kirche ist durch den Herrn gegründet und bleibt bis an das Ende der Zeiten bestehen; sie wird durch Ihn selbst und durch den Heiligen Geist gelenkt.

2. Die Kirche bleibt in allem dem Herrn treu: In der Lehre, wie sie ihr durch den Herrn gegeben wurde, und in der Kirchenordnung, die sie im Auftrag und in der Vollmacht Christi von den Aposteln erhielt[22].

Hieraus ist offenkundig: Vom Augenblick der Gründung an bis zum Jüngsten Tage wird es nur die eine, sich stets gleichbleibende Kirche Christi geben. Während bei den Kirchen der Reformation die Akzentsetzung stärker bei der Wortverkündigung liegt, findet die Orthodoxe Kirche ihr Leben, ihre Darstellung und Verwirklichung in den sieben Sakramenten. Diese Gnade ist vom Herrn selbst in seine Kirche gefügt und wird durch ununterbrochene Aufeinanderfolge im Sakrament der Priesterweihe weitergegeben[23]. Aus diesem Grunde bilden die nachstehenden Ausführungen über das sakramentale Leben in der Orthodoxen Kirche das Kernstück dieser Selbstdarstellung.

Die sieben Sakramente der Kirche

Das Sakrament ist sowohl ein Zeichen des Glaubens als auch das Geheimnis des gegenwärtig wirkenden Gottes. Es ist ein sichtbares Zeichen einer unsichtbaren Realität. Die Siebenzahl ist ein von der ungeteilten Kirche gekanntes Geheimnis. Die Kirche der großen Konzile glaubt: Nur die volle Zahl der Sakramente realisiert die Zugehörigkeit zur Kirche. Die Vollkommenheit der Sakramente hängt von zwei Voraussetzungen ab: Von ihrer göttlichen Verordnung und der Einsetzung durch den Herrn wie auch von ihrem ordnungsgemäßen Vollzug durch den ordnungsgemäß eingesetzten Priester.

21. 1. Korinther 1,10; Galater 1,8–9; Johannes 15,5; Johannes 17,21–23; Epheser 4,3–6.
22. Matthäus 16,18; Johannes 14,16–17; 15,26; 16,13; Lukas 10,16; Galater 1,11–12.
23. Johannes 10,16; Matthäus 16,18; ein prophetischer Hinweis ist in Sprüche 9,1 enthalten.

Die Taufe

Die heilige Taufe ist das Bad der Wiedergeburt und das Kleid der Unverweslichkeit. Durch dreimaliges Untertauchen und unter dreimaliger Anrufung Gottes (Epiklese) wird dieses Sakrament vollzogen. Das Untertauchen versinnbildlicht den Tod des früheren, sündhaften Lebens, das dreitägige Begrabensein mit Christus, das Auftauchen aus dem Wasser aber die Auferstehung mit dem Herrn. Durch dieses Sakrament werden die Getauften von aller Erbsünde frei; Seele und Leib werden der Sünde, der Ursache des Todes, entrissen. Nicht aber tilgt die Taufe die Begierde und die Fähigkeit, erneut zu sündigen. Dieses Sakrament ist nicht wiederholbar[24].

Die Myronsalbung

Dies Sakrament ist eine Bestätigung und gleichzeitig die Vollendung der Taufe. Mit dem Salböl (Chrisma) empfangen die Getauften die Gaben des Heiligen Geistes. Es besiegelt die Zugehörigkeit zum Königreich Christi und vermittelt die Kraft, den Versuchungen des Bösen zu widerstehen. Die Myronsalbung wird unmittelbar nach der Taufe gespendet. Während die heilige Taufe die geistliche Natur in Christo vermittelt, wird diese durch das Chrisma weiterentwickelt und vervollkommnet. Auch dieses Sakrament ist nicht wiederholbar[25]. In einer Notsituation kann jeder getaufte und mit dem heiligen Myron gesalbte Christ die Taufe vollziehen. Die Myronsalbung aber vermag nur der geweihte Priester bzw. Bischof zu spenden.

Die Eucharistie (Abendmahl)

In diesem Sakrament erhalten die Gläubigen Anteil an dem wahren Leib und Blut Christi, sie werden zu Christusträgern. Brot und Wein werden durch göttliches Wirken geheiligt, d. h. Christus ist vollkommen zugegen, nachdem der gültig geweihte Priester durch die Einsetzungsworte und die Anrufung des Heiligen Geistes den Gläubigen die

24. Matthäus 28,19; Kolosser 2,11–13 und Römer 6,3–4; 1. Mose 17,9 und 12–14; Johannes 3,5.
25. 1. Johannes 2,20,27; 2. Korinther 1,21–22; Cyrill von Jer. Cat. 3,1.

Wandlung verkündet hat. Der Herr selbst bringt dieses Opfer, gleichzeitig aber auch sich selbst als Opfer dar; er ist der Opferpriester und das Opfer zugleich. Jeder getaufte und gesalbte Christ soll, so oft sich ihm die Möglichkeit bietet, an diesem Sakrament teilnehmen. Das heilige Abendmahl wird unter beiden Gestalten (Brot und Wein) gespendet[26].

Die Buße

»Die rechte Buße hebt alle Sünden auf« (Athanasius d. Gr.). Gott vollzieht und gewährt die Vergebung der Sünden, während der Priester die Vergebung verkündet. Da die Verwaltung der Sakramente der Kirche anvertraut ist, so ist es auch zum rechten Vollzug dieses Sakramentes notwendig, das Bekenntnis in der Kirche vor einem von ihr legitimierten Priester abzulegen. Die Buße vermittelt allen, die aufrichtig bereuen, die Vergebung aller nach der Taufe begangenen Sünden. Diese Verzeihung und Vergebung ist vollständig. Erachtet der Beichtvater es für notwendig, dem Beichtenden aus therapeutischen Erwägungen Auflagen zu erteilen, so tragen diese keinerlei Ergänzungscharakter. Solche Auflagen sollen zur Festigung der ethischen Genesung dienen, daher haben sie nicht die Bedeutung einer Strafe, Sühne oder Versöhnung. Die Bußübungen, die aus den Auflagen abgeleitet werden können, sind demnach kein Teil des Sakramentes selbst. – Die einzige Form des Sakramentenvollzuges ist die der Ohrenbeichte. Das Beichtgeheimnis ist zwingend. In der heutigen Praxis bietet die Kirche dieses Sakrament zu jeder Zeit. Gefordert wird es von allen Gläubigen, die das siebente Lebensjahr erreicht haben.[27]

Die Krankenölung

Wie alle Sakramente der Kirche, so dient auch die Krankenölung zur Heilung von körperlichen und seelischen Leiden. Bei würdigem Empfang gewährt sie die Vergebung der Sünden, besonders jener, die in

26. Matthäus 26,26–28; Markus 14,22–24; Lukas 22,19–20; Johannes 6,32–35, 48–58; Apostelgeschichte 2,42,46; 1. Korinther 10,16–17; 11,23–30.
27. Johannes 20,23; Apostelgeschichte 19,18; Jakobus 5,16; Athan. d. Gr. (Migne: Patrologia Graeca Bd. 27, 1388).

ursächlichem Zusammenhang mit der Erkrankung des Gläubigen stehen. Diese Vergebung wird auch für den Fall verkündet, daß der Kranke infolge seines Gebrechens nicht beichten kann. – In der vollen Form spenden sieben Priester in gemeinsamem Gebet das Sakrament; es kann aber auch von nur einem Priester gespendet werden. Alle Gläubigen können, so oft es in ihrem Leben notwendig ist, die Gnadengaben dieses Sakramentes erhalten[28].

Die Priesterweihe

Das apostolische Priestertum ist die Voraussetzung allen Lebens in der Kirche. Die von den Aposteln herkommende, ununterbrochene bischöfliche Sukzession (Aufeinanderfolge) und die Einheit des Episkopates (Gesamtheit der Bischöfe) sind das Fundament der Kirche, die Fortsetzung des Pfingstwunders. Durch die Handauflegung (Cheirotonia) ergibt sich die dreistufige Hierarchie in der Kirche: Bischof – Priester – Diakon. Ohne die heilige Priesterweihe ist niemand befugt, priesterliche oder seelsorgerliche Pflichten in engerem Sinne auszuüben.

In diesem Sakrament erhalten die Priester und Bischöfe gleich den Aposteln die Vollmacht, Sünden zu vergeben oder die Vergebung nicht zu gewähren, zu predigen und die Wahrheit zu verkünden, die Menschen vom Verderben zu erretten, sie zu lehren, zu führen und ihnen ein Vorbild zu sein. Die Priester sind die geistigen Zentren, um die sich die Gläubigen in gegenseitiger Liebe zum Ganzen der Kirche zusammenfügen, zum Leibe des Herrn. Da dieses Sichzusammenfügen durch die Heiligung in den Sakramenten geschieht, werden die Priester auch »Haushälter der Gottesgeheimnisse« genannt.

Der Bischof ist Spender aller Sakramente. Der Priester spendet, mit Ausnahme der Priesterweihe, ebenfalls alle Sakramente. In der Regel werden die Bischöfe aus dem Mönchsstande erwählt. Die Priesterschaft kennt zwei Möglichkeiten: den Weg des zölibatär lebenden und den des verheiratet lebenden Priesters. Die Entscheidung, welchen Weg der Kandidat wählen will, muß vor der Diakonatsweihe fallen; nach dieser ist eine Eheschließung nicht mehr möglich.

Nach den heute noch vorgeschriebenen niederen Weihen zum Lektor und zum Hypodiakon folgt die erste der höheren Weihen, die Diako-

28. Markus 6,13; Jakobus 5,14–15.

natsweihe. Der Diakon kann sein ganzes Leben lang dieses Amt bekleiden. Nur der rechtmäßig zum Diakon geweihte Kleriker kann zum Priester geweiht werden.
Dieses Sakrament ist nicht wiederholbar[29].

Die Ehe

Das Sakrament der Ehe heiligt die aus freiem Entschluß zustande gekommene Verbindung der Eheleute. Die Ehe soll ein Abbild der Vereinigung Christi mit seiner Kirche sein. Der Segen durch den Geistlichen vermittelt die göttliche Gnade zur Erfüllung dieses Zieles. Zum Vollzug dieses Sakramentes ist die beiderseitige und freie Zustimmung der sich Bindenden unbedingt erforderlich. Die Ehe wird grundsätzlich als unauflöslich erkannt. Eine Scheidung kann nur in den seltensten Fällen gestattet werden. Hierüber hat in jedem Einzelfall ein von der Hierarchie eingesetztes Gericht zu entscheiden. Aus Nachgiebigkeit kann die Kirche eine zweite, eventuell sogar eine dritte Eheschließung segnen. Die Kirche erkennt in der christlichen Ehe ein großes Sakrament; daher wird das Bild des Hochzeitsmahles des himmlischen Bräutigams oft in der Hymnographie (d. h. in den liturgischen Gesängen) verwendet[30].
Zwei Riten bilden zusammen das Geheimnis des Ehesakramentes: 1. die Verlobung, 2. die Krönung. Durch die Krönung wird die Segnung der ehelichen Gemeinschaft dargestellt.

Kriterien des kirchlichen Lebens

Wesentlich für das Leben in der Kirche ist das immerwährende Gebet der Lebenden für die ganze Kirche, für alle noch Lebenden und für die Verstorbenen. Für Gott gibt es keine Toten; die Liebe höret nimmer auf. Die Heiligen, einst Menschen wie wir, die ein Gott wohlgefälliges Leben führten, stehen jetzt vor dem Thron des Allerhöchsten und

29. Matthäus 28,19–20; Johannes 20,21–23; Apostelgeschichte 6,5–6; 14,23; 20,28; 1. Korinther 3,9; 4,1–2; 1. Timotheus 6,12–16; 5,22; 2. Timotheus 1,6; Titus 1,5–9.
30. 1. Mose 22,22–24; Hohes Lied Salomos; Matthäus 19,4–6; Epheser 5,23–33.

beten für uns, wie wir für unsere Mitmenschen und alle schon verstorbenen Brüder beten. So findet sich die eine Herde zusammen. Die Heiligen ruhen in Gott, und durch sie erstrahlt uns der Herr. So verehren wir in den Heiligen Gott selbst[31].
Ebenso wichtig erachtet die Kirche die Ikonenverehrung, wobei zu bemerken ist: Wir beten nicht die Ikone an, sondern das durch diese zu uns sprechende Heilsgeschehen. Wie die Heilige Schrift, so gibt auch die heilige Ikone nicht menschliche Vorstellungen über die Wahrheit, sondern die Wahrheit selbst, die göttliche Offenbarung wieder. Darum heißt es in einer Hymne (Kontakion) zum Feste des Triumphes der Orthodoxie: »Das unumschreibbare Wort des Vaters[32] hat durch seine Fleischwerdung aus dir, Gottesgebärerin, sich selbst umschrieben. Da es das befleckte Bild in seiner Urgestalt wieder herstellte, durchdrang es dieses mit göttlicher Schönheit. Wir bekennen die Erlösung und bilden sie ab in Werk und Wort.«
Vier Wesensmerkmale muß die Kirche nach dem Auftrag des Herrn bewahren: 1. die Einheit, 2. die Heiligkeit, 3. die Katholizität und 4. die Apostolizität.
Die Orthodoxe Kirche hat zu keiner Zeit Änderungen in der Lehre Christi oder in der Ordnung der heiligen Sakramente zugelassen; daher vermag sie auch vor der Drohung zu bestehen, die in Offenbarung 22,18–19 ausgesprochen ist. Die Kirche bewahrt die von Gott geoffenbarte Lehre Christi und behütet sie in der kirchlichen Überlieferung (2. Thessalonicher 2,15) durch den Heiligen Geist (Johannes 14,16–17 und 26).

Ordnung des kirchlichen Lebens

Im Gottesdienst bewahren wir die Hervorhebung des metaphysischen Elementes unseres Bekenntnisses und stellen die Gemeinschaft mit Gott dar. Die Mitte des Gottesdienstes ist immer das Mysterium, der Höhepunkt die Feier der göttlichen Liturgie (Messe). Drei Meßformulare werden heute noch gelesen: 1. die Liturgie nach Johannes Chrysostomos; 2. die Liturgie praesanctificatorum nach Gregorios

31. Lukas 20,38; 1. Thessalonicher 5,17; Epheser 6,18; Jakobus 5,16; Offenbarung 6,9–11; 7,9 und 14–15; 14,1 und 4–5; Johannes 10,16.
32. Gemeint ist die bis dahin nicht Körper angenommen habende zweite Person der heiligen Trinität.

Dialogos[33]; 3. die Liturgie nach Basilius d. Gr., die zehnmal im Jahr gefeiert wird. Neben diesen Diensten kennt die Orthodoxe Kirche nur noch den vollen Kreis der für das Kloster entwickelten Gottesdienstformen. Diese werden, wenn auch teilweise verkürzt, ebenfalls in den Pfarrkirchen verwendet. Außerdem gibt es noch eine Fülle verschiedener Bitt-, Dank- und Weihegottesdienste für alle Anliegen der Gläubigen. Bestimmt wird die Gottesdienstordnung durch die Tages-, Wochen- und Jahreskreise mit den verschiedenen Fastenzyklen und den beweglichen Festen, die vom Ostertermin abhängen. Orthodoxer Glaube und Frömmigkeit sind eschatologisch ausgerichtet. Christi Auferstehung ist für die Gläubigen eine Bürgschaft des ewigen Lebens und der Unsterblichkeit. Deshalb ist das Osterfest das Fest der Feste, dessen an jedem Sonntag gedacht wird. Zur Vorbereitung auf dieses Fest dient die 40-tägige Große Fastenzeit. Der Einhaltung der strengen Fastenvorschriften wird große Bedeutung beigemessen. Neben dieser Fastenzeit werden noch die Fasten vor Weihnachten (vom 28. November an), vor dem Feste Mariä Entschlafen (vom 14. August an) und vor dem Feste Peter und Paul (vom 2. Montag nach Pfingsten an) wie auch an fast jedem Mittwoch und Freitag gehalten.
Zwölf Hochfeste überstrahlen die täglichen Feiern. In der überaus reichen Hymnographie verkündet die Kirche ihre Lehre. Da die Kirche seit frühester Zeit ihre Gottesdienste in der jeweiligen Landessprache feierte, konnte sie auch über die Jahrhunderte hinweg die gesamte Fülle des gottesdienstlichen Reichtums unverändert bewahren.

Nach der 34. Regel der Apostel wird die Orthodoxe Kirche gemeinsam durch den Episkopat verwaltet, d. h. durch die gleichberechtigten Patriarchen oder Erzbischöfe der einzelnen autokephalen (selbständigen) Teilkirchen. Die sichtbare Kirche, deren einziges Haupt unser Herr Jesus Christus selbst ist, besteht aus der durch göttliche Gnade eingesetzten Hierarchie und den Laien. Gemäß der 3. Regel des 2. Ökumenischen Konzils kommt nach dem römischen Bischof die größte Ehre dem Bischof von Konstantinopel zu. Ihm folgen die Bischöfe von Alexandrien, Antiochia und Jerusalem. Durch die Kirchenspaltung zwischen Rom und Konstantinopel im Jahre 1054 zerfiel die bis dahin ungeteilte Kirche in eine westliche und eine östliche. Seitdem ist

33. An allen Wochentagen der Großen Fastenzeit – außer an den Sonnabenden – und an den ersten drei Tagen der Karwoche; am Karfreitag wird keine Messe zelebriert.

für die Orthodoxe Kirche der Patriarch von Konstantinopel der Älteste unter den Erzbischöfen. Von altersher ist auch der Patriarch-Katholikos von Georgien zu diesem Kreis der Erzbischöfe zu zählen.
Ein Weg zur Wiedervereinigung öffnete sich durch gegenseitige Aufhebung der Bannbullen am 7. Dez. 1965.
Im Jahre 1589 wurde das Patriarchat von Moskau und Ganz-Rußland gegründet. Im 19. Jahrhundert entstanden die Patriarchate von Serbien, Rumänien und Bulgarien. Als autokephal gelten die Kirchen von Griechenland, Polen, Zypern, Tschechoslowakei, Albanien und in Amerika, ferner das selbständige Kloster auf dem Berge Sinai sowie die Mönchsrepublik Athos. An der Spitze jeder Teilkirche steht die Heilige Synode aller ihrer Hierarchen. Die höchste Autorität in der Orthodoxen Kirche hat die Ökumenische Synode. Alle autokephalen Teilkirchen sind in ihrer Verwaltung voneinander unabhängig.

Literatur

Die maßgebende Literatur über die Orthodoxe Kirche ist in nichtdeutscher Sprache erschienen. Von den deutschsprachigen Veröffentlichungen wird nachstehend eine Auswahl genannt.

Maltzew, Alexis: 12 Bde. lit. Texte und deren Übersetzungen mit zum Teil hervorradenden Exkursen, Berlin: Verlag Karl Siegismund 1890ff.

Bratsiotis, P. (Hg.): Die Orthodoxe Kirche in griechischer Sicht, Teil I/II, in: Die Kirchen der Welt Bd. 1, Stuttgart: Ev. Verlagswerk 1960.

Timiadis, Emilianos: Lebendige Orthodoxie, Nürnberg und Eichstätt: J. M. Sailer Verlag 1966.

Seraphim, Metrop.: Die Ostkirche, Stuttgart: W. Spemann Verlag 1950.

Zander, Leo: Die Orthodoxe Kirche, in: »Und ihr Netz zerriß«. Die Großkirchen in Selbstdarstellungen, hg. von Lamparter, Stuttgart 1957.

Smolitsch, I.: Russisches Mönchstum 988–1917, in: Das östliche Christentum, Neue Folge, Heft 10/11, Würzburg: Augustinus Verlag 1953.

Lossky, V.: Die mystische Theologie der morgenländischen Kirche, in: Geist und Leben der Ostkirche, Bd. 1. – in Bd. 3: Sprüche der

Väter, hg. und übers. von P. Bonifatius OSB, beide im Verlag Styria, Graz, Wien und Köln 1961/63.
Smolitsch, I.: Leben und Lehre der Starzen, Köln: Jakob Hegner 1952.
Ouspensky, L. und V. Lossky: Der Sinn der Ikonen, Bern und Freiburg i. B.: Urs Graf Verlag 1953.
Die Göttlichen Liturgien unserer heiligen Väter Johannes Chrysostomos und Basilios d. Gr., Berlin 108 (DDR).
Bubnoff, N. (Hg.): Russische Frömmigkeit (Briefe eines Starzen), in: Bücher des Wissens, Bd. 1, Wiesbaden: Metopen Verlag 1947.
Walter, R. von (Hg.): Ein russisches Pilgerleben, Herder Bücherei 36, 2. Aufl., 1959.
Kolander, Jos (Bearb., Vorwort von I. Smolitsch): Archim. Sophronius. Starez Siluan, Düsseldorf: Patmos Verlag 1959.
Kirchhoff, Kilian: Liturgische Übersetzungen, 4 Bde., 2. Aufl., Münster: Verlag Regensberg 1960–1963.
Kirche und Staat in der Sowjetunion. Gesetze und Verordnungen (hg. von R. Stupperich), Witten: Luther-Verlag 1962.

Pfarrer Sergius Taurit

Die deutsche Pfingstbewegung (Christlicher Gemeinschaftsverband GmbH Mülheim/Ruhr)

Geschichtliche Grundlage

Im ausgehenden 19. Jahrhundert gingen, u. a. von dem Wirken Wesleys im Methodismus herkommend, Erweckungswellen durch die Reihen gläubiger Christen in Amerika und Europa. Christliche Erlebnisgemeinschaften bildeten sich; die Heiligungsbewegung entstand. Wie ihr Name sagt, setzte sie einen besonderen Akzent darauf, daß Christsein und geheiligtes Leben zusammengehören. Diese Erkenntnis stammte aus dem intensiven Studium der Heiligen Schrift, aus der hervorgeht: Die ersten Christen, auf sich selbst gestellt und genauso hilflose Menschen wie wir, wurden durch die Wirkung des göttlichen Geistes zu heiligem Leben und einsatzbereitem Dienen befähigt. So klang vielerorts das Thema des dritten Glaubensartikels in Evangelisationen und Gottesdiensten auf.

Seit 1901 zeigte sich in vielen Teilen der Welt, oft unabhängig voneinander, das Wirken des Heiligen Geistes in Gaben und Kräften, die im Neuen Testament beschrieben werden (1. Korinther Kap. 12 und 14). Auch Deutschland wurde von einer solchen Erweckungswelle durchflutet und von den Christen zunächst negativ, bald aber auch positiv »Pfingstbewegung« genannt. Die Bezeichnung entstand, weil sich das Wirken des Heiligen Geistes nach Christi Himmelfahrt zum ersten Mal in dieser Weise am Pfingstfest gezeigt hatte (Apostelgeschichte 2). Hierauf berief sich die neuentstandene Pfingstbewegung. Anfänglich verbreitete sie sich vorwiegend in den Heiligungsgemeinschaften, die im Raum der Landeskirchen standen. Sie suchte keine Trennung von diesen; ihr Wunsch war es vielmehr, ein Segen für die ganze Christenheit zu sein. Mißverständnissen, Fehlauffassungen und Fehlinterpretationen auf der einen Seite, mangelnder Demut und menschlicher Unzulänglichkeit auf der anderen Seite ist es wohl zuzuschreiben, daß am 15. September 1909 sechzig Brüder der Gnadauer Gemeinschaftsbewegung[34] und der Evangelischen Allianz die sog. Berliner Erklärung unterschrieben. In ihr distanzierte sich ein Teil der evangelischen Gemeinschaften und Freikirchen (weniger der Landeskirchen) von der Pfingstbewegung, und der in ihr wirkende Geist wurde sogar pauschal als »von unten« bezeichnet. Dieser Schritt zwang die Pfingstleute, wenigstens ein Minimum an Gemeinschaftsleitung zu improvisieren und den ausgeschlossenen Glaubensfreunden geistliche Heimat zu bieten. So entstand damals, aus der Not der Situation geboren, der »Christliche Gemeinschaftsverband Mülheim (Ruhr)«. Viele gläubige Christen schlossen sich dieser Bewegung an, deren Profil von Männern wie Pastor J. Paul, C. O. Voget, Edel, Humburg u. a. m. geprägt wurde. Der Verband war von Anfang an ein Mittelding zwischen kirchenangelehnter Gemeinschaft und Freikirche; er ist es bis heute geblieben. Neben dem Mülheimer Verband entwickelten sich andere pfingstliche Kreise in verschiedenartiger Ausgestaltung, aber oft unter Betonung enthusiastischer Gottesdienstformen und freikirchlicher Momente. Ein großer Teil dieser Gemeinschaften hat sich 1948 zur »Arbeitsgemeinschaft der freien Christengemeinden in Deutschland« zusammengeschlossen.

Entwicklung des christlichen Gemeinschaftsverbandes Mülheim (Ruhr)

Die pfingstliche Erweckung breitete sich spontan aus. Meist bildeten sich regionale Arbeitskreise, die durch den Dienst eines Gottesmannes getragen und zusammengefaßt wurden. 1911 kamen diese Reichgottesarbeiter erstmalig zu einem sog. Hauptbrüdertag in Berlin zusammen. Dieser Hauptbrüdertag entwickelte sich zur leitenden Instanz der Bewegung. Sein Anliegen war und ist die geistliche Stärkung und biblische Orientierung einerseits, die Beschneidung schwärmerischer Auswüchse andererseits. Die Entwicklungslinie der ersten Jahre war bestimmt von der Hoffnung, mit den Brüdern der evangelischen Christenheit wieder zu einer Einigung zu kommen. Doch war es den

34. Es handelt sich hier um eine Bewegung innerhalb der evangelischen Landeskirchen zur Vertiefung der Frömmigkeit und Ausbreitung des Evangeliums. In der zweiten Hälfte des 19. Jahrh. bildeten sich besondere Glaubens- und Heiligungsgemeinschaften, die sich später zu Verbänden zusammenschlossen. Als erster entstand 1888 der Gnadauer Verband. Seine offizielle Bezeichnung lautete: »Deutscher Verband für Gemeinschaftspflege und Evangelisation«.

führenden Vertretern der neuen Geistesbewegung nicht möglich, das aufgebrochene geistliche Leben pauschal als »von unten« verdammen zu lassen, wenn sie auch die nichtgeistlichen Momente erkannten. Dies geht aus der Entgegnung zur Berliner Erklärung, der sog. Mülheimer Erklärung, hervor (1909). Nachdem 1910 noch ein Versuch, diese Einigung zu erzielen, fehlgeschlagen war (Vandsburger Erklärung), mußte die Mülheimer Bewegung ihren Weg endgültig allein gehen. Es folgte eine Phase innerer Festigung. Versammlungsräumlichkeiten wurden geschaffen, Gemeindehäuser gebaut. Zum Teil bildeten sich örtlich eingetragene Vereine, z. T. wurde das Gemeindeeigentum auf den Gemeinschaftsverband Mülheim (Ruhr) eingetragen, der 1913 als eine Art Dachorganisation gegründet worden war. Für diesen Verband wurde als Rechtsform die Gesellschaft mit beschränkter Haftung gewählt, da keine Freikirche gegründet werden sollte. Als Gegenstand des Unternehmens wurde u. a. die Förderung der christlichen Lebensauffassung im Sinne der Reformation und die Bildung einer Gesinnungsgemeinschaft Jesu Christi genannt. – Der Zweite Weltkrieg brachte der Mülheimer Bewegung den Verlust blühender Arbeiten in den Ostgebieten. 1951 wurde unseren Gemeinden in der DDR die Versammlungserlaubnis entzogen. Unsere Gemeindeglieder schlossen sich daraufhin den bestehenden Kirchen, Freikirchen oder Gemeinschaften an.

Grundzüge unserer Lehre

Der lehrmäßige Ausgangspunkt der Mülheimer Bewegung ist das reformatorische Bekenntnis »Sola gratia, sola fide, sola scriptura« (allein durch Gnade, allein durch Glauben, allein durch die Schrift). Anläßlich des 50jährigen Bestehens des Mülheimer Gemeinschaftsverbandes (1963) hat Pastor Krust unter Mitarbeit eines Bruderkreises das Buch herausgegeben »Was wir glauben, lehren und bekennen«; dies kann als Lehrzeugnis unserer Bewegung gelten. Wir anerkennen die Heilige Schrift als das Wort Gottes. Sie ist die von Gott gegebene christozentrische Offenbarung und erschließt sich uns durch den Heiligen Geist. Eine dem Wort Gottes gleichzustellende Offenbarung gibt es nicht. Grundlage unseres Glaubens ist die Heilstat Jesu Christi. Wer sich unter der Verkündigung des Evangeliums für ein Leben mit Christus entscheidet, erhält die Gewißheit der Sündenvergebung. Er empfängt neues Leben aus dem Heiligen Geist. Wir bezeichnen diesen Vorgang als Wiedergeburt und stützen uns dabei auf Aussagen im

Neuen Testament, nämlich Johannes 3,3; 2. Korinther 5,17 und 1. Petrus 1,3. Geistliches Leben ist ein Wachstums- und Heiligungsprozeß. In seinem Verlauf wird die Wirksamkeit des Heiligen Geistes auch immer wieder nach außen sichtbar. Diese sog. Geistesdurchbrüche sind häufig verbunden mit dem Auftreten geistlicher Gaben, z. B. mit dem Phänomen des Betens in anderen Zungen. Sie sind keine höhere Heilsstufe, sondern eine gottgewollte Entfaltung des geistlichen Lebens. Hier wird der gesamte Mensch ergriffen und von Gott gebraucht. Die Wirksamkeit des Heiligen Geistes zeigt sich nicht nur in Gnadengaben (Charismata), sondern vordringlich in der Frucht des Geistes im Leben des einzelnen Gläubigen. Ziel des göttlichen Heilswirkens ist die Vollendung und Heimholung seiner Gemeinde (Entrückung) und die Erscheinung Christi in Herrlichkeit. Wir sehen den gesamten biblischen Kontext eschatologischer Geschehnisse in der Auswirkung auf unser persönliches Leben und auf unsere Berufung zu ewiger Herrlichkeit.
Unsere regelmäßig stattfindenden Gottesdienste sind auf der aktiven Beteiligung der Besucher aufgebaut. Ein Schwerpunkt ist die Wortverkündigung; aber jedem ist die Möglichkeit zu öffentlichem Gebet und zum Dienst mit geistlichen Gaben gegeben. Wir haben keine strengen Gottesdienstformen, sondern bevorzugen eine familiäre geistliche Atmosphäre, in der jeder einzelne Verantwortung trägt. In diesem Gemeindeorganismus hat der Leiter zwar eine wichtige, aber keine dominierende Position. Während des Gottesdienstes werden die Kinder in der Sonntagsschule mit dem biblischen Geschehen vertraut gemacht und zum persönlichen Glauben geleitet. Gebetskreise, Jugend- und Kinderarbeit, Missionseinsätze, musikalischer Evangeliumsdienst, Seelsorge und Altenbetreuung fordern von jedem Gemeindemitglied aktiven Einsatz. Neben dem Gebet für die Kranken wird auf Wunsch der Dienst der Handauflegung geübt (gemäß Jakobus 5).
Bei der Taufe ist für uns nicht die Form, sondern der Inhalt wesentlich, nämlich die persönliche Entscheidung zu selbstverleugnender Christus-Nachfolge. Da nur der entscheidungsfähige Erwachsene die Taufhandlung mit echtem Glaubensinhalt füllen kann, vollziehen wir die Taufe vorwiegend als Glaubens- oder Entscheidungstaufe durch Untertauchen. Kinder von Eltern, die diesen Weg als den gottgewollten sehen, werden in den ersten Lebensmonaten dem Herrn segnend geweiht. Doch anerkennen wir auch Gegebenheiten, bei denen eine Kindertaufe gewünscht wird oder ratsam erscheint. Allerdings muß

eine solche Taufhandlung später von den herangewachsenen Menschen durch persönliche Entscheidung bestätigt werden. Die Glaubensunterweisung der Dreizehn- bis Vierzehnjährigen, die dem Konfirmandenunterricht entspricht, dient der Hinführung zu persönlichem Glauben, der die Entscheidungstaufe ermöglicht oder die Kindertaufe inhaltlich füllt.
Das Abendmahl verstehen wir als Zeugnis der Liebe zu Christus und untereinander. Alle Christen, die den Wunsch haben, das Herrenmahl mit uns zu feiern, sind nach persönlicher Prüfung vor Gott zu dieser Feier eingeladen.
Sonstige Amtshandlungen, z. B. Trauungen und Beerdigungen, werden auf Wunsch von uns vollzogen. Taufen sowie die Verwaltung der Sakramente, die von einem Amtsträger einer anderen christlichen Gruppe vollzogen werden, erkennen wir als gültig an, wenn sie auf der Grundlage der Heiligen Schrift und im vollen Glauben an die Trinität erfolgt sind.
Die Bedingung zur Aufnahme und Zugehörigkeit zu unseren Gemeinschaften ist eine klare Entscheidung für Christus und die Bereitschaft, ein Leben im christlichen Sinne zu führen. Doppelmitgliedschaft bei uns und in einer anderen Kirche ist möglich.

Organisches und Organisatorisches

Das provisorienhafte Element hat sich in unserer Bewegung beständiger als erwartet erwiesen. Noch heute sind einige unserer vielen ländlichen Gemeindekreise an das landeskirchliche Leben angelehnt. In städtischen und sonstigen Ballungszentren dagegen hat sich das Gemeindeleben weitgehend freikirchlich entfaltet. Mehrere Ortsgemeinden mit je einem gewählten Ältesten sind zu einem Bezirk zusammengefaßt, für den der gewählte Bezirksälteste die Verantwortung trägt. Größere Arbeitsbezirke haben sich zu selbständigen Einheiten entwickelt, die als rechtsfähige Vereine eingetragen sind. Mehrere Bezirke haben sich zu Bünden oder ähnlichen Vereinigungen zusammengetan, an deren Spitze der gewählte Bundesälteste steht.
Die höchste geistliche Instanz des Mülheimer Gemeinschaftsverbandes ist der Hauptbrüdertag. Alle leitenden Brüder – Pastoren, Prediger, Diakone, verantwortlich leitende Älteste – sind stimmberechtigte Mitglieder des Hauptbrüdertages, der zur engeren Arbeitssitzung im Herbst jeden Jahres zusammenkommt. Im Frühjahr findet der erwei-

terte Hauptbrüdertag statt, zu dem auch alle auf örtlicher Ebene verantwortlichen und mitarbeitenden Ältesten als Delegierte geladen werden. Die Leiter der Bünde bilden den Ältestenrat. Er berät die anfallenden Leitungsaufgaben. Die Leitung des Hauptbrüdertages liegt in den Händen des Vorsitzenden oder Präses, der vom Hauptbrüdertag gewählt wird.

Wie bereits erwähnt, schufen sich die Führer der Pfingstbewegung als organisatorisches Dach im Jahre 1913 den »Christlichen Gemeinschaftsverband GmbH Mülheim a. d. Ruhr«. Der gesetzliche Vertreter des Verbandes im öffentlichen Bereich ist der Geschäftsführer, der von den Gesellschaftern bestellt wird. Diese wiederum sind z. T. Mitglieder des Ältestenrates. Neben den Koordinierungs- und Verwaltungsaufgaben obliegt der geschäftlichen Leitung die Betreuung der inneren und äußeren Mission, die Jugendpflege, die Nachwuchs- und Ausbildungsförderung im Seminar Brüderhaus Darmstadt sowie die karitative Tätigkeit.

Unsere gesamte Arbeit wird durch freiwillige Gaben getragen, eine Beitragspflicht gibt es nicht. Da wir den Staat weder finanziell noch verwaltungstechnisch für die Belange unserer Arbeit in Anspruch nehmen, achten wir auf eine klare Trennung von Kirche und Staat. Weiß sich ein Christ in unseren Reihen von Gott zum Dienst berufen, so wird ihm die Möglichkeit zur Bewährung gegeben. Individuell verschieden wird eine Neu- oder Weiterausbildung angestrebt. Der vollamtliche Dienst beginnt nach der Ausbildung mit einer mehrjährigen Diakonatszeit. Sie endet mit der Ordination vor der Gemeinde im Rahmen eines Festgottesdienstes. Die Weihehandlung nehmen der Präses und mehrere Mitarbeiter durch Gebet und Handauflegung vor. Nach fünfjähriger Amtszeit als Prediger erhält er das Recht, sich Pastor im Christlichen Gemeinschaftsverband Mülheim (Ruhr) zu nennen.

Unser Verhältnis zu anderen christlichen Gruppierungen und Kirchen ist von Anfang an durch das Verlangen nach Gemeinschaft gekennzeichnet. Leider wurden wir lange zur Isolierung gezwungen. Allerdings bahnen sich nun seit Jahren auf Ortsebene Kontakte mit den Kreisen der Evangelischen Allianz, mancherorts sogar mit denen des Gnadauer Verbandes an. Seit 1970 ist unser Verband als Gast in der Arbeitsgemeinschaft Christlicher Kirchen in Deutschland vertreten. Sein ökumenisches Anliegen ist für uns besonders als geistliches Forum brüderlicher Begegnung wichtig. Ökumene, wie wir sie verstehen, darf niemals eine gemachte, menschlich organisierte Einheit

bedeuten, sondern vielmehr organisches, christozentrisches Einssein. Seit 1972 besteht ein Brüderforum mit einem größeren Teil der anderen Pfingstkreise, die in der »Arbeitsgemeinschaft der Christengemeinden in Deutschland« zusammengefaßt sind.
Über sechzig Jahre Geschichte liegen hinter uns. Gott gab unserer Bewegung in der geistlichen Erweckung den Auftrag, das Evangelium unverkürzt seiner Gemeinde und der ganzen Welt zu verkündigen. Wir bitten unseren Herrn Jesus Christus, daß wir als Geistesbewegung an unserem kleinen Teil diesen Auftrag Gottes in Treue erfüllen möchten, bis Er kommt.

Literatur

(Herausgegeben von: Missionsbuchhandlung und Verlag, 8503 Altdorf b/Nürnberg)

Informatorische Bücher
Krust, Chr.: 50 Jahre Deutsche Pfingstbewegung, 1956.
–, Was wir glauben, lehren und bekennen, 1963.
Giese, E.: Pastor Jonathan Paul, ein Knecht Jesu Christi, 1965.
Das Neue Testament in der Sprache der Gegenwart mit Anmerkungen (Mülheimer Testament), 7. Aufl. 1968.
Pfingstjubel, Liederbuch der deutschsprachigen Pfingstbewegung.

Zeitschriften
Heilszeugnis, Gemeindeblatt und offizielles Organ, monatl.
Leitplanke, Jugendblatt, monatl.
Heilsgruß, evangelistisches Verteilblatt, monatl.

Pastor Dr. Wolfgang Meissner

Das Quäkertum

1. Entstehungsgeschichte

Der Ursprung der Religiösen Gesellschaft der Freunde (Quäker) geht auf die Zeit der religiösen Wirren in England während des 17. Jahrhunderts zurück. Ihr Begründer George Fox (1624–1691) war ein einfacher Mann aus dem Volke, von Beruf Schuhmacher. Er wandte sich von dem nach seiner Meinung unchristlichen, streitsüchtigen Geist der vielen theologischen Richtungen tief enttäuscht ab und erkannte nach langem, leidenschaftlichem Suchen durch eine unmittelbare innere Offenbarung, daß nur Jesus Christus selber der Urquell aller Wahrheit sei. Eine größere Schar von ernsten Suchern schloß sich ihm an. Die ersten Freunde nannten sich »Verkünder der Wahrheit« oder »Kinder des Lichts«. Der Name Quäker (to quake = zittern) wurde ihnen ursprünglich als Spottname gegeben, weil sie in ihren Versammlungen vor innerer Ergriffenheit zu zittern schienen.
Die Botschaft der Freunde war nicht neu. Sie findet sich in den Gedanken der Mystiker des Mittelalters, der Gemeinschaften der »Gottesfreunde« und verschiedener Täufergruppen der Reformationszeit. George Fox und seine Anhänger wollten keine neue Religionsgemeinschaft gründen, sondern den Geist der ersten Christen wieder lebendig machen. Eine die ganze Welt umfassende, von göttlichem Geist erfüllte Bruderschaft aller Menschen war ihr Ziel. Die schweren Verfolgungen der Anfangszeit veranlaßten den jungen Aristokraten William Penn (1644–1718) zur Gründung eines Quäkerstaates in Pennsylvanien (USA), wo die Verfolgten aller christlichen Bekenntnisse eine Freistatt fanden. In seinem »heiligen Versuch« schuf er ein Vorbild für alle späteren freien demokratischen Staatsverfassungen. Er schloß mit den Indianern einen Freundschaftsvertrag, den Voltaire als das einzige Bündnis zwischen den weißen und den farbigen Völkern bezeichnete, das weder beschworen noch gebrochen wurde. Die auf dem europäischen Festland, auch in Deutschland, damals entstandenen Quäkergemeinden fielen bald den religiösen

Verfolgungen zum Opfer. Auch die in Minden und Pyrmont Ende des 18. Jahrhunderts gegründeten Gruppen lösten sich wieder auf, vor allem, weil sich die männlichen Mitglieder der Wehrpflicht nur durch Auswanderung entziehen konnten. Nach dem Ersten Weltkrieg entstanden unter dem tiefen Eindruck des Hilfswerkes der amerikanischen und englischen Freunde neue Quäkergruppen in Deutschland. Sie schlossen sich 1925 zu einer selbständigen »Deutschen Jahresversammlung« zusammen, die mit den Jahresversammlungen anderer Länder freundschaftlich verbunden ist.

2. Lehre und gottesdienstliche Formen

Lehre. Das Quäkertum wird oft als christliche Gruppenmystik bezeichnet; es ist eine Religion ohne Dogma. Das Gotteserlebnis, die Gewißheit, von Gott getragen zu sein, ist die zentrale Erfahrung. Diese Offenbarung ist für die Quäker nicht abgeschlossen; Gott spricht auch heute zu den Menschen. Darum meinen die Freunde, daß sie es ablehnen müssen, ihren Glauben in ein festgelegtes Bekenntnis zu fassen, das für alle Mitglieder ihrer Gesellschaft bindend sei. In den traditionellen Zeugnissen der Kirchen sehen sie den Niederschlag der Erfahrungen frommer Menschen vergangener Zeiten, die für die Menschen unserer Tage nur bindend sein können, soweit die dahinterstehenden Erfahrungen auch zu ihren eigenen werden. Um ihre innere Erfahrung auszudrücken, sprechen die Freunde vom »Inneren Licht« (Johannes 1,9) oder – besonders in früheren Zeiten – von dem »Christus in uns«, d. h. dem göttlichen Geist, der sich am stärksten und reinsten in Jesus offenbarte. Für die Quäker lebt in jedem Menschen »etwas von Gott« (George Fox), das zum Wachsen gebracht werden kann, mag es auch ganz unentwickelt oder verschüttet sein.

Gottesdienstliche Formen. In dem Gottesdienst der Freunde kommt der mystische Charakter der Bewegung zum Ausdruck. Die Gemeinde sucht im Schweigen der »Stillen Andacht«, in dem Losgelöstsein von der Unruhe des Alltags, gemeinsam die innere Verbindung mit Gott, ohne allen festgelegten Kult. Diese Form des Gottesdienstes entspricht dem Glauben, daß Gott sich in jedem, der ihn sucht, unmittelbar offenbaren und daß in der stillen Versenkung der versammelten Gemeinde Gottes Stimme besonders deutlich vernehmbar sein kann. Wenn ein Gedanke oder ein Gebet oder die Erfahrung eines Bibelwortes einem Freund aus dem Schweigen zuwächst und zum Ausdruck drängt, spricht er in der Andacht. Da diese innere Verbindung mit Gott jedem Menschen geschenkt werden kann, kennt die Quäkergemeinde keine Pastoren oder Priester; vielmehr hat jedes Mitglied die Verantwortung für die Andacht und das ganze Leben der Gemeinde mitzutragen. In dem schlichten Rahmen der gemeinsamen stillen Andacht sprechen Brautleute ihr Treuegelöbnis, empfehlen Eltern ihr Neugeborenes der Obhut der Gemeinde und wird der Verstorbenen gedacht.

Lebensgestaltung. Das Quäkertum hat keine Sakramente im Sinne der Kirchen. Das ganze Leben sollte aus der Verbindung mit Gott geführt werden und ein Sakrament sein. Den Willen Gottes für ihr eigenes Leben glauben die Freunde aus dem Geist erkennen zu können, der Jesu Tun und Worte erfüllte. Glaube ist für die Freunde nur dann lebendig, wenn er seine Kraft im Handeln erweist. Eine alte Quäkerinschrift lautet: »Laßt Euer Leben sprechen!« Für die Quäker ist kein Gebiet des Lebens gottfern, auch nicht das politische und öffentliche; sie wollen ihre Aufgabe in der realen Welt erfüllen, in Klarheit und Nüchternheit. So lehnen sie alle Gewaltanwendung ab, jeder Krieg ist für sie unvereinbar mit dem göttlichen Gebot der Liebe. Sie verweigern den Kriegsdienst aus Gewissensgründen und versuchen, zwischen den Menschen und Völkern zum Frieden zu wirken. Von jeher haben sie auch den Eid verweigert (Matthäus 5,34–37). Sehr oft gehörten sie zu den ersten, die an die Lösung neuer sozialer Aufgaben herangingen, wie z. B. Sklavenbefreiung, Gefängnisreform, Gleichstellung der Frau, Gleichberechtigung der Rassen, internationale Aufbauarbeit in Kriegs- und Nachkriegszeiten, Hilfe für die aus Unduldsamkeit Verfolgten. Aus der Urkunde anläßlich der Verleihung des Friedens-Nobelpreises am 10. 12. 1947 an die beiden Hilfskomitees der britischen und amerikanischen Freunde geht hervor, daß für die Quäker religiöser Glaube und soziales Handeln untrennbar sind und aus der gleichen Grundhaltung erwachsen: »Die stille Hilfe der Namenlosen an die Namenlosen ist der Quäkerbeitrag zu dem Wachsen der Brüderlichkeit zwischen den Völkern ... sie haben jene Kraft sichtbar gemacht, die auf dem Glauben an den Sieg des Geistes über die Gewalt gegründet ist«.

3. Rechtsform und Organisation

Die oberste Instanz der Religiösen Gesellschaft der Freunde in einem Land ist die Gesamtheit aller Mitglieder, die auf der Jahresversammlung zusammenkommen und über wichtige Fragen des Lebens der Gemeinschaft Beschlüsse fassen.
Nach dem Inkrafttreten der neuen Verfassung der Deutschen Demokratischen Republik mußten die dort und in Ostberlin lebenden Freunde aus der gesamtdeutschen Jahresversammlung ausscheiden. So bestehen seit 1968 zwei deutsche, voneinander unabhängige Jahresversammlungen der Religiösen Gesellschaft der Freunde (Quäker): die Jahresversammlung Bad Pyrmont, zu der die westdeutschen und westberliner Freunde gehören, und die Jahresversammlung der DDR. Mit dieser Trennung endete auch die Tätigkeit des *gesamtdeutschen* Quäkerbüros in Berlin 108, Planckstr. 20, unter der Leitung eines hauptamtlichen Geschäftsführers. Dieses Büro war seit 1925 Sitz des Internationalen Sekretariats der Freunde gewesen und beim Ausbruch des 2. Weltkrieges, als die britischen und amerikanischen Quäkervertreter ausschieden, von der damaligen Deutschen Jahresversammlung übernommen worden. Zwei dieser Räume sind heute noch Andachtsstätte der Berliner Quäkergruppe in Ostberlin und Büro der Jahresversammlung der DDR; das Zentrum der Religiösen Gesellschaft der Freunde in der Bundesrepublik ist das Quäkerhaus in Bad Pyrmont. Dies ist das einzige Versammlungshaus der Quäker auf deutschem Boden, errichtet 1800. Es wurde 1932 aus den Resten des alten Andachtshauses der ausgestorbenen früheren Gemeinde im gleichen Stil wieder aufgebaut.
In der Jahresversammlung haben alle Mitglieder gleiche Rechte und Pflichten. Ein oder zwei auf drei Jahre gewählte ehrenamtliche Schreiber sind Vorsitzende der Mitgliederversammlung und des Arbeitsausschusses, der mit den Schreibern die Geschäfte führt. Die Vermögensverwaltung untersteht einem Treuhänderverein (E. V.). Die örtlichen Gruppen und einzelne in ihrer Nähe lebende Freunde sind zu Bezirksversammlungen zusammengeschlossen, die mehrmals im Jahr tagen. Die Jahresversammlung Bad Pyrmont hat z. Zt. sechs Bezirksversammlungen, die durch ihre Bezirksschreiber im Arbeitsausschuß vertreten sind.
In allen Quäkerversammlungen werden die Beschlüsse durch Übereinstimmung aller Mitglieder gefaßt und als »Ausdruck der Versammlung« formuliert und niedergeschrieben, ohne daß zuvor eine

Abstimmung stattfindet. Kommt keine Übereinstimmung zustande, so wird eine Zeit des Schweigens eingelegt, die oft zur Klärung und Einigung führt. Wird diese Einigung nicht erreicht, wenn also Freunde, die eine andere Meinung vertreten, ihre Bedenken aufrecht erhalten, so wird die Beschlußfassung vertagt. Diese Methode der Geschäftsführung, bei der auch die Auffassung der Minderheit berücksichtigt wird, hat sich in jahrhundertelanger Erfahrung praktisch bewährt.

Dem engeren Mitgliederkreis steht ein großer Kreis von Freunden des Quäkertums (Freunde der Freunde) nahe, der lose zusammengefaßt ist und intensiv am Leben der Gemeinschaft teilhaben kann.

Die Gesamtzahl der Mitglieder der Quäker in der Welt beträgt ca. 200000. Davon leben 122500 in USA, 1000 in Kanada, 21700 in England, 1900 in Irland und etwa 1000 auf dem europäischen Kontinent. Von den kontinentalen Jahresversammlungen ist die deutsche in Bad Pyrmont mit 400 Mitgliedern heute die größte. Die Zahl der Mitglieder in Asien beträgt 2300, in Australien und Neuseeland 1700, in Mittelamerika 14100. Von besonderem Interesse ist die Entwicklung des Quäkertums in Afrika, wo es mehr als 38000 Quäker gibt; davon leben 30400 Mitglieder in Kenia. In diesen Gruppen – ebenso wie in denen einzelner Gegenden in USA – sind Organisationsformen entstanden, die vom traditionellen Quäkertum abweichen. So findet man dort etwa ein festgelegtes Programm des Gottesdienstes, bezahlte Pastoren und Gemeindegesang.

Das »Beratende Weltkomitee« umfaßt lose alle Jahresversammlungen in der Welt und hat sein Büro z. Zt. in Woodbrooke bei Birmingham/England; dort befindet sich auch die internationale Quäkerhochschule der britischen Quäker.

Die Hilfstätigkeit der Quäker unter dem schwarz-roten »Quäkerstern« wurde in Europa nach dem Ersten Weltkrieg vor allem durch das Hilfskomitee der britischen Freunde (Friends Service Council) und das der amerikanischen Quäker (American Friends Service Committee) bekannt.

4. Literatur

Albrecht, Hans: Was ist uns Quäkertum? 1938.

Brinton, Howard H.: Quäkertum und andere Religionen.

Comfort, William W.: Unter Freunden. Die Lebensweise der Quäker, 1941.

Fox, George: Tagebuch des Begründers des Quäkertums (1624–1691).
Fry, A. Ruth: Die Weise der Quäker, 1933.
Heath, Carl: Das Ebenbild des unsichtbaren Gottes, 1948.
Jones, Rufus M.: Was ist geistige Religion?
–, Vom Sinn und Endzweck des Lebens, 1924.
Otto, Heinrich: Werden und Wesen des Quäkertums und seine Entwicklung in Deutschland, 1973.
Scott, Richenda: Die Quäker, in Die Kirchen der Welt, Band 14, Evang. Verlagswerk Stuttgart, 1974.
Sieveking, Evakatrin: Die Quäker und ihre sozialpolitische Wirksamkeit, 1948.
Steere, Douglas: Gegenseitige Erleuchtung (Ein Quäkerstandpunkt zur Ökumene), Vorlesung 1960.
Withney, Janet: Elizabeth Fry, 1939.
Woolman, John: Aufzeichnungen aus der Zeit der Sklavenbefreiung. Eingeleitet von Alfons Paquet, 1923.
DER QUÄKER, Monatszeitschrift (erscheint seit 1925).
RELIGION OHNE DOGMA, Broschüre, 3. Aufl. 1973.

Alle obengenannten Schriften sind zu beziehen oder zu entleihen beim Quäkerhaus, Bismarckstr. 35, 3280 Bad Pyrmont.

Olga Halle

Die Römisch-Katholische Kirche

1. Sendung und Selbstverständnis

Auf dem Weg durch die 2000jährige Geschichte hat die Römisch-Katholische Kirche immer Christus, den gekreuzigten und auferstandenen Herrn, verkündet. Um seinen Auftrag, das Evangelium für die Menschen zu ihrem Heil aufzuschließen, nach den gewandelten Aufgaben der Zeit wirksamer zu erfüllen, hat sich die Kirche als stets reformbedürftig verstanden. Römisch-katholisch heißt die Kirche deshalb, weil die Weltstadt am Tiber als Bischofssitz des Nachfolgers Petri gilt und die Kirche Jesu Christi für den ganzen Erdkreis bestimmt ist.

Das Zweite Vatikanische Konzil (1962–1965) hat nach dem Willen von Papst Johannes XXIII. und seines Nachfolgers Paul VI. wichtige Impulse für die Erneuerung und Selbstbesinnung der Kirche gegeben. In der »Dogmatischen Konstitution über die Kirche« (KK) wird die wiederentdeckte biblische Dimension der Kirche als pilgerndes Gottesvolk folgendermaßen beschrieben:

»Wie aber schon das Israel dem Fleische nach auf seiner Wüstenwanderung Kirche Gottes genannt wird, so wird auch das neue Israel, das auf der Suche nach der kommenden und bleibenden Stadt in der gegenwärtigen Weltzeit einherzieht, Kirche Christi genannt. Er selbst hat sie ja mit seinem Blut erworben, mit seinem Geist erfüllt und mit geeigneten Mitteln sichtbarer und gesellschaftlicher Einheit ausgerüstet. Gott hat die Versammlung derer, die zu Christus als dem Urheber des Heils und dem Ursprung der Einheit und des Friedens glaubend aufschauen, als seine Kirche zusammengerufen und gestiftet, damit sie allen und jedem das sichtbare Sakrament dieser heilbringenden Einheit sei. Bestimmt zur Verbreitung über alle Länder, tritt sie in die menschliche Geschichte ein und übersteigt doch zugleich Zeiten und Grenzen der Völker. Auf ihrem Weg durch Prüfungen und Trübsal wird die Kirche durch die Kraft der ihr vom Herrn verheißenen Gnade Gottes gestärkt, damit sie in der Schwachheit des Fleisches nicht abfalle von der vollkommenen Treue, sondern die würdige Braut ihres Herrn verbleibe und unter der Wirksamkeit des Heiligen Geistes nicht aufhöre, sich selbst zu erneuern, bis sie durch das Kreuz zum Lichte gelangt, das keinen Untergang kennt« (KK 2,9).

2. Grundlagen des Glaubens

Mitte christlichen Glaubens ist Jesus Christus der Herr, in dem sich Gott geoffenbart hat. In der »Dogmatischen Konstitution über die göttliche Offenbarung« (KO) heißt es von dem menschgewordenen Sohn Gottes:

»Wer ihn sieht, sieht auch den Vater. Er ist es, der durch sein ganzes Dasein und seine ganze Erscheinung, durch Worte und Werke, durch Zeichen und Wunder, vor allem aber durch seinen Tod und seine herrliche Auferstehung von den Toten, schließlich durch die Sendung des Geistes der Wahrheit die Offenbarung erfüllt und abschließt und durch göttliches Zeugnis bekräftigt, daß Gott mit uns ist, um uns aus der Finsternis von Sünde und Tod zu befreien und zu ewigem Leben zu erwecken« (KO 1,4).

Um diese Selbstmitteilung Gottes durch die Zeiten zu bewahren, die als Botschaft des Heiles unter Beistand des Heiligen Geistes (Inspiration) niedergeschrieben worden ist, hat die heilige Überlieferung einen besonderen Rang. Die erwähnte Konstitution sagt darüber:

»Damit das Evangelium in der Kirche für immer unversehrt und lebendig bewahrt werde, haben die Apostel Bischöfe als deren Nachfolger zurückgelassen und ihnen ihr eigenes Lehramt überliefert. Diese heilige Überlieferung und die Heilige Schrift beider Testamente sind gleichsam ein Spiegel, in dem die Kirche Gott, von dem sie alles empfängt, auf ihrer irdischen Pilgerschaft anschaut, bis sie hingeführt wird, ihn von Angesicht zu Angesicht zu sehen, so wie er ist« (KO 2, 7).

Die Kirche als das pilgernde Gottesvolk hat von Jesus Christus den Auftrag, sowohl sein Wort unverfälscht weiterzusagen als auch in den sieben Sakramenten sein ewiges Leben weiterzutragen. In der Taufe zur Kindschaft Gottes wiedergeboren[35], in der Firmung zum Zeugnis in der Welt durch den Heiligen Geist ausgerüstet, erfährt der katholische Christ durch Teilnahme an der Eucharistiefeier (Abendmahl), in der Heiligen Messe, und im Empfang des »Brotes des Lebens« Quelle und Höhepunkt des ganzen christlichen Lebens. Das Sakrament der Buße gewährt die Versöhnung mit Gott. In der Krankensalbung wird dem Schwerkranken die heilende und stärkende Nähe Christi geschenkt. Das Sakrament der Priesterweihe ist Befähigung zum beson-

35. Die Römisch-Katholische Kirche erkennt auch die in anderen Kirchen gespendete Taufe an, sofern sie in Intention und Form der im Neuen Testament grundgelegten jahrtausendealten Überlieferung der Christenheit entspricht.

deren Dienst in der Kirche als »Verwalter der Geheimnisse Gottes«, während im Sakrament der Ehe Mann und Frau am Geheimnis der Liebe Christi zu seiner Kirche teilnehmen.
Jesus, die leibhaftige Offenbarung der Liebe des Vaters, hat Männer zu seinem besonderen Dienst berufen. Unter den Aposteln hat er Simon Petrus zum »Fels« erwählt und auf ihm seine Kirche erbaut. Als Bischof von Rom ist jeder Nachfolger des heiligen Petrus oberster Hirte der Kirche und Haupt des Bischofskollegiums. Der Papst repräsentiert und verbürgt die Einheit des Gottesvolkes. Der Heilige Geist bewahrt ihn und ein von ihm berufenes und bestätigtes Konzil (d. h. eine allgemeine Kirchenversammlung aller Bischöfe der Weltkirche) in seinen Lehrentscheidungen vor Irrtum, wenn er in voller Ausübung seines Amtes in Fragen des Glaubens und der kirchlichen Lehre eine endgültige Entscheidung fällt. Diese Lehre von der Unfehlbarkeit des Papstes wurde auf dem Ersten Vatikanischen Konzil 1870 verkündet und ist nur von einer kleinen Minorität von Theologen abgelehnt worden (vgl. Altkatholische Kirche). Der Bischof von Rom und die mit ihm verbundenen Bischöfe stehen in ununterbrochener Nachfolge des Apostelkollegiums der Urkirche (Apostolische Sukzession)[36], sie sind die Vorsteher der Kirche. Sie üben das ordentliche Lehramt aus gemäß der Weisung Christi: »Wer euch hört, hört mich; wer euch verwirft, verwirft mich; wer aber mich verwirft, der verwirft den, der mich gesandt hat« (Lukas 10,16). Die neugeschaffene Bischofssynode, in der die Bischofskonferenzen aller Länder vertreten sind, tritt in bestimmten Abständen zusammen und berät den Papst in Fragen der Leitung der Gesamtkirche.
Das Zweite Vatikanische Konzil betont nach wie vor – freilich nicht mehr mit der alten, oft mißverstandenen Formel von der »alleinseligmachenden Kirche« – den Anspruch der Katholischen Kirche, das echte, von Christus gestiftete »Sakrament« zu sein, »Zeichen und Werkzeug für die innigste Vereinigung mit Gott wie für die Einheit der ganzen Menschheit« (KK 1,1). Es erklärt ausdrücklich:

»Diese Kirche, in dieser Welt als Gesellschaft verfaßt und geordnet, ist verwirklicht in der Katholischen Kirche, die vom Nachfolger Petri und von den Bischöfen in Gemeinschaft mit ihm geleitet wird. Das schließt nicht aus, daß außerhalb ihres Gefüges vielfältige Elemente der Heiligung und der Wahrheit

36. Die apostolische Nachfolge im bischöflichen Amt wird als wesentliche Voraussetzung gewertet für die Anerkennung von Amt und Abendmahl anderer kirchlicher Gemeinschaften.

zu finden sind, die als der Kirche Christi eigene Gaben auf die katholische Einheit hindrängen« (KK 1, 8).

In der Volksfrömmigkeit hat die Marienverehrung nicht selten ein verzerrtes Bild von der Kirche gegeben, besonders in romanischen und lateinamerikanischen Ländern. Das letzte Konzil hat daher die Stellung Mariens als Mutter des Herrn nicht ohne Grund in der Konstitution über die Kirche erneut unterstrichen:

»In ihrer mütterlichen Liebe trägt sie Sorge für die Brüder ihres Sohnes, die noch auf der Pilgerschaft sind und in Gefahren und Bedrängnissen weilen, bis sie zur seligen Heimat gelangen. Deshalb wird die selige Jungfrau in der Kirche unter dem Titel der Fürsprecherin, der Helferin, des Beistandes und der Mittlerin angerufen. Das aber ist so zu verstehen, daß es der Würde und der Wirksamkeit Christi, des einzigen Mittlers, nichts abträgt und nichts hinzufügt« (KK 7,62).

Alle Glieder des Gottesvolkes sind berufen, die christliche Sendung in Kirche und Welt mitzutragen. Männer und Frauen, die sich durch die Gelübde von Armut, Keuschheit und Gehorsam zur radikalen Nachfolge Christi in klösterlichen Ordensgemeinschaften verpflichten, deuten durch ihr Leben nach diesen »evangelischen Räten«[37] zeichenhaft auf die kommende Herrlichkeit hin, zu der jeder Getaufte berufen ist. Den Laien ist durch Taufe und Firmung der Weltdienst in besonderer Weise übertragen:

»Die Laien sind besonders dazu berufen, die Kirche an jenen Stellen und in den Verhältnissen anwesend und wirksam zu machen, wo die Kirche nur durch sie das Salz der Erde werden kann« (KK 4,33).

Das ganze Gottesvolk, also jene, die durch das Weihesakrament am Priestertum Christi besonders teilhaben, und jene, die durch das Taufsakrament auf Christus verpflichtet sind, trägt Mitverantwortung für die Ausbreitung des Evangeliums »bis an die Grenzen der Erde«. Die pilgernde Kirche ist daher ihrem Wesen nach missionarisch. Horizont dieses Auftrages ist die Wiederkunft des Herrn am Jüngsten Tage. Die Bischöfliche Aktion »Missio« unterstützt in der Bundesrepublik Deutschland zentral alle Bemühungen zur Ausbreitung des Evangeliums. Daneben helfen das Werk »Misereor« den Hungernden und Kranken in den Entwicklungsländern und das Werk »Adveniat« der Seelsorge in Lateinamerika.

37. Gemeint sind Ratschläge des Evangeliums: Armut (Mark. 10,17–22); Keuschheit (Matth. 19,12); Gehorsam (Matth. 23,12).

Zugleich steht die Römisch-Katholische Kirche, die auf ihrem geschichtlichen Weg immer wieder von Spaltungen verwundet worden ist, unter dem verpflichtenden Vermächtnis Jesu: »... daß alle eins seien« (Johannes 17, 21). Das letzte Konzil hat ein eigenes Dekret über den Ökumenismus beschlossen (DÖ). Bereits Papst Leo XIII. (1878–1903) hatte sich am Ende des vergangenen Jahrhunderts verstärkt um die Wiedervereinigung der getrennten Christen bemüht, besonders mit den durch die Morgenländische Kirchenspaltung (1054) getrennten Ostkirchen. Aber die Einheit der Christen ist nicht menschlich machbar, sondern ist und bleibt vorrangig Werk Gottes, für das sich die Christen innerlich öffnen müssen. Das Ökumenismus-Dekret des letzten Konzils betont daher auch:

»Es gibt keinen echten Ökumenismus ohne innere Bekehrung. Denn aus dem Neuwerden des Geistes, aus der Selbstverleugnung und aus dem freien Strömen der Liebe erwächst und reift das Verlangen nach Einheit« (DÖ 2,7).

In diesem Zusammenhang wird auch der katholische Begriff von Ökumenismus umschrieben:

»Unter der ökumenischen Bewegung versteht man Tätigkeiten und Unternehmungen, die je nach den verschiedenartigen Bedürfnissen der Kirche und nach Möglichkeit der Zeitverhältnisse zur Förderung der Einheit der Christen ins Leben gerufen und auf dieses Ziel ausgerichtet sind. Dazu gehört: Zunächst alles Bemühen zur Ausmerzung aller Worte, Urteile und Taten, die der Lage der getrennten Brüder nach Gerechtigkeit und Wahrheit nicht entsprechen und dadurch die gegenseitigen Beziehungen mit ihnen erschweren; ferner der Dialog, der bei Zusammenkünften der Christen aus verschiedenen Kirchen oder Gemeinschaften, die vom Geist der Frömmigkeit bestimmt sind, von wohlunterrichteten Sachverständigen geführt wird, wobei ein jeder die Lehre seiner Gemeinschaft tiefer und genauer erklärt, so daß das Charakteristische daran deutlich hervortritt« (DÖ 1,4).

Das vatikanische Sekretariat für die Einheit der Christen koordiniert die geduldigen Schritte für eine Wiedervereinigung aller getrennten Christen auf eine Stunde hin, die der Geist Gottes bestimmt.

3. Die katholische Kirche in der Bundesrepublik Deutschland und der DDR

Die heutige Gliederung der kirchlichen Verwaltung in beiden Teilen Deutschlands (Stand 1. 1. 78) geht zurück auf die Entwicklung nach dem Ersten und Zweiten Weltkrieg. Nach dem Bonner Grundgesetz (Art. 123,1), bestätigt durch das Bundesverfassungsgericht 1957, haben die Konkordate[38] zwischen dem Vatikan und den einzelnen Ländern auch heute Gültigkeit, einschließlich des Reichskonkordates von 1933. Die DDR dagegen erkennt die Rechtsgültigkeit von Konkordaten aus der Vergangenheit nicht an.

In der Bundesrepublik Deutschland existieren folgende Kirchenprovinzen:

das Erzbistum Paderborn mit den Bistümern Fulda und Hildesheim;

das Erzbistum Köln mit den Bistümern Aachen, Limburg, Münster, Osnabrück und Trier;

das Erzbistum Freiburg mit den Bistümern Mainz und Rottenburg;

das Erzbistum Bamberg mit den Bistümern Speyer, Eichstätt und Würzburg;

das Erzbistum München-Freising mit den Bistümern Augsburg, Passau und Regensburg.

In der Bundesrepublik bekennen sich etwa 29 Millionen Einwohner zur Katholischen Kirche, repräsentiert durch die Deutsche Bischofskonferenz, zu der auch der Berliner Bischof gehört.

Die Berliner Bischofskonferenz, in der unter Vorsitz des Berliner Bischofs, Alfred Kardinal Bengsch, alle Bischöfe und Apostolischen Administratoren der DDR zusammengeschlossen sind, vertritt folgende Gebiete:

das Bistum Berlin; es ist seit der kirchlichen Neuregelung der Gebiete jenseits von Oder und Neiße dem Vatikan unmittelbar unterstellt;

das Bistum Meißen, seit der Wiedergründung 1921 ebenfalls unmittelbar dem Papst unterstellt;

die Apostolische Administratur Görlitz, ein Gebiet, das früher zum Erzbistum Breslau gehört hat;

der bischöfliche Bezirk Schwerin unter Leitung eines Apostolischen Administrators, also eines Bischofs, der unmittelbar dem Papst unterstellt ist;

der bischöfliche Bezirk Magdeburg unter Leitung eines Apostolischen Administrators;

der bischöfliche Bezirk Erfurt, zu dem seit 1973 auch das Gebiet von Meiningen gehört, ebenfalls geleitet von einem Apostolischen Administrator.

38. Völkerrechtliche Verträge zwischen dem Heiligen Stuhl und einem Staat oder Land über Fragen des kirchlichen und kirchenpolitischen Lebens.

In der DDR und Ostberlin leben rund 1,3 Millionen Katholiken. Etwa 1400 Priester sind in diesem Gebiet tätig, unterstützt von rund 700 verheirateten Männern, die in der Sendung ihres Bischofs auf Außenstationen in der Diaspora sonntägliche Wortgottesdienste mit Predigt und Austeilung der Eucharistie halten.

4. Das Bistum Berlin

Das Bistum Berlin umfaßt nicht nur die beiden Teile der ehemaligen Reichshauptstadt, sondern reicht heute von Rügen an der Ostsee bis Jüterbog, von Frankfurt/Oder bis Lenzen an der Elbe. 1773 wurde die St. Hedwig-Kirche feierlich eingeweiht, heute Mutter- und Bischofskirche des Berliner Bistums. 1821 entstand der »Fürstbischöfliche Delegaturbezirk Berlin«, der dem Breslauer Fürstbischof unterstellt war. Im Konkordat zwischen Preußen und dem Heiligen Stuhl wurde 1929 die Gründung des Bistums Berlin vereinbart. Die Auseinandersetzung mit dem totalitären NS-Regime und die Konflikte der Nachkriegszeit hatte Bischof Konrad Graf v. Preysing (1935–1950) an der Spitze des Berliner Bistums zu bestehen. Die Vertreibung nach 1945 veränderte, fast lawinenartig, die konfessionelle Schichtung in Brandenburg und Mecklenburg, so daß zahlreiche neue Gemeindestationen gegründet werden mußten. Kardinal v. Preysing versuchte, großenteils mit ausländischer Hilfe, der neuen pastoralen Situation gerecht zu werden.

Sein Nachfolger, Bischof Wilhelm Weskamm (1951–1956), war ein Mann der praktischen Seelsorge, dessen große Stunde der 75. Deutsche Katholikentag im Olympiastadion war. Dort verkündete er den mehr als 100000 Diaspora-Katholiken aus Ost und West die Botschaft »Gott lebt«.

Von 1957 bis 1961 stand Bischof Julius Kardinal Döpfner an der Spitze des Bistums. Da Kardinal Döpfner seit 1958 am Betreten des in der DDR gelegenen Berliner Bistums gehindert wurde, ernannte der Papst 1959 den damals 38jährigen Dr. Alfred Bengsch zum Weihbischof mit Sitz in Ostberlin. Durch den Bau der Mauer am 13. August 1961 ist auch das Bistum Berlin schmerzlich getroffen worden. Zum Nachfolger des nach München berufenen Kardinals Döpfner ernannte der Papst am 16. August 1961 Dr. Alfred Bengsch. Die Behörden in Ostberlin gestatten dem Berliner Bischof, der 1967 zum Kardinal erhoben wurde, monatlich an mehreren Tagen sein Hirtenamt auch in

Westberlin auszuüben. Hier leben 279 000 Katholiken in 86 Pfarreien und Seelsorgestellen. Besonders gewachsen ist in den letzten Jahren die Zahl der ausländischen Katholiken. Den rund 20 000 kroatischen Gläubigen ist die St. Clemens-Kirche als Gotteshaus mit eigenem Gemeindezentrum übergeben worden.
Über 200 Priester und Ordensgeistliche arbeiten in der ordentlichen und außerordentlichen Seelsorge in Westberlin. Auf dem Gebiet der Caritas[39] sind zahlreiche Schwesternorden tätig. Sie betreuen die 11 katholischen Krankenhäuser. Darüber hinaus stehen 39 Häuser mit 1751 Plätzen für hilfsbedürftige alte Menschen zur Verfügung, außerdem 57 Kindertagesstätten mit 3110 Plätzen. Das nach dem Zweiten Weltkrieg wieder aufgebaute Netz freier katholischer Schulen stellt ein pädagogisches Angebot auf christlicher Grundlage dar: Zehn Grundschulen, sieben Oberschulen und zwei Sonderschulen. Das Audio-Visuelle Zentrum in Charlottenburg unterstützt mit verschiedenen Hilfsmitteln Verkündigung und Information in Gemeinden, Schulen und katholischen Gruppen.
Das am 2. Juli 1970 unterzeichnete Protokoll zwischen der Katholischen Kirche und dem Senat von Berlin über die Regelung gemeinsam interessierender Fragen hat auch die Kontroverse um die städtischen Zuschüsse für die katholischen Schulen durch einen Kompromiß bereinigt.
Im Ostteil des Berliner Bistums sind rund 200 Priester in 161 Pfarreien und Seelsorgestellen tätig. Die Gesamtzahl der Gläubigen wird auf 194 000 geschätzt, davon rund 74 000 in Ostberlin.

5. Literatur

Allgemeine Nachschlagwerke

Lexikon für Theologie und Kirche (10 Bde.) und Dokumente und Kommentare über das Zweite Vatikanische Konzil (3 Bde.), Herder Verlag 1958–1968.
Bibel-Lexikon, hg. von Herbert Haag, Benziger-Verlag, 1968.
Wörterbuch zur biblischen Botschaft, hg. von X. Léon-Dufour, Herder Verlag 1967.
Handbuch der Kirchengeschichte, hg. von Hubert Jedin (6 Bde.) Herder Verlag 1965–1974.

39. Die umfangreiche Tätigkeit des Caritas-Verbandes kann in diesem Zusammenhang nicht dargestellt werden.

Schmaus, Michael: Der Glaube der Kirche (2 Bde.), München: Max Hueber-Verlag 1970.
Häring, Bernhard: Das Gesetz Christi, Freiburg: Erich-Wewel-Verlag 1966.

Einzeldarstellungen
Geistliche Schriftlesung des Neuen Testamentes (23 Bde.), Patmos-Verlag 1962–1971.
Ratzinger, Joseph: Einführung in das Christentum, Kösel-Verlag 1970.
Rahner, Karl: Schriften zur Theologie (12 Bde.), Benziger-Verlag 1967–1972.
de Lubac, Henri: Krise zum Heil? Morus-Verlag 1970.
Siebel, Wigand: Freiheit und Herrschaftsstruktur in der Kirche, Morus-Verlag 1971.
Morsey, Rudolf (Hg.): Zeitgeschichte in Lebensbildern: Aus dem deutschen Katholizismus des 20. Jahrhunderts, Grünewald-Verlag 1972.
Glauben – leben – handeln. Arbeitsbuch zur Glaubensunterweisung, hg. von den deutschen Bischöfen, Herder Verlag 1972.
Bengsch, Alfred (Kardinal): Weder Gegenwärtiges noch Zukünftiges, Morus-Verlag 1972.
Urs von Balthasar, Hans: Klarstellungen, Herder Verlag 1972 (Taschenbuchreihe).

Zeitschriften
Informationsdienst des katholischen Arbeitskreises für zeitgeschichtliche Fragen (monatlich mit besonderer Berücksichtigung der Situation der Kirchen in der DDR).
Herderkorrespondenz, Freiburg: Herder.
Stimmen der Zeit, Freiburg: Herder.
Catholica, Münster: Aschendorff.
Bibel und Kirche, Stuttgart: Kath. Bibelwerk.

Msgr. Wolfgang Knauft, Ordinariatsrat

Die Selbständige Evangelisch-Lutherische Kirche

1. Geschichte

Als im 16. Jahrhundert die abendländische Kirche von der Reformation erfaßt wird, zerbricht ihre sichtbare Einheit. Es entstehen auf ihrem Boden verschiedene Konfessionskirchen. Der Teil der Christenheit, der sich der Reformation Martin Luthers anschließt, will der Wahrheit gehorsam sein, wie sie die Bibel zu verkündigen und zu glauben aufgibt. Er findet sich zwei Glaubenshaltungen gegenüber gestellt: Sowohl Rom als auch einem Protestantismus verschiedener Prägung. Dabei versteht er sich selbst als Fortsetzung der alten und mittelalterlichen Kirche in der Einheit mit der rechtgläubigen Christenheit aller Zeiten und Völker.

Vor diesem Ausgangspunkt muß man auch die Selbständige Evangelisch-Lutherische Kirche sehen (im folgenden SELK). Sie ist ein Kirchenverband, der aus drei ursprünglich selbständigen lutherischen Kirchen zusammengewachsen ist: Der Ev.-luth. (altluth.) Kirche, der Ev.-luth. Freikirche und der Selbständigen Ev.-luth. Kirche. Diese drei Kirchen sind ihrerseits entweder Reste der einstmals bedeutenden lutherischen Kirche auf preußischem Territorium oder Ergebnis von Gemeindebildungen, die sich im Gegensatz zu Rationalismus und Liberalismus in den evangelischen Landeskirchen Deutschlands im 19. Jahrhundert entwickelt hatten. Das ist etwas verwirrend; deswegen legen wir kurz die Wurzeln der Selbständigen Evangelisch-Lutherischen Kirche im 19. Jahrhundert frei.

1817 schließt Friedrich Wilhelm III. von Preußen die lutherische und die reformierte Kirche seines Staates zu einer Union zusammen. Damals schon gibt es Widerstände dagegen in Kreisen, die das Erbe der bekenntnisgebundenen lutherischen Rechtgläubigkeit hochhalten. Diese Widerstände verfestigen sich und führen zur Gründung einer selbständigen »Evangelisch-Lutherischen Kirche in Preußen«, als die Preußische Regierung 1830 die protestantische Kirchenunion durch einen Hoheitsakt gewaltsam durchsetzt. Die erste unionsfreie lutheri-

sche Gemeinde entsteht in Breslau, bald folgt eine Reihe weiterer Gemeinden in Schlesien, Pommern und anderen preußischen Provinzen. Ihre Pfarrer und Laien werden von den Behörden drangsaliert. Die preußische Regierung versucht jahrelang, mit Ausweisungsbefehlen, Verhaftungen und Vertreibungen den Widerstand der Lutheraner zu brechen. 1845 erlangen sie erst die staatliche Duldung, dürfen sich aber nicht offiziell als Kirche bezeichnen. 1930 werden sie endlich vom Staat als Körperschaft des öffentlichen Rechts anerkannt. Seit 1955 hat sich der auf diese Weise entstandene Kirchenverband Ev.-luth. (altluth.) Kirche genannt.
Die zweite Kirche, die in der SELK aufgegangen ist, die Evangelisch-Lutherische Freikirche, hat ihre Ursprünge in Nassau und in Sachsen. In Nassau verselbständigen sich ebenfalls im Widerstreit gegen die zu Anfang des 19. Jahrhunderts vollzogene Union der evangelischen Kirchen die lutherischen Gemeinden. Im Königreich Sachsen wenden sich in den siebziger Jahren bekenntnisgebundene Lutheraner gegen die herrschende rationalistische Theologie der Landeskirche und gegen die Zulassung unierter Christen zu den Altären. So entsteht 1876 die »Synode der Evangelisch-Lutherischen Kirche in Sachsen«, die sich mit den vorgenannten Gemeinden ihres Bekenntnisses in Nassau, in Niedersachsen und in Ostpreußen zusammentut.
Die dritte Wurzel der heutigen SELK schließlich liegt in den von Preußen 1866 annektierten Ländern Hannover und Kurhessen. Die Begründung für bekenntnisgebundene Gemeinden sind auch hier: Unierte Einflüsse bei den Landeskirchen und Abschwächung des lutherischen Bekenntnisses durch liberale und rationalistische Strömungen. Vor allem die renitenten Lutheraner in den ehemals kurhessischen Landen, die sich mit aller Kraft dem von der preußischen Regierung aufgezwungenen Konsistorium in Kassel widersetzen, müssen viel Unbill erleiden. Sie strafen ebenso wie die Altlutheraner in Preußen oder ihre Glaubensgenossen in Nassau die Legende Lügen, daß das Luthertum keinen Widerstand gegen die Obrigkeit kenne und unter allen Umständen lammfromm und staatsergeben verharre.

2. Die Lehre

Die SELK ist Lehr- und Dogmenkirche wie keine sonst; in dieser Beziehung macht sie keine Zugeständnisse. Sie steht auf dem Boden des Alten und des Neuen Testaments. Das Apostolische Glaubensbekenntnis wie das Nizänische und Athanasianische gelten ebenso als maßgebende Auslegung der Bibel wie die Bekenntnisse der Lutherischen Kirche: Das Augsburgische Bekenntnis, die Apologie, die Schmalkaldischen Artikel, die beiden Katechismen Luthers und die Konkordienformel. Die Pfarrer der SELK sind auf alle diese Bekenntnisse verpflichtet. Die eindeutige Bindung an die Heilige Schrift und die erwähnten Bekenntnisse hat die SELK in der Vergangenheit vor Aufweichung, Umwandlung und Reduzierung ihres Glaubensgutes bewahrt. Sollte etwa, um ein konkretes Beispiel anzuführen, einer unserer Pfarrer die leibliche Auferstehung Christi anzweifeln oder die wahrhaftige Gegenwart Christi im Altarsakrament verneinen, so würde er durch ein Lehrzuchtverfahren aus seinem Amt entlassen werden.

Die Einstellung der SELK zur modernen Theologie ist unzweideutig ablehnend. Ein Hirtenwort der Evangelisch-Lutherischen Freikirchen aus dem Jahre 1967 warnt vor der modernen Theologie, weil sie, wie es wörtlich heißt, »das Evangelium in seinem Kern verfälscht« und »etwas völlig anderes ist, als das im Bekenntnis der Kirche ausgesprochene Evangelium«. Dies gilt insbesondere für die Verkündigung einer sog. »politischen Diakonie«. So kann sich die SELK mit Fug und Recht als eine Kirche bezeichnen, die die modernistische Theologie offiziell verworfen hat.

Man kann die SELK nur richtig verstehen, wenn man ihre Abendmahlslehre kennt. Diese ist in den Bekenntnissen der lutherischen Kirche niedergelegt und bildet das wichtigste Kriterium der Unterscheidung zu anderen, auch nichtlutherischen Kirchen. Wer die Lehre von der leiblichen Gegenwart Christi im Abendmahl nicht vorbehaltlos bejaht, kann weder Glied der SELK werden noch bleiben. Dies ist auch der Grund für die hier geübte geschlossene Kommunion. Nur wer Glied einer lutherischen Kirche ist, wird zum Heiligen Abendmahl zugelassen. Die SELK ist hier zu keinem Kompromiß bereit. Sie beteiligt sich auch nicht an interkonfessionellen Gesprächen und theologischen Bestrebungen, die eine Abschwächung oder Annäherung der Abendmahlslehre an andere Auffassungen zum Ziel haben. So ist auch letztlich die grundsätzliche Ablehnung der sog. Leuenberger Konkordie zu verstehen.

Nach Auffassung der SELK gehört zum Wesen der Kirche unbedingt auch die Einheit der Lehre. Deshalb ist sie weder Mitglied der Evangelischen Kirche in Deutschland noch gehört sie dem Weltrat der Kirchen an. Denn beide Körperschaften vereinigen Kirchen und Gruppie-

rungen mit verschiedenen Lehren zum Zweck der Kirchenunion. Das programmatische Motto der Ökumene, »... daß sie alle eins seien« (Johannes 17,21), hat nach unserem Verständnis einen andern Sinn als den organisatorischen Zusammenschluß einer Vielzahl von Kirchen mit unterschiedlichen Bekenntnissen. Rege Verbindungen bestehen jedoch mit der Vereinigung selbständiger evangelisch-lutherischer Kirchen in der DDR, einer Reihe lutherischer Kirchen im Ausland und auch mit den Kreisen, die im eigenen Land dem Weg der evangelischen Kirchen unter dem Vorzeichen der Leuenberger Konkordie kritisch oder sogar ablehnend gegenüberstehen.
Ihren Ausdruck findet die Lehre der SELK in ihren Gottesdiensten. Käme etwa ein römischer Katholik in einen ihrer Gottesdienste, würde er staunen, wie viele ihm bekannte Elemente sich hier noch erhalten haben. Man kniet vor dem Altar und verneigt sich vor dem Kruzifix; die Gemeinde wird mit dem Kreuz gesegnet. Mit Talar und Bäffchen wird von den Geistlichen in verstärktem Maße Chorhemd und Stola als liturgische Gewandung getragen. In ihren Kirchen steht die symbolgeschmückte Osterkerze, die Taufkerze ist in Gebrauch; man kennt das Niederknien der Gläubigen bei Sündenbekenntnis, Absolution und Abendmahlsempfang sowie das Vorzeigen der Hostie und des Kelches nach der Einsetzung und bei der Austeilung; viele Gemeindeglieder segnen sich mit dem Kreuz. All das hat sich mit Vorsatz in der SELK erhalten. Das Luthertum, jeder Bilderstürmerei von jeher abhold, hat immer das Symbol hochgeschätzt und weiß, daß die Menschen nicht nur durch Worte, sondern auch durch Melodien, Farben, Gebärden und Formen angesprochen werden wollen. Luthers Deutsche Messe, die auch dem Hauptgottesdienst in der SELK zugrunde liegt, enthält alle diese Elemente in besonderem Maße.

3. Rechtsform und Organisation

Die SELK ist selbständig in der Ordnung und Verwaltung ihrer Angelegenheiten, sie gliedert sich in Gemeinden und Pfarrbezirke. Ihr Verbreitungsgebiet ist die Bundesrepublik Deutschland und Berlin (West). Jeweils mehrere Pfarrbezirke bilden einen Kirchenbezirk, mehrere Kirchenbezirke einen Sprengel. Während an der Spitze eines Kirchenbezirks der Superintendent steht, der durch einen Bezirksbeirat aus Pfarrern und Laien unterstützt wird, steht an der Spitze des

Sprengels der Propst. Gegenwärtig hat die SELK neun Kirchenbezirke, von denen je drei einen Sprengel bilden.
An der Spitze der SELK steht der Bischof. Er führt den Vorsitz in der Kirchenleitung, der außerdem die Pröpste und Kirchenräte aus dem Laienstand angehören. Einen sehr starken Einfluß als Organ der Gesamtkirche hat außerdem das Kollegium der Superintendenten, der allgemeine Pfarrkonvent und die Kirchensynode.
Die SELK ist an der äußeren Mission sehr interessiert. Sie betreibt sie vornehmlich in Südafrika, wo es eine aus dieser Arbeit hervorgegangene »Lutherische Kirche im südlichen Afrika« gibt. In Deutschland ist das Zentrum dieser Arbeit die »Mission Evangelisch-Lutherischer Freikirchen« in Bleckmar bei Soltau in der Lüneburger Heide. Sendboten des Hauses arbeiten auch in Brasilien und Australien. An diakonischen Einrichtungen sind zu nennen: Ein Diakonissenhaus in Korbach, Altenheime in Braunatal bei Kassel und in Hesel/Ostfriesland; Kinderheime in Sperlingshof bei Pforzheim und in Berlin.
Eine Lutherische Theologische Hochschule in Oberursel/Taunus ermöglicht als kircheneigene, von staatlichen Einflüssen unabhängige Anstalt, Lehre und Forschung im Sinne der lutherischen Kirche. Hier muß auch erwähnt werden, daß an der Universität Münster ein Lehrstuhl für lutherische Theologie besteht, der im Einvernehmen mit der SELK besetzt wird.
In der Epoche eines oft schwärmerischen Ökumenismus geht die SELK unbeirrt den Weg des Bekenntnisses der Väter der lutherischen Reformation. Sie enthält sich zersetzender gottesdienstlicher Experimente, übt die geschlossene Kommunion, versagt sich der politischen Diakonie, nimmt an interkonfessionellen Gesprächen nur im Sinne freier Zusammenkünfte teil und verwehrt aus biblischen Gründen die Zulassung von Frauen zum Amt der Kirche. So ist sie manchen Protestanten ein konservatives Ärgernis. Sie selbst ficht das wenig an. Sie hält sich an die Wahrheit, die immer modern ist:
SOLUS CHRISTUS, SOLA SCRIPTURA, SOLA GRATIA.
ALLEIN CHRISTUS – ALLEIN DIE SCHRIFT – ALLEIN DIE GNADE.

Literatur

1. Allgemein zur Ev.-Luth. Kirche

Die Bekenntnisschriften der evangelisch-lutherischen Kirche, hg.

vom Deutschen Evangelischen Kirchenausschuß, Göttingen 1930/1952.
Sasse, Hermann: Was heißt lutherisch? München 1934.
Elert, Werner: Morphologie des Luthertums, 2 Bde., München 1952.
–, Die Lehre des Luthertums im Abriß, München 1926.
Kinder, Ernst: Die lutherische Kirche, in: Und ihr Netz zerriß. Die Großkirchen in Selbstdarstellungen, Stuttgart 1957.
Kunz, Ulrich: Viele Glieder – ein Leib, Kap. 1: Rechte Lehre, Stuttgart 1963.

2. Die Selbständige Evangelisch-Lutherische Kirche

Grundordnung vom 30. 11. 1971 – einzusehen bei jedem Pfarramt dieser Kirche.
Artikel: Altlutheraner, in: Evangel. Kirchenlexikon Bd. I sowie in Religion in Geschichte und Gegenwart (RGG), Bd. I.
Nagel, Gottfried: Der Kampf um die luth. Kirche in Preußen, Breslau 1930.
Schöne, Jobst: Kirche und Kirchenregiment im Wirken und Denken G. Ph. E. Huschkes, Berlin und Hamburg 1969.
Lutherische Kirche – Kirchenblatt der SELK –, 6052 Mühlheim am Main, monatl.
Geis, Walter: Die Lutherischen Freikirchen in Deutschland, Hermannsburg.

Pfarrer Gerhard Hoffmann

Der Buddhismus

1. Geschichte

Der Buddhismus hat, vor allem in Asien, nicht nur auf religiösem Gebiet, sondern auch in allen kulturgeschichtlichen Bereichen einen großen Einfluß ausgeübt. Seine lange und komplizierte Geschichte kann in dieser kurzen Darstellung nur tabellarisch zusammengefaßt werden.

Im 6. vorchristlichen Jahrhundert Begründung des Buddhismus durch den indischen Fürstensohn Siddhattha Gotama (560 bis 480 v. Chr.). Er ist unter seinem religiösen Ehrennamen Buddha, d. h. der »Erwachte«, »Erleuchtete« bekannt.

246 v. Chr.: Durch die Förderung des indischen Kaisers Ashoka wird die buddhistische Lehre über Indien hinaus verbreitet und faßt vor allem in Ceylon Fuß. In dieser Zeit werden die Wurzeln für die Entwicklung des Buddhismus zur Weltreligion gelegt.

In die Zeitwende fällt die Entstehung des Mahayana.

61 n. Chr.: Erstes Bekanntwerden in China.

355: Ein kaiserliches Edikt gestattet in China das Mönchstum.

372: Einführung des Buddhismus in Korea.

552: Einführung in Japan.

642: Einführung in Tibet. Hier entsteht aus einer Einbeziehung der vorhandenen Bon-Religion in die buddhistischen Lehren der Lamaismus, eine Form des Buddhismus, die heute hauptsächlich in Tibet, in der Mongolei, Nepal und den anderen Himalajastaaten verbreitet ist.

8. bis 10. Jahrhundert: Blüte in Java.

845: Schwere Verfolgung des Buddhismus in China, sie wird jedoch nach kurzer Zeit wieder eingestellt.

13. Jahrhundert: Erlöschen des Buddhismus in Indien mit Ausnahme von Nepal.

14. Jahrhundert: Bekehrung von Laos.

15. Jahrhundert: Erlöschen in Java.

16. Jahrhundert: Endgültige Bekehrung der Mongolei.

19. Jahrhundert: Durch die Übersetzung großer Teile buddhistischer Schriften wird diese Religion im Abendland bekannt. Frühere Berichte von Forschungsreisenden blieben ohne wesentlichen Einfluß auf Europa. Hingegen hat die Erwähnung buddhistischer Gedanken durch Arthur Schopenhauer Einfluß auf Verbreitung der Lehre in Deutschland. Angesprochen fühlen sich besonders die Kreise, die keine Glaubensbeziehung zu den bestehenden Kirchen mehr haben.
20. Jahrhundert: Etwa seit der Jahrhundertwende finden Gemeindegründungen in Europa statt, als deren Folgen heute kleinere buddhistische Gruppen in den meisten Ländern des Abendlandes zu finden sind. In Deutschland gibt es neben aktiven Gesellschaften in mehreren Städten drei feste Zentren buddhistischen Lebens: 1. Das von Dr. Paul Dahlke 1924 erbaute »Buddhistische Haus« in Berlin-Frohnau. Seit 1957 ist es im Besitz der ceylonesischen »German Dharmaduta Society« und ständiger Sitz mehrerer buddhistischer Mönche. – 2. Das »Buddhistische Haus Georg Grimm« in Utting am Ammersee, 1933 von Dr. Georg Grimm als Zentrum der auf das Jahr 1921 zurückgehenden Altbuddhistischen Gemeinde erworben. 3. Das »Haus der Stille« in Roseburg bei Hamburg. Es dient seit 1962 der Abhaltung von Seminaren und Meditationsübungen aller buddhistischen Gruppen. – Alle buddhistischen Organisationen Deutschlands sind in der »Deutschen Buddhistischen Union« als Dachorganisation zusammengefaßt, sie hat ihren Sitz z. Z. in Hamburg.
20. Jahrhundert, Mitte: Große Erfolge der 1892 zur Wiederbelebung des Buddhismus in Indien gegründeten »Mahabodhi Society« werden erst jetzt sichtbar. Etwa 5 Millionen Inder treten zum Buddhismus über, der in seiner Heimat praktisch erloschen war. – In Ceylon wird die »World Fellowship of Buddhists« gegründet, ihr gehören Delegierte (Laien und Mönche) aller Zweige des Buddhismus aus der ganzen Welt an. Ceylonesische Mönche tragen stark zur Durchdringung bislang mahayanistischer Länder mit Theravadalehren bei, z. B. Südvietnam, chinesische Bevölkerung von Singapur und Malaysia.
Der Buddhismus wird durch die politische Entwicklung in China, Tibet und Vietnam schwer getroffen.
Laienbewegungen sozialen Charakters mit Millionen von Anhängern entstehen in Japan.

2. Glaubensgrundsätze

Die wesentlichsten Lehrpunkte des Buddhismus sind folgende: Das Hauptziel ist die Erlösung des Menschen (und aller Wesen) aus der Kette der Wiedergeburten und dem damit verbundenen Leiden. Diese Erlösung erfolgt einerseits durch das Beachten der Moral, die denen der anderen Weltreligionen in ihren sittlichen Vorschriften entspricht. Sie unterscheidet sich von ihnen im wesentlichen nur dadurch, daß sie auch den Schutz der Tiere als gleichberechtigter, wenn auch in der Entwicklung nicht gleich hoher Lebewesen sichert. Unerläßlich sind jedoch außerdem für die Bemühung um die Erlösung die Pflege der Einsicht und der Meditation sowie das vernunftmäßige Studium der buddhistischen Schriften und der Welt mit ihren Gegebenheiten. Die Erlösung selbst erfolgt nicht von außen durch einen göttlichen Gnadenakt, auch nicht durch einen Erlöser, sie ist vielmehr die Folge der ethischen und geistigen Anstrengungen des einzelnen. Die Welt ist nach allgemein buddhistischer Lehre nicht die Frucht eines göttlichen Schöpfungsaktes, sondern besteht seit Anfangslosigkeit infolge des blinden Lebenstriebes. Dieser setzt sich zusammen aus Gier, Haß und Wahn und treibt die Wesen von Wiedergeburt zu Wiedergeburt. Erst durch das Eintreten von höchster Erkenntnis, von »Wissen« anstelle des »Nichtwissens«, wird dieser Prozeß zum Aufhören gebracht und das höchste Ziel, Nibbana (Nirwana), schon in diesem Dasein verwirklicht. Der Erlöste ist keiner Wiedergeburt unterworfen, er ist völlig frei von allen Weltgesetzen, über ihn kann nichts mehr ausgesagt werden.

Der Buddha selbst ist kein Gott, sondern ein Mensch, der die höchste Möglichkeit des Seins erfüllt hat. In allen Formen des Buddhismus treten Götter auf, die jedoch keinen Einfluß auf die Hauptaufgabe des Menschen haben. Diese besteht darin, den Bereich des Nichtwissens, der Gier und des Hasses zu verlassen und die Erlösung, die Heiligkeit zu erringen. Gleichfalls wird von allen Schulen die Existenz einer ewigen, unveränderlichen Seele im üblichen Sinne verneint. Wie alles in der Welt sind auch unsere seelischen Bereiche der Veränderlichkeit unterworfen.

3. Die großen Zweige des Buddhismus

Man kann im Buddhismus nach Organisation und Lehre drei große Zweige unterscheiden: Theravada, Mahayana und Lamaismus.

1. Organisatorische Unterschiede

a) *Theravada*[40]. Er entspricht auch heute noch der Urgemeinde und kennt keine Priester, sondern nur Mönche, die u. a. die Gelübde der Armut und Keuschheit abgelegt haben. Die Laiengemeinde sorgt für den Unterhalt der Mönche und empfängt dafür von ihnen geistige Unterweisung und Belehrung. Es fehlt für die Mönche jedoch das Gelübde des Gehorsams und die Verbindlichkeit, dem Orden auf Lebenszeit anzugehören. Vielmehr ist es z. B. in Birma und Thailand üblich, daß jeder junge Mann vorübergehend dem Orden beitritt, um dort seine geistige Erziehung zu empfangen. Hauptverbreitung: Ceylon, Thailand, Birma, Kambodscha, Laos, Wiederbelebung in Indien.

b) Im Mahayana finden wir neben der Mönchsgemeinde eine Hierarchie, die besonders in Japan sorgfältig organisiert ist. Dort sind die Priester meist verheiratet. Hauptverbreitung: Japan, China, Korea, Vietnam.

c) Im Lamaismus andererseits besteht eine straff organisierte und allmächtige Kirche, an deren Spitze der Dalai Lama steht; er war früher gleichzeitig weltlicher Herrscher Tibets. Die meisten Lamas leben im Zölibat. Hauptverbreitung: Tibet, Mongolei, Nepal, Sikkim, Bhutan.

Im Abendland sind alle drei Richtungen in kleinen Gemeinden vertreten, am meisten der Theravada-Buddhismus.

2. Gedankliche Unterschiede

a) Der *Theravada-Buddhismus* betont die Arbeit des Menschen an sich selbst. Es ist der Weg des einzelnen, der versucht, zielstrebig die Erlösung oder Heiligkeit zu erreichen.

b) Das Mahayana betont das Ideal des Bodhisattva, d. h. des sich hingebenden und sich für das Wohl aller Wesen opfernden Anwärters auf die Buddhaschaft. Er verzichtet auf seine eigene Erlösung, um den Mitwesen zu helfen. Seinen Ursprung hat dieses Ideal in der Person

40. Die Bezeichnung »Hinayana« (Kleines Fahrzeug) im Gegensatz zu »Mahayana« (Großes Fahrzeug) ist zu vermeiden, weil dieser Begriff eine abwertende Bedeutung hat.

des Buddha selbst. Besonders betont wird diese Einstellung durch Einführung der Gestalt des Buddha Amida, der vor allem in China und Japan verehrt wird.
Eine hervorragende Stellung im Mahayana nimmt heute die Zenschule (Meditationsschule) ein. Sie verwirft die bloße Gelehrsamkeit und Zeremonien und will dem einzelnen durch die Anleitung eines psychologisch erfahrenen Meisters den ihm angemessenen und kürzesten Weg zur Erleuchtung weisen.
c) Der Lamaismus gehört eigentlich zum Mahayana. Aufgrund seiner speziellen Merkmale kann er jedoch als eigener Zweig des Buddhismus angesehen werden. In ihm nimmt der religiöse Lehrer eine alles überragende Stellung auf dem Weg zur Erlösung ein. Asketische und magische Übungen werden verwendet. Der Lamaismus kennt eine große Zahl von schützenden Gottheiten und drohenden Dämonen. Der in der Erkenntnis Fortgeschrittene durchschaut diese jedoch als bloße Ausstrahlungen des eigenen Bewußtseins.

4. Die heiligen Schriften des Buddhismus

Der Buddhistische Kanon ist sehr umfangreich. Er liegt heute in drei wesentlichen Fassungen vor:
a) In dem Tipitaka, einer Sammlung auf Pali, die die Lehrgespräche des Buddha in der von ihm gesprochenen Sprache (oder einem leicht abgewandelten Dialekt) zusammenfaßt. Sie allein wird von den Anhängern des Theravada als verbindlich angesehen.
b) In den chinesischen Übersetzungen aus dem Pali – Tipitaka und aus einer weiteren, heute nur noch zum Teil erhaltenen Fassung in Sanskrit. Diese Sammlung ist das Fundament des Mahayana.
c) In den tibetischen Übersetzungen (Kanjur, Tanjur).
Die genannten drei Fassungen werden durch eine sehr große Zahl von Kommentaren auf Pali, Sanskrit, Chinesisch, Japanisch und Tibetisch erläutert. Die wesentlichsten Teile des Palikanons liegen in europäischen Übersetzungen vor. Von den andern Sammlungen sind bisher nur Bruchteile übersetzt worden.
Eine umfangreiche Sammlung buddhistischer Literatur steht im Lesesaal des »Buddhistischen Hauses« in Berlin 28 (Frohnau), Edelhofdamm 54, der Öffentlichkeit zur Verfügung.

5. Literatur (Auswahl deutschsprachiger Werke)

Bibliographien

Bibliographie bouddhique, Paris 1930ff.

Hanayama, S.: Bibliography on Buddhism, Tokyo 1961.

(Diese beiden Werke enthalten auch Veröffentlichungen in deutscher Sprache.)

Allgemeine Übersicht

Glasenapp, H. v.: Der Buddhismus in Indien und im Fernen Osten, Berlin und Zürich 1936.

Oldenberg, H.: Buddha. Sein Leben, seine Lehre, seine Gemeinde, hg. von H. v. Glasenapp, Stuttgart 1959 (auch als Goldmann-Taschenbuch Nr. 708/9).

Hecker, H.: Buddhismus in Deutschland. Eine Chronik, Hamburg 1973.

1. Theravada

Quellen

Seidenstücker, K. (Übers.): Pali-Buddhismus in Übersetzungen, München 1923.

Dahlke, P. (Übers.): Dhammapada. Die älteste buddhistische Spruchsammlung, Heidelberg 1970.

–, Digha-Nikaya. Die lange Sammlung der Lehrreden, Berlin 1920.

–, Mittlere Sammlung, Berlin 1923.

Neumann, K. E. (Übers.): Übertragungen aus dem Pali-Kanon. Gesamtausgabe in 3 Bdn., Zürich und Wien 1957.

Nyanatiloka (Übers.): Die Lehrreden des Buddha aus der Angereihten Sammlung, Anguttara Nikaya, Köln 1969.

Geiger, W. (Übers.): Samyutta Nikaya, die in Gruppen geordnete Sammlung des Pali-Kanon, München 1925–30.

Nyanaponika (Übers.): Gotamo Buddho. Lehrreden aus der Systematischen Sammlung des Pali-Kanons, Hamburg 1957 (Fortsetzung zur vorgenannten Übers. v. Geiger).

Darstellungen

Dahlke, P.: Der Buddhismus. Seine Stellung innerhalb des geistigen Lebens der Menschheit, Leipzig 1926.

–, Buddhismus als Religion und Moral, München 1923.

Grimm, G.: Die Lehre des Buddho. Die Religion der Vernunft und der

Meditation, Baden-Baden 1957.
Schmidt, K.: Buddhas Lehre. Eine Einführung, Konstanz 1947.
Nyanaponika: Geistestraining durch Achtsamkeit. Die buddhistische Satipatthana-Methode, Konstanz 1970.
Bechert, H.: Buddhismus, Staat und Gesellschaft in den Ländern des Theravada-Buddhismus, 3 Bde., Hamburg 1966–73.

2. Mahayana
Quellen
Gundert, W. (Übers. und Komm.): Bi-yän-lu. Meister Yüan-wu-'s Niederschrift von der Smaragdenen Felswand, 3 Bde., München 1960–73.
Ohasama, S. (Übers.): Zen. Der lebendige Buddhismus in Japan, Darmstadt 1968.
Schulemann, G.: Die Botschaft des Buddha vom Lotos des guten Gesetzes, Freiburg 1937.
Fischer, J., und T. Yokota (Übers.): Das Sutra Vimalakirti, Tokyo 1944.
Haas, H. (Übers.): Amida Buddha, unsere Zuflucht. Urkunden zum Verständnis des japanischen Sukhavati-Buddhismus, Göttingen und Leipzig 1910.

Darstellungen
Schumann, H. W.: Buddhismus. Philosophie zur Erlösung, Bern und München 1963.
Herrigel, E.: Zen in der Kunst des Bogenschießens, Weilheim 1968.
Suzuki, D. T.: Die große Befreiung, Stuttgart 1969.

3. Lamaismus
Quellen
Evans-Wentz, W. Y. (Übers.): Das tibetanische Totenbuch, Olten und Freiburg 1973.
–, Milarepa, Tibets großer Yogi, München 1937.

Darstellungen
Bleichsteiner, R.: Die gelbe Kirche, Wien 1936.
Hoffmann, H.: Die Religionen Tibets. Bon und Lamaismus in ihrer geschichtlichen Entwicklung, Freiburg und München 1956.
Schulemann, G.: Geschichte der Dalai-Lamas, Leipzig 1958.

Guido Auster

Der Islam

Das arabische Wort »Islam« heißt übersetzt »Hingebung in den Willen Allah's = Gottes«. Islam ist der Name der Religion, die auf den Offenbarungen Gottes fußt. Sie wurden dem Propheten Mohammed zuteil und fanden im Heiligen Koran ihren schriftlichen Niederschlag. Gegenwärtig bekennen sich zur Religion des Islam über 600 Millionen Menschen; der größte Teil von ihnen lebt in Nordafrika, Zentralafrika, Ostafrika, Arabien, der Türkei, Iran, Afghanistan, Pakistan, Indien, Malaysia, Indonesien sowie in Südrußland. Kleinere Gemeinden gibt es in fast allen Ländern der Welt. In Westeuropa, vor allem in Großbritannien, Frankreich und in der Bundesrepublik Deutschland leben heute Millionen von Anhängern des Islam.
Die Bekenner des Islam heißen »Muslims«, gleichfalls ein arabisches Wort, es bedeutet »Jemand, der sich dem Willen Gottes unterwirft«. Im großen und ganzen gesehen bilden alle Anhänger des Islam eine geschlossene Einheit; denn grundsätzlich bestehen über die Artikel des Glaubens und die Gesetze keine unterschiedlichen Auffassungen. Lediglich die Auslegung gewisser Lehren, zumeist von zweitrangiger Bedeutung, führte zur Bildung verschiedener Richtungen und Rechtsschulen.
Die beiden großen Richtungen des heutigen Islam sind die Sunniten und Schiiten. Sie entstanden unmittelbar nach dem Tode des Propheten Mohammed infolge von Meinungsverschiedenheiten über seine Nachfolge. Die Sunniten sind zahlenmäßig bei weitem die bedeutenderen. Im sunnitischen Islam gibt es vier Rechtsschulen, Madhahib genannt: die Hanafiten, Hanbaliten, Malikiten und Schafiiten. Neben diesen existieren andere Lehrrichtungen und Gruppierungen, die im Laufe der Zeit in verschiedenen Ländern des Islam entstanden sind, sich aber nur in unbedeutenden Dingen voneinander unterscheiden. Einige von ihnen sind orthodox, andere Rationalisten, Mystiker, Puritaner oder aber Modernisten. Ihren gemeinsamen Mittelpunkt haben

jedoch alle in der göttlichen Offenbarung, im Koran. Ihr Verhältnis zueinander wird durch die Gesetze der islamischen Bruderschaft bestimmt, wonach alle, die sich zum Islam bekennen, Brüder sind und als solche miteinander zu verkehren haben.
Der Muslim sieht im Islam die Religion, die Gottes ist. Zu ihr bekannten sich alle Propheten Gottes von Adam bis Mohammed. Für den Muslim ist »Islam« der Zustand, in welchem Gott jeden Menschen erschuf. Alle Offenbarungen, die Gott der Welt schenkte, sind Offenbarungen dieser einen Religion, und alle Propheten der Welt, einschließlich Moses und Jesus, sind ihre Verkündiger. Die Offenbarung dieser Urreligion, als die die Muslime den Islam betrachten, fand ihren Abschluß und ihre Vollendung in der Herabsendung des Heiligen Koran auf den Propheten Mohammed, der von den Muslimen als letzter und Weltprophet verehrt wird.

Der Prophet Mohammed wurde um das Jahr 570 n. Chr. in der Stadt Mekka in Arabien geboren. Er entstammte dem vornehmen Geschlecht der Kuraisch. Früh verwaiste er und kam unter die Obhut seines Großvaters und später seines Onkels. Als Jüngling nahm er an mehreren Handelsreisen nach Nord- und Südarabien teil. Die Lauterkeit seines Charakters, durch die er sich schon in seiner Jugend auszeichnete, veranlaßte seine Nachbarn, ihn »al-Amin«, der Vertrauenswürdige, zu nennen. Im 25. Lebensjahr heiratete Mohammed die reiche Kaufmannswitwe Chadidscha, die fünfzehn Jahre älter war als er. Mit etwa 40 Jahren zog er sich häufiger in die Einsamkeit zurück, um sich der Meditation zu widmen. Während einer solchen Andachtsübung erschien ihm der Engel Gabriel und überbrachte ihm die Botschaft, daß er von Gott dazu berufen sei, der Menschheit Gottes Lehren zu verkünden. Dieses Ereignis war der Beginn einer Kette von Offenbarungen, die dem Propheten über einen Zeitraum von annähernd 23 Jahren zuteil wurden; sie enthielten die Grundsätze, Lehren, Gebote und Verbote des Islam.
Als der Prophet Mohammed begann, in seiner Heimatstadt Mekka die Lehren des Islam zu predigen, wurde er zuerst verspottet, später sogar verfolgt. Trotzdem gelang es ihm, eine kleine Schar von Getreuen um sich zu sammeln. Mit dem Anwachsen seiner Gemeinde nahmen aber auch die Anfeindungen durch die nicht-muslimischen Mekkaner zu. Dadurch sah sich der Prophet veranlaßt, seinen Getreuen zu raten, in Nachbarstädten und -ländern ihre Zuflucht zu suchen. Als er sie in Sicherheit wußte, verließ auch er Mekka und begab sich nach Yathrib,

das von nun an »Medinat an-Nabi«, die Stadt des Propheten, kurz »Medina« genannt wurde. Dieser Auszug des Propheten von Mekka nach Medina geschah im Jahre 622, das später als Jahr 1 zum Ausgangspunkt der islamischen Zeitrechnung wurde.
Obgleich der Prophet Mohammed in Medina mit offenen Armen empfangen und bald sogar das Oberhaupt der Stadt wurde, ließen ihn die Mekkaner auch hier nicht in Ruhe. In drei Feldzügen, in denen es zu Kämpfen bei den Orten Badr und Uhud und in unmittelbarer Nähe Medina's kam, versuchten die Mekkaner, den Propheten gefangen zu nehmen oder zu töten. Es gelang ihnen jedoch nicht. Wenige Jahre nach diesen Kämpfen unternahm der Prophet eine Pilgerfahrt nach Mekka. Obwohl diese in den heiligen Monaten stattfand, die auch von den heidnischen Arabern anerkannt wurden, stellten die Mekkaner dem Propheten nach, so daß er mit ihnen einen Waffenstillstand schließen mußte. Als dieser später von den Mekkanern gebrochen wurde, sah sich der Prophet veranlaßt, seinerseits einen Feldzug gegen die Mekkaner zu unternehmen. Hier siegte Mohammed und eroberte Mekka. Darauf verhängte er aber nicht ein Strafgericht über seine Feinde, sondern verzieh ihnen völlig und gewann damit die Herzen der Araber. Sie traten in Scharen zum Islam über. Als der Prophet im Jahre 632 für immer die Augen schloß, hinterließ er ein im Islam geeintes Arabien, dessen geistliches und weltliches Oberhaupt er während der letzten Jahre seines Lebens gewesen war.

Die Lehren des Islam, die Gott der Welt durch den Propheten Mohammed offenbarte, sollen die Menschheit über das Wesen und allgemeine Gefüge des Universums aufklären. Sie künden von der Existenz Gottes und geben Aufschluß über die Stellung des Menschen in diesem Universum und zu Gott. Sie umreißen die Pflichten des Menschen gegenüber Gott, seiner Umwelt und sich selbst. Sie weisen den Weg aus den Tiefen des animalischen Seins zur vollen Entwicklung und Entfaltung der Persönlichkeit und damit zum Frieden der Seele in Gott, ein Zustand, der dem des »Erlöstseins« gleichkommt. Dieser Zustand wird durch den unerschütterlichen Glauben an Gott, die Unterwerfung unter seinen Willen und damit durch ein Leben in Übereinstimmung mit den göttlichen Lehren erreicht. Gottes Lehren gebieten das Gute und verbieten das Schlechte, zwei Begriffe, die durch die göttliche Offenbarung definiert werden. Diese Definition ist allgemein gültig und steht über jeder menschlichen Auffassung von Gut und Böse. Gemäß den Lehren des Islam gibt es keine Erbsünde. Jedes mensch-

liche Wesen wird im Zustand der Reinheit und Unschuld geboren. Erst die bei vollem Bewußtsein verübte Tat und die ihr zugrunde liegende Absicht läßt den Menschen zum Sünder werden, wenn diese Tat dem Bösen nach göttlicher Definition entspricht. Um sich von einer solchen Sünde zu reinigen, bedarf der Mensch nicht eines Erlösers; vielmehr werden ihn Reue und Umkehr wieder in den Genuß der Gnade des vergebenden und barmherzigen Gottes bringen. Diese göttliche Gnade umfängt jedes Ding und wird niemandem versagt, der sich aufrichtig darum bemüht. Neben dieser Gnade, die eine menschliche Mitwirkung voraussetzt, kündet der Islam auch noch von einer unverdienten Gnade Gottes. Diese zeigt sich darin, daß Gott die Welt und die Menschen mit allen Möglichkeiten der Vollendung geschaffen hat. Er selbst führt die Menschen zur Vollkommenheit und offenbart ihnen den rechten Weg, dorthin zu gelangen (sog. Rechtleitung).
Das Kernstück des islamischen Glaubensbekenntnisses ist der Glaube an einen unpersönlichen, allgegenwärtigen, allwissenden und allmächtigen Gott. Weitere Attribute sind seine Barmherzigkeit, Milde, Gerechtigkeit, Wahrheit u. a. m. Er ist der Herr der Welten. Er ist der Herr am Tage des Gerichts. Er ist der Ewiglebende, der Allerhalter, der Unbedürftige. Er ist der Schöpfer und Lenker des Alls. Von besonderer Bedeutung ist die Lehre von der Einheit oder der Einzigkeit Gottes: »Er ist der Einzige, der Alleinige, von dem alles abhängt. Er zeugt nicht und ist nicht gezeugt worden, nichts ist Ihm gleich«. Die Lehre von der Einheit Gottes (Tauhid) besagt, daß Gott aus keiner Vielzahl von Wesen oder Teilen besteht. Er ist eins in Seinem Wesen, einmalig in Seinen Eigenschaften und in Seinen Werken. Diese Auffassung vom göttlichen Wesen Allahs stempelt den Islam zu einem Monotheismus reinsten Wassers. Die Auffassung, daß Gott aus Gottvater, Gottsohn und Heiligem Geist besteht, ist dem Islam nicht nur fremd, sondern wird von ihm entschieden zurückgewiesen.
Der zweite Teil des islamischen Glaubensbekenntnisses schreibt den Glauben an die göttliche Offenbarung vor. Dieser Teil umfaßt nicht nur den Glauben an die Wirklichkeit und Wahrheit göttlicher Offenbarung, an den Propheten Mohammed, vielmehr schließt er den Glauben an die Wahrheit und Tatsächlichkeit göttlicher Offenbarungen zu allen Zeiten und an alle Völker ein.
Ein Muslim verehrt daher nicht nur den Propheten Mohammed als Gesandten Gottes, sondern auch Adam, Abraham, Ismael, Isaak, Jakob, Moses, Jesus und alle anderen, die Empfänger göttlicher Bot-

schaften waren. Mit dem Propheten Mohammed aber fand das Prophetentum seinen Abschluß und seine Vollendung.
Ferner verlangt das islamische Glaubensbekenntnis den Glauben an das Weiterleben nach dem Tode; trotz der recht weltlichen Schilderungen wird es als ein geistiges aufgefaßt. Das Jenseits wird unterteilt in Hölle und Paradies. Beide sind Zustände, nicht aber Örtlichkeiten. Die Hölle wurde einmal als ein Zustand der Gottferne, das Paradies als ein Zustand der Gottnähe erklärt. Die Hölle ist nicht notwendigerweise ein Ort ewiger Verdammnis, sondern ein Purgatorium (Fegefeuer), das Paradies kein Zustand der Ruhe, sondern der unbegrenzten Weiterentwicklung. Andere Glaubensartikel betreffen die Engel und die göttliche Maßbestimmung des Guten und des Bösen. Letztere wird in Europa häufig als Fatalismus fehlgedeutet.
Es gibt fünf Grundpflichten des Moslems, die »Arkan al-Islam«, die Säulen des Islam. Zu ihnen gehören das Glaubensbekenntnis, das fünfmalige tägliche Kultgebet, die Almosenabgabe, das Fasten im Monat Ramadan, dem neunten Monat des islamischen Kalenderjahres, und die Pilgerfahrt nach Mekka, die jeder Gläubige wenigstens einmal im Leben unternehmen sollte.
Die Gebete, vor allem das in den Moscheen abgehaltene gemeinsame Gebet am Freitag, werden von »Imamen« oder Vorbetern geleitet. Sie sind keine ordinierten Geistlichen, da der Islam einen geistlichen Stand und ein berufsmäßiges Priestertum ablehnt. Sakramente wie Taufe, Abendmahl, Beichte usw. sind dem Islam fremd. Auch die Ehe ist kein Sakrament, sondern ein Vertrag, der unter gewissen Umständen gelöst werden kann.

Der Heilige Koran enthält die Lehren des Islam. Er ist das von allen Muslimen als Gottes Wort verehrte Lehr- und Gesetzbuch und deshalb die wichtigste Quelle aller islamischen Lehren. Er enthält die Offenbarungen, die dem Propheten Mohammed zuteil wurden, aber auch nur sie. Da der Islam Glaube und Tat gleich stark betont, befaßt sich der Koran nicht nur mit dem Verhältnis des Menschen zu Gott und den rituellen Pflichten. Darüber hinaus gibt er, oftmals detailliert, eine Fülle von Anweisungen und Ratschlägen für alle Dinge des täglichen Lebens des einzelnen wie auch der Gemeinschaft. Das muslimische internationale oder Völkerrecht, Straf-, Zivil-, Familien- und Erbrecht haben ihre Wurzel im Heiligen Koran. Diese Tatsache stimmt mit dem islamischen Grundsatz überein, nach dem Religiosität alle Phasen und Sphären des menschlichen Lebens umfassen sollte.

Der Heilige Koran wurde unmittelbar nach dem Ableben des Propheten Mohammed schriftlich festgelegt und hat seitdem keine Abänderung erfahren. Als Erläuterung der koranischen Lehren dienen dem Muslim die Sammlungen der Traditionen des Propheten. Diese umfassen seine Worte und seine Taten. Neben diesen beiden Quellen der islamischen Lehren wird die Anwendung des Verstandes bei Urteilen über theologische und juristische Fragen empfohlen.
Der Islam ist eine Religion der Toleranz. Der Koranvers »Keinen Zwang darf es geben im Glauben« ist für den Muslim oberstes Gebot. Er schließt Zwangsbekehrungen und eine Ausbreitung des Islam durch Feuer und Schwert aus. Der Heilige Krieg (Dschihad) zur Sicherung der Herrschaft des Islam ist Pflicht, aber diese Pflicht ist zumeist defensiv verstanden worden. Auch muslimische Völker haben Eroberungskriege geführt, doch hatten sie dafür weltliche Gründe. Als »größerer Dschihad« gilt den Muslimen das Bemühen um die eigene sittliche und religiöse Vervollkommnung.
Die Gemeinschaftsform des Islam ist die muslimische Bruderschaft. Sie kennt keine Unterschiede der Rasse, Farbe, Nationalität, der gesellschaftlichen Stellung und des Geschlechts. Die Vielehe ist nicht vom Islam eingeführt worden. Vielmehr hat der Islam eine früher bestehende und häufig praktizierte unbeschränkte Mehrehe abgeschafft und nur noch Ehen mit höchstens vier Frauen zugelassen. Solche Mehrehen sind jedoch auch im Islam nur unter gewissen Voraussetzungen gestattet; sie dienen dem Schutz der Frau und nicht ihrer Entwürdigung. Die Einehe ist auch unter den Muslimen das Normale.
Die ethischen Lehren des Islam können mit den Worten zusammengefaßt werden: Höchste Verehrung Gottes und tiefste Liebe zu seinen Geschöpfen. – In der Bundesrepublik Deutschland und in Berlin ist der Islam durch zahlreiche muslimische Gemeinden vertreten. Eine Dachorganisation gibt es nicht.

Literatur

Der Koran, Übersetzung von Rudi Paret, Stuttgart: W. Kohlhammer 1962.
Der Koran, in der Übersetzung von Max Henning, Einleitung von Ernst Werner und Kurt Rudolph, Leipzig: Philipp Reclam jun. 1970 (Reclams Universal-Bibliothek 351).

Paret, Rudi: Mohammed und der Koran, Stuttgart: W. Kohlhammer 4. Auflage 1976 (Urban-Bücher 32).
Gätje, Helmut: Koran und Koranexegese, Zürich: Artemis 1971.
Enzyklopädie des Islam, 4 Bde. und ein Ergänzungsband, Leiden und Leipzig: E. J. Brill/Otto Harrassowitz 1913–1938.
Goldziher, Ignaz: Vorlesungen über den Islam, 2. Aufl. Heidelberg: Carl Winter 1925.
Becker, C. H.: Islamstudien, 2 Bde., Leipzig: Quelle & Meyer 1924–1932.
Hartmann, Richard: Die Religion des Islam, Berlin: Mittler & Sohn 1944.
Gardet, Louis: Islam, Köln: J. P. Bachem 1968.
Rodinson, Maxime: Islam und Kapitalismus, Frankfurt: Suhrkamp 1971.
Braune, Walther: Der islamische Orient zwischen Vergangenheit und Zukunft, Bern: Francke 1960.
Brockelmann, Carl: Geschichte der islamischen Völker und Staaten, München: R. Oldenbourg 1939.
Smith, Wilfred Cantwell: Der Islam in der Gegenwart, Frankfurt: Fischer 1963 (Fischer Bücherei 498).
Cahen, Claude: Der Islam I: Vom Ursprung bis zu den Anfängen des Osmanenreiches, Frankfurt: Fischer 1968 (Fischer Weltgeschichte 14).
Grunebaum, G. E. von (Hg.): Der Islam II: Die islamischen Reiche nach dem Fall von Konstantinopel, Frankfurt: Fischer 1971 (Fischer Weltgeschichte 15).
Islam und Westliche Welt, Moslems und Christen – Partner?, hg. von M. Fitzgerald, A. Th. Khoury und W. Wanzura, Graz, Wien und Köln: Verlag Styria 1976.
Muslime unter uns, Herausforderung an die Kirche, Bensberg: Thomas Morus Akademie, Bensberger Protokolle Nr. 14, 1976.
Moslems unter uns, Situation, Herausforderung, Gespräch von Mohammad S. Abdullah/Michael Mildenberger, Stuttgart: Quell Verlag 1974.
al-Islam, Informationsschrift des Islamischen Zentrums München, Wallnerstr. 1–3, 8000 München 45.

Mohammed A. Hobohm

Das Judentum

Judentum ist der Bund mit Gott. Der Begriff vom Judentum hat im Lauf der Zeiten eine riesige Erweiterung erfahren. Er umschließt alle sozialen Werte, alle sittlichen Ideale, alle kulturellen Güter, ja alles geistige Schaffen von jüdischen Menschen in den Jahrtausenden. Doch sein ursprünglicher Gedanke, sein wesentlicher Zug ist der Bund mit Gott, ist Religion.
Gott ist den Juden keine gegebene Naturgröße, die man hinnehmen muß. Aus dem Dunkel einer schweigenden Vergangenheit hat Gott uns herausgeholt und hat einen Bund mit uns geschlossen. Israel nimmt besondere Pflichten auf sich. Bei der Bundesschließung am Sinai sagt Gott zu Israel, was er von Israel fordert: – Es ist der schönste Appell, der je an ein Volk in der Geschichte gerichtet wurde: »Ihr sollt mir ein Königreich von Priestern sein und ein heiliges Volk.« Das ist der Hauptinhalt des Bundes. Und »wenn ihr genau höret auf meine Stimme und meinen Bund haltet, so sollt ihr mir *auserkoren* sein *vor allen Völkern,* denn mein ist die ganze Erde«. Das ist der exklusive Gedanke der *Auserwählung.* Israel ist auserwählt, ein heiliges Volk zu sein, auserwählt, den Namen Gottes auf Erden zu heiligen. Kein Wert ist damit ausgesprochen, keine Bevorzugung, sondern nur eine Verpflichtung und Erschwerung und ein vermehrter Ernst.
Durch diesen Vertrag zwischen Gott als König und Gesetzgeber und Israel wird das jüdische Gemeinwesen, das jüdische Volk am Sinai geschaffen, und zwar mit einer großen Aufgabe. Zum ersten Male tritt uns hier eine erhabene Idee entgegen, die Forderung, die Welt in ein Gottesreich umzuwandeln, in eine vollkommene sittliche Gemeinschaft. Das ist das kardinale Gebot. So hat das jüdische Volk von dem Augenblick seines Eintritts in die Geschichte an eine geistig-sittliche Grundlage. Judentum ist eben nicht nur der religiöse Ausdruck des jüdischen Volkes, seiner Propheten, seiner Weisen, seiner Dichter, seiner Mystiker, seiner Philosophen und Gelehrten. Judentum ist

Religiosität und Politik und Zukunftswille. Es ist die Totalität seiner Geschichte, seiner Lehren, seines Lebensstils und seiner Gesetzesformen. Es ist ein Bund, dessen lebendige Mitte kein Mensch und kein Gottessohn, sondern *Gott allein* ist.

Das ist ein bedeutungsvoller Unterschied gegen andere Religionen. Während Buddhismus sich um Buddha konzentriert, das Christentum um Christus, der Parsismus um Zarathustra, steht im Judentum keine Menschenpersönlichkeit im Zentrum. Mose ist kein Religionsstifter. Er ist der Führer des Volkes, der im Auftrage Gottes die Sklaven der Ägypter in die Menschenwürde, in die sittliche Freiheit des Sinai-Gesetzes bringt. Mose ist der Vater der Propheten. Doch in Israel folgt auf den Meister der Zug der Meister. In aller Liebe und Demut kennt das jüdische Volk keinen höheren Ehrentitel für Mose als den: Mose, unser Lehrer.

Biblische Tradition identifiziert den Bund mit dem Dekalog, den Zehn Geboten, die in dem Ton des Kategorischen Imperativs sich an das moralische Gewissen eines jeden Menschen wenden. Der hebräische Text spricht nur von Zehn *Worten.* So schlicht, so natürlich sind diese Gebote, daß sie aus der Seele jedes Menschen von selbst strömen sollten. Das erste Gebot ist aber gar keines. Es ist eine Aussage: »Ich bin der Ewige, Dein Gott.« Doch diese Aussage ist der tragende Grund für alle anderen Gebote. Ohne diese Verkündigung würden sie alle ihre unbedingte Gültigkeit verlieren, würden zu Regeln der Zweckmäßigkeit und zu Ratschlägen einer guten Politik. Dieses erste Gebot ist die fundamentale ethische Prämisse, auf der sich das Gebäude der jüdischen Religion aufbaut. Wenn jemals im Sinne der Kantschen Definition – »Religion ist die Erkenntnis aller unserer Pflichten als göttlicher Gebote« – Religion geschaffen wurde, so geschah es hier am Sinai in der Einzigkeit der Stunde, da dem Volke Israel die Zehn Gebote geschenkt wurden. Es war die erhabene Stunde der *Offenbarung,* der Enthüllung des Ewigen, des Menschlichen.

Thora, die fünf Bücher Moses, die zweimal den Dekalog enthalten, sind die erste Quelle des Judentums. Sie sind das autoritative Element für das jüdische Volk. Thora ist der geoffenbarte Wille Gottes. Sie umfaßt die religiöse Erfahrung der Vergangenheit und weist den Lebensweg für Gegenwart und Zukunft. Thora ist »das Erbe der Gemeinde Jakobs«. Die hohe schöpferische Periode der Thora fand ihre Fortsetzung in den Büchern der Propheten, jener großen Läuterer der Seelen, den Poesien der »Schriften«, die das siegende Vertrauen auf die Macht der Treue und Gottesfurcht und Liebe zeigen und schließlich in der »Mündlichen Thora«, dem Talmud. Schon in der ganzen Zeit der Wüstenwanderung gab es diese »Thora des Mundes« und des Herzens. Sie schwebte vielleicht seit Urzeiten gleichsam im Äther, bis die Zeit reif war, daß sie sich in Satzungen kristallisierte. Thora heißt Lehre und Talmud heißt Studium. Beide Namen sind weder zufällig noch willkürlich. Lehren und lernen, ergründen und deuten, das ist religiöse Pflicht jüdischer Menschen ihr ganzes Leben lang, um immer neue Erkenntnisse zu schöpfen und die Forderungen religiösen Tuns zu erfahren. Jeder Jude ist zum Studium der Thora berufen. Es gibt im Judentum keine Scheidung von Priester- und Volksfrömmigkeit, nicht einmal die Scheidung von Geistlichen und Laien. Nie ist auch der jüdische Priester Verwalter von Gnadengaben gewesen. Er war zu den Kultusfunktionen im Heiligtum berechtigt, ohne einen Einfluß auf den Vorgang der Versöhnung, die der einzelne nur für sich allein erringt. Niemals ist der Priester im Judentum Mittler zwischen Mensch und Gott gewesen. Die mündliche Lehre ist es gewesen, die das Judentum im Fluß erhielt. Diese vitale, geistsprühende Atmosphäre des Talmud hat stündlich an der schriftlichen Thora geformt und strömte in sie über, um sie lebendig zu erhalten und auszubauen. Die beiden Teile des Talmud: Halacha, die Ordnung der Strenge, und Agada, die Frische der Dichtung, haben Jahrtausende ein ganzes Volk erzogen. Und was sie an starken und zarten Linien in die Seele des Volkes eingravierten und an ernsten Gedanken ihm schenkten, war Stunde um Stunde darauf bedacht, die eine Gestalt zu formen: das Ebenbild Gottes im Menschen. Diese Normen schufen die Mauer, die die Heiligkeit der Thora gegen jeden Angriff, jede Entstellung schützen sollte, auch gegen jede Gefährdung durch Proselyten. Diese talmudisch-rabbinische Leistung, die in den Kodifikationen des Maimonides (12. Jahrhundert) und des Josef Caro (16. Jahrhundert) ihren Höhepunkt fand, aber fortströmend in der Responsen-Literatur[41] sich weiter entwickelt hat bis in die neueste Zeit, sie ist das Bollwerk geblieben, die das Judentum von der Verschwommenheit nur religiöser Geistigkeit beschützt hat.

Das Judentum ist eben eine *Religion des Tuns*. In ihm soll Religion nicht nur erlebt, sondern gelebt werden. Immer wieder betont die Heilige Schrift: »Die Worte dieser Lehre sind zu tun.« Es ist der

41. Responsen = Antworten rabbinischer Autoritäten auf die an sie gerichteten Fragen in Form von Gutachten, insbesondere nach Abschluß des Talmud.

Gedanke, den Hebbel in das Buch seines Lebens schrieb: »Es gibt keinen Weg zur Gottheit als durch das Tun der Menschen.« Der Talmud nennt 613 Gebote. Das sind ungleich weniger Paragraphen als die Gesetzessammlungen der modernen Staaten enthalten. Hunderte von den 613 religiösen Pflichten sind heute selbstverständliche Rechts- und Sittlichkeitsvorschriften. Ein weiterer Komplex religiöser Bestimmungen bezieht sich auf jüdische Lebensweise, die Ordnungsnormen an jedem Tage, auf Sabbatruhe und die anderen Festestage. Alle diese Satzungen sind dem echten Juden nie eine Last, sondern ein Element der Freude. Sie erhöhen sein Leben, führen es ins Göttliche und binden ihn an den Himmel mit Banden der Liebe. Es ist ja die Gesinnung, die dem religiösen Tun seinen Wert gibt. »Gott verlangt das Herz.« »Lieder sind mir Deine Gesetze geworden«, spricht der Psalmist, »und sie durchklingen und erwärmen die Fremdschaft meines Daseins«. Fasten und Festtage basieren nicht, wie im Christentum, auf dem Leben des Gründers, sondern auf bedeutenden historischen Ereignissen im Leben des Volkes. Gebete und Lieder und Hymnen im Gottesdienste hallen von den Freuden und Sorgen, von Leiden und Hoffnungen des jüdischen Volkes wider. Sabbate und Feste sind die heiligen Bezirke, in denen der Mensch nach all dem Bedrückenden und Staubigen der Wochentage in reiner Luft Atem holen kann. Gottesfriede herrscht innerhalb des schützenden »Zauns« des Gesetzes. Der *Sabbat* ist die Krone der Schöpfung. Er adelt die Arbeit und schmückt die Ruhe. Er vertieft die Persönlichkeit. Er gibt selbst dem enterbten Sklaven das Recht auf das beglückende Gut der Freiheit. *Der Sabbat kündet die Gleichheit aller Menschen.*

Judentum ist nach seiner Grundtendenz *ethischer Monotheismus.* Der Gott des Judentums ist der Gott der Sittlichkeit. Das ist das Herz der Offenbarung. Er ist der Urheber und Bürge der sittlichen Welt. Der *eine* Gott ist der Gott der einen Gerechtigkeit, der einen Sittlichkeit, der einen Wahrheit. Zu dem lebendigen Gott wendet sich der lebendige Mensch, dessen inneres Wesen sich erhöhen will, über die Engen des Irdischen hinaus. In der Tiefe der Menschenseele steht der ewige Gott als der nahe und persönliche Gott. Ihn findet die Sehnsucht und das Gebet des Menschen. Diese innige Gewißheit der Zugehörigkeit zu Gott, sie fordert von dem Menschen die Entscheidung zum Guten. Das Gute ist eine Eigenschaft Gottes. Daß der Mensch vom hohen Sinn des Guten berührt und von seiner Gültigkeit verpflichtet wird, begründet seinen Charakter als jüdischer Mensch. Er wird um so größer, je vollkommener der Mensch die Forderung des Guten er-

kennt, je tiefer er sie aus der Gesinnung heraus bejaht und je reiner sein Tun ins Sein übergeht. Wenn die sittliche Einheit im Menschen zum Bewußtsein kommt, wird die Einheit Gottes erfaßt. Gegenüber der Anschauung von der Trinität Gottes betont das Judentum mit besonderer Schärfe die Einheit Gottes. Der religiöse Wert des Monotheismus besteht aber nicht nur in der Einheit der Zahl, sondern in dem Inhalt der Gottesidee. Der Eine Gott ist der *Einzige* Gott. Sein Wesen ist die ethische und religiöse Abgrenzung. Gott ist unvergleichbar, er ist erhaben über alles, er ist ein rein geistiger Gott. Alles Sinnliche, daher auch alles Menschliche, liegt weit ab von seinem Begriffe. »Gott ist uns der *ewige*, unerschütterliche, unersetzliche *Urgrund* der sittlichen Welt« – so sagt einmal Hermann Cohen. Erst im Bewußtsein von dem Einig-Einzigen Gott hat die auf Reinheit des Herzens und soziale Gerechtigkeit und Menschenliebe gerichtete Sittlichkeit ihre Existenzkraft und Sicherheit. Für den Einen Gott gingen die Märtyrer des Judentums, auch die, die in den Gaskammern der Nazis umkamen, in den Tod. Mit dem Bekenntnis zu dem Einig-Einzigen Gott beenden wir den hohen Tag der Versöhnung. Und wenn unsere Seelen zu Gott gerufen werden, sprechen wir noch einmal, das letzte Mal es aus: »Höre Israel, der Ewige ist unser Gott, der Ewige ist Einig-Einzig.«
Die tiefste Sorge der Thora ist die Moral. Nietzsche sieht im Alten Testament »den großen Stil in der Moral, die Majestät unendlicher Forderung«. »Im Ebenbild Gottes schuf Gott den Menschen«, so heißt es in der Geschichte der Schöpfung. Die Menschenwürde ist damit gegeben. Durch das sittliche Bewußtsein seiner Selbst trägt der Mensch das seelische Zeichen des Göttlichen und Freien. In diesem unermeßlichen Gedanken liegt seine Bestimmung. Du bist göttlich, also bewähre dich göttlich, und das heißt: sittlich rein. Jeden Morgen beten wir Juden: »Mein Gott, die Seele, die Du mir gegeben hast, sie ist rein. Du hast sie geschaffen. Du hast sie gebildet. Du hast sie in mich eingehaucht.« Sünde ist Abfall von Gott, Unreinheit. Das Judentum kennt nicht die Urschuld, die Erbsünde, die Sünde, die nach christlicher Anschauung mit der menschlichen Natur notwendig gegeben ist. Es ist ein fundamentaler Grundsatz jüdischer Weltkonzeption: Dem Menschen ist die freie Entschließung gelassen, gut oder böse zu sein, sich zu adeln oder zu entarten. Das Judentum kennt nur den sündigen Menschen. Und der wird von Gott gerichtet. Doch der Weg zur Versöhnung mit Gott steht ihm offen, nicht durch den Glauben allein, sondern durch Tschuwa, durch Umkehr zum Guten,

durch gute Taten. Diese sittliche Läuterung ist der Sinn der Hohen Tage von Neujahr und Versöhnungsfest. Durch die Läuterung, durch die Entscheidung zu einer reinen Lebensführung wird der Mensch religiös wiedergeboren.

In den heiligen Tagen göttlichen Richtens bitten wir Gott, nicht nur *Recht* und *Gerechtigkeit* walten zu lassen, sondern auch *Erbarmen* und *Liebe* zu üben. Die dreizehn Eigenschaften Gottes, die sein Wesen für uns bilden, beziehen sich ausschließlich auf seine Gerechtigkeit und Liebe, in denen er das Vorbild der menschlichen Sittlichkeit sein soll. *Gerechtigkeit* und *Liebe* sind die Aufgaben, die wir als Menschen dem Mitmenschen gegenüber zu erfüllen haben. Die soziale Fürsorge der Thora, dieses Recht, auf das der Arme, der Bedrückte, der Fremde Anspruch hat, nennt schon die hebräische Sprache: Zedaka = Gerechtigkeit. Es ist das eigentümliche Ethos der jüdischen Zedaka, die Wohltätigkeit nicht als freiwillige Gabe anzusehen, sondern als Gerechtigkeit zu empfinden. Die Ordnung in Gottes Welt fordert es, daß der Reiche kein Almosen spende, sondern dem armen Bruder »nur« zu seinem Anteil an den Erdengütern verhelfe, der ihm von Rechts und von Gottes wegen zukommt. Der Vorsteher der Gemeinde hat den Namen: Parness = Ernährer. Armenpflege war wohl seines Amtes wichtigste Aufgabe. In den »Sprüchen der Väter« lautet ein Gedanke: Auf drei Dingen steht die Welt: Auf Lehre, Gottesdienst und Liebeserweisung. Die christliche Fremdenherberge nennt Hieronymus »einen Reis von der Terebinthe Abrahams«. Liebestätigkeit jeder Art ist nach talmudisch-rabbinischem Gesetz auch jedem Nichtjuden gegenüber jüdische Pflicht. Die Armut ist der große soziale Vorwurf gegen die Idee der menschlichen Brüderlichkeit. Alles Wohltun hat aber seinen Wert nur nach dem Maß der Liebe, die sich in ihm offenbart, ist ein Wort jüdischer Weisheit. Wir sollen das Gute um des Guten willen tun und nicht, um Lohn zu empfangen. Gerechtigkeit soll mit der Seele geübt werden. Wir spüren da überall den wunderbaren Spruch des Propheten Micha mit seiner programmatischen Kraft: »Er hat dir gesagt, o Mensch, was gut ist und was der Ewige von dir fordert: nur Recht tun und Liebe üben und demütig wandeln mit deinem Gotte.« Das ist es auch, was die Thora als die *Nächstenliebe* bezeichnet. »Liebe deinen Nächsten wie dich selbst«, dieses Wort aus dem 3. Buche Mose (19,18) ist nach Rabbi Akiba ein Grundprinzip der Thora, das alles in sich faßt. Das innere Wesen der Thora ist in diesem Gebot enthalten. Es dem Judentum streitig machen oder es einengen, heißt dem Evangelium einen Vorwurf machen, in dem dieses Gebot der Nächstenliebe als Lehre des Alten Bundes zitiert wird. Immer wieder erinnert die Thora daran: »Ihr sollt den Fremden lieben. Denn ihr kennt ja das Gemüt des Fremden. Ihr seid ja selbst Fremde in Ägypten gewesen.« Auf alle Menschen bezieht sich diese Pflicht der Nächstenliebe. Ein Bruder wird der Fremde genannt (3. Mose 25,35). Nicht stärker kann der universale Charakter des Judentums zum Ausdruck kommen. Die *brüderliche Gemeinschaft* aller Menschen ist jüdische Sehnsucht für die Zukunft der Welt. Sie ist die beglückende Hoffnung der kommenden Tage.

Von den Zeiten der Propheten an ist die Erwartung des Messias das Lebenselement, das unser Fels war in schaurigen Zeiten, der Stern, der unserem leidgeprüften Volke leuchtete. Kraft dieses Ankers der Hoffnung konnte der Jude sich selbst und seine Religiosität wahren. *Das Reich des Messias* ist das Ideal der Weltgeschichte, der Staatenbund der Menschheit. Die Vorstellung der Propheten vom messianischen Reich hat nichts Transzendentes an sich, es ist eine verklärte irdische Herrschaft um ein über die ganze Menschheit ausgedehntes Friedensreich. Durch die sittliche Tat und Haltung der Menschen wird das Reich Gottes herbeigeführt, aber es ist auch ein Akt der Fügung Gottes. Der Bund zwischen dem Einen Gott und dem Einen Volk wird erweitert zu dem Bunde des Einen Gottes mit der Einen Menschheit. Die Gleichheit aller Menschen findet hier ihre Krönung. Diese Gesinnung wird die Menschen mit neuer Freude erfüllen. Das Leid wird aufhören, Gerechtigkeit wird blühen, und die Frucht der Gerechtigkeit wird Sicherheit und Frieden sein. So verbinden und verbünden sich im Reich des Messias Gerechtigkeit und Freude und Frieden. Sittlichkeit wird Wirklichkeit auf Erden.

Der jüdische Messias ist kein göttliches Wesen, kein Sündenvergeber, kein Mittler. Die Einheit und Einzigkeit Gottes wird durch den jüdischen Messias nicht angetastet. Er ist nur das dienende Gefäß Gottes, der die Erlösung schafft für das jüdische Volk und die Menschheit. Darum beten wir täglich. Wir tun es mit erhöhter Inbrunst an den heiligen ehrfurchtgebietenden Tagen:

»So laß denn kommen, Ewiger, unser Gott, die Ehrfurcht vor Dir über alle Deine Wesen und Bangen vor Dir über alles, was Du geschaffen hast, auf daß Dich fürchten alle Wesen und sich beugen vor Dir alle Geschöpfe, und alle Menschen werden zu einem Bunde, um *Deinen* Willen zu tun mit ganzem Herzen.«

Das jüdische Volk ist der Körper, in dem der Gedanke: Gott, wie die Thora ihn uns offenbart, seine Verwirklichung finden soll. In dieser unlösbaren Einheit ist das Volk die Gemeinschaft, in der die Heiligung des göttlichen Namens sich vollziehen soll. Während aber im Christentum die Glaubensgemeinde eine Kirche, d. h. eine organisierte Gemeinschaft von Menschen aus vielen Völkern geformt hat, besteht im Judentum die Gemeinschaft nur vom jüdischen Volk. Wo immer in der Welt zehn erwachsene jüdische Menschen zusammen sind, dort ist die Gemeinde des Judentums. Das ganze Judentum hat da seine Existenz. Jeder einzelne kann Schöpfer der Gemeinde sein und die Erfüllung der religiösen Gebote anbahnen. Die Freiheit des jüdischen Bewußtseins kennt keine andere Gemeinschaft als die der Gemeinde, deren Rabbiner nur Lehrer und Richter sind, nicht aber Diener einer Kirche als indirekte Stellvertreter Gottes. Die Gemeinde ist die lebendige und einzige Einheit des Judentums in der Diaspora. Mag der souveräne jüdische Staat, den wir nun besitzen, eine neue Einheit darstellen, so hat doch das Wort des Gaon Sadia, des Begründers der jüdischen Philosophie, seine ewige Gültigkeit: »Unser Volk ist nur Volk durch seine Thora.«

Rabbiner Dr. Hermann Schreiber († 1954)

Der Wiederaufbau der Jüdischen Gemeinde zu Berlin

Das Schicksal der Jüdischen Gemeinde zu Berlin während der Zeit des Nationalsozialismus kann aus folgenden Zahlen abgelesen werden: Während im Jahre 1933 etwa 160000 Juden in Berlin lebten, waren 1945 noch ca. 8000 vorhanden. In der dazwischen liegenden Zeit waren 90000 ausgewandert, 45000 in Konzentrationslagern umgebracht und 7000 gestorben, zum größten Teil durch Selbstmord. Die überlebenden 8000 Juden gliederten sich folgendermaßen: 4700 überlebten in sog. Mischehen, 1900 kehrten aus den Konzentrationslagern zurück und 1400 überlebten im Untergrund.
Nach Beendigung des Krieges (8. Mai 1945) beginnt eine neue Ära. Bereits im Sommer 1945 werden in Berlin an fünf verschiedenen Stellen wieder jüdische Gottesdienste abgehalten. Auch das Jüdische Krankenhaus wird trotz Kriegsbeschädigungen sofort wieder in Betrieb genommen, um die aus den Konzentrationslagern mit schweren gesundheitlichen Schäden entkommenen Juden unterzubringen. Die Jüdische Gemeinde, in der ersten Nachkriegszeit als Liquidationsgemeinde betrachtet, sieht ihre Hauptaufgabe zunächst in der Vermitt-

lung von Auswanderungsmöglichkeiten für die in Berlin zurückgebliebenen und die durchziehenden Juden.
Im Februar 1946 wird die Gemeinde wieder als Körperschaft des öffentlichen Rechts anerkannt. Erst allmählich wird sie zu einer neuen »Aufbaugemeinde«. 1948 finden die ersten Wahlen zu einer Repräsentantenversammlung statt. In der Verwaltung der Jüdischen Gemeinde, wird 1953 entsprechend der politischen Entwicklung Berlins die organisatorische Trennung zwischen der West- und der Ostberliner Gemeinde vollzogen. Die im Osten lebenden Mitglieder konstituieren sich im Rahmen des »Verbandes der Jüdischen Gemeinden in der DDR« zur Jüdischen Gemeinde von Groß-Berlin (gegenwärtig ca. 500 Mitglieder). Die Westberliner Gemeinde, die für ihre Mitglieder zwei Rabbiner hat (einen der liberalen und einen der orthodoxen Richtung), macht nach und nach vier Synagogen für den Gottesdienst zugänglich. 1955 eröffnet sie einen neuen Friedhof in der Heerstraße am Scholzplatz; der bisher einzige jüdische Friedhof liegt im Osten (Bezirk Weißensee).
Als das wichtigste Ereignis der Nachkriegszeit kann die Einweihung des Jüdischen Gemeindehauses in Charlottenburg, Fasanenstraße, an der Stelle der früheren Synagoge betrachtet werden. es ist seit 1959 das Zentrum der Westberliner Jüdischen Gemeinde. Auf dem Erziehungs- und Bildungssektor sind die Wiedereinführung des jüdischen Religionsunterrichtes, die 1962 erfolgte Wiederbegründung der Jüdischen Volkshochschule und die 1971 eingeweihte Kindertagesstätte zu nennen. Am 10. Sept. 1971 konnte die Gemeinde ihr 300jähriges Bestehen in festlichem Rahmen feiern.
Erfreulich entwickeln sich die Beziehungen der Gemeinde zu den großen christlichen Kirchen. Dies gute Verhältnis kommt in einer Reihe von ökumenischen Gottesdiensten zum Ausdruck, die bei besonderen Anlässen in der evangelischen Kaiser-Wilhelm-Gedächtniskirche, in der katholischen Kirche »Heilige Familie« und in der Synagoge Pestalozzistraße abgehalten werden. Im Rundfunk kommt die Gemeinde mit Sabbatfeiern, religiösen Ansprachen und Interviews regelmäßig zu Wort.
Gegenwärtig wird die Gemeinde in West-Berlin mit über 5000 Mitgliedern durch ihren Vorsitzenden Heinz Galinski geleitet (seit 1949). Der Berliner Senat ordnet die Rechtsbeziehungen zur Jüdischen Gemeinde durch eine »Vereinbarung zur Vertretung gemeinsamer Interessen« am 8. 1. 1971. In einem Zusatzabkommen vom 16. 10. 1974 garantiert der Senat außerdem die finanzielle Grundlage für die Ent-

wicklung und den Ausbau der jüdischen Gemeindearbeit. Mit diesen Vereinbarungen, zu denen es nirgends in Deutschland eine Parallele gibt, wird die Bedeutung der religiösen , sozialen und kulturellen Tätigkeit der Gemeinde für Berlin ausdrücklich anerkannt.

Ralph Schweiger

Literatur (Auswahl)

Encyclopedia Judaica, hg. von Cecil Roth, 16 Bde., Jerusalem: Keter 1971.

Lexikon des Judentums, hg. von John F. Oppenheimer, 2. Aufl., Gütersloh: Bertelsmann Lexikon-Verlag 1971.

Jüdisches Lexikon, hg. von Herlitz und Kirchner, 5 Bde., Berlin: Jüdischer Verlag 1925.

Tur-Sinai, N. H.: Die Heilige Schrift, dt./heb., 4 Bde., Jerusalem: Jewish Publ. House 1954.

Hertz, Herman: Pentateuch und Haftaroth. dt./heb., 5 Bde., Berlin: Jüdischer Verlag 1937.

Mischnajot, dt./heb., 6 Bde., Basel: Goldschmidt 1968.

Monumenta Talmudica, 5 Bde., Darmstadt: Wiss. Buchgesellschaft 1972.

Bamberger, Selig: Pirke Awoth. dt./heb., hg. von der Schweizerischen Aguda Jugend, 1959.

– Raschis Pentateuchkommentar, Basel: Goldschmidt 1962.

Albeck, Chanoch: Einführung in die Mischna, Berlin: De Gruyter 1971.

Scholem, Gershom: Die Jüdische Mystik (aus d. Amerik.), Zürich: Rhein-Verlag 1957.

– Zur Kabbala u. ihrer Symbolik, Zürich: Rhein-Verlag 1960.

– Ursprünge und Anfänge d. Kabbala, Berlin: De Gruyter 1962.

– Judaica, 3 Bde., Frankfurt/M: Suhrkamp 1963, 1970, 1973.

Baeck, Leo: Wesen des Judentums, Köln: Melzer 1966.

Buber, Martin: Der Jude und sein Judentum, Köln: Melzer 1963.

Cohen, Hermann: Religion der Vernunft, Köln: Melzer 1959.

Elbogen, Ismar: Der jüdische Gottesdienst in seiner geschichtlichen Entwicklung, Hildesheim: Olms 1967.

Friedländer, Michael: Die jüdische Religion, Basel: Goldschmidt 1971.

Grünwald, Hans: Die Lehre Israels, Wien: Olzog 1970.
Hirsch, Leo: Jüdische Glaubenswelt, Gütersloh: Bertelsmann 1962, 1966.
Rosenzweig, Franz: Stern der Erlösung, 3. Aufl., Heidelberg: Lambert Schneider 1954.
Roth, Cecil: Geschichte der Juden, Köln: Kiepenheuer & Witsch 1964.
Thieberger, Friedrich: Jüdisches Fest – Jüdischer Brauch, Berlin: Jüdischer Verlag 1967.

Jürgen Landeck

Die Mazdaznan-Bewegung

Historische Grundlage

Die heute international verbreitete Mazdaznan-Bewegung geht zurück auf die Lehren des Zarathustra (Zoroaster). Er stammt aus dem Iran (Persien) und begründete dort in vorchristlicher Zeit die nach ihm benannte Religion. Sie ist niedergelegt in der Avesta, der heiligen Schrift der Perser, einer der ältesten und wichtigsten Religionsurkunden der Menschheit (deutsche Übersetzung von Prof. Geldner, 3 Bde. 1886–95). Das hieraus entnommene Wort »Mazdaznan« bedeutet soviel wie Meistergedanke. Gemeint ist damit die Lehre, wie der Mensch Meister werden kann über seine Gedanken, ihre Beherrschung und ihren richtigen Einsatz. Gedanken sind Kräfte, die Gutes und Aufbauendes bewirken oder auch Böses und Vernichtendes auslösen können. Sie sind die Ursachen aller Erscheinungen auf der sichtbaren und unsichtbaren Ebene. Deshalb steht dieser »Meistergedanke« über allen Religionen und philosophischen Weisheiten, er ist der Anfang aller Dinge.

In der Avesta wird von einem königlichen Paar berichtet, dem eine Tochter namens Anyahita geschenkt wurde. Sie war tugendhaft, schön und genial, konnte das »offene Buch der Natur« lesen und erhielt göttliche Offenbarungen. Diese bilden den Kern der Avesta-Schriften. Ferner wird darin das Auftreten eines Zarathustra geschildert, d. h. eines obersten Priesters. Er erhielt von Anyahita den Auftrag, den Monotheismus zu verkünden und die Menschen anzuweisen, »die Erde zu bebauen und die Wüsten in ein Paradies zu verwandeln, wo Gott und Mensch Hand in Hand gehen können«. Zarathustra's Religion beruht auf dem Gedanken vom Kampf des sieghaften Guten gegen das nicht-ewige Böse. Dieser Kampf durchzieht in mannigfacher Form die Tier-, Menschen- und Geisterwelt. Schöpfer und Erhalter der Welt ist Ahuramazda (Ormuzd), der weise und heilige Herr. Sein Gegner ist Ahriman, der Herrscher über die Dämonen, das Prinzip des Bösen. Aber der Kampf zwischen dem

Guten und dem Bösen ist nicht von unbegrenzter Dauer. Er verläuft in vier Abschnitten von je 3000 Jahren, an deren Ende das neue, unvergängliche Reich Ahuramazdas stehen wird.

Die heutige Mazdaznan-Bewegung

Die oben geschilderten persischen Lehren sind im vorigen Jahrhundert wieder aufgelebt und der Menschheit in neuer Form dargebracht worden. Der Begründer der heutigen Mazdaznan-Bewegung ist Dr. Otoman Zar-Adush Hanish (1844–1936). In Teheran geboren, wurde er von seinen Eltern in ein Zarathustra-Kloster nach Tibet gebracht, um dort nach den alten Mysterienlehren erzogen und geschult zu werden. Nach 40 Jahren erhielt er den Auftrag, die empfangenen Lehren zum Nutzen der Menschheit zu verbreiten. Er begann darauf eine umfassende Reisetätigkeit, die ihn in zahlreiche Länder führte. In Deutschland fand die Bewegung im Jahre 1907 Eingang und breitete sich von hier in die Schweiz, nach Österreich und Holland aus. Im Jahre 1915 wurde eine internationale Mazdaznan-Schule in Herrliberg bei Zürich eröffnet. Der deutsche Mazdaznan-Bund wurde 1935 wegen seiner pazifistischen Bestrebungen verboten. Dies Verbot blieb in der DDR auch nach 1945 aufrechterhalten. Dagegen wurde die Arbeit in der Bundesrepublik und West-Berlin wieder aufgenommen. Heute bestehen Mazdaznan-Gruppen in etwa 25 Städten der Bundesrepublik Deutschland.

Die wichtigsten Lehren

1. Die Wiedergeburtslehre geht davon aus, daß unser Körper das feinste und großartigste aller Triebwerke ist. Durch richtige Pflege können wir lernen, den Körper vollständig in unsere Gewalt zu bekommen. Damit wird die Grundlage zur Erlangung bewußter Schöpferkraft geschaffen: »mens sana in corpore sano« (gesunder Geist in gesundem Körper). Um dieses Ziel zu erreichen, ist die Wiedergeburtslehre entwickelt worden. Sie beinhaltet die systematische Veredelung der vielseitigen Körperfunktionen. Diese Lehren sind bereits im Zend Avesta enthalten, sie kehren im Neuen Testament wieder, vor allem im Johannesevangelium. Hier sei insbesondere das nächtliche Gespräch des Nikodemus mit Jesus erwähnt, das im 3. Kapitel

berichtet wird. Dort sagt Jesus: »Es sei denn, daß jemand wiedergeboren werde aus Wasser und Geist, sonst kann er nicht in das Reich Gottes kommen.« Nach unserer Lehre ist Wasser ein sinnbildlicher Ausdruck für die Lebenssäfte im menschlichen Körper, die Ströme lebendigen Wassers, die durch unsern Leib fließen. Sie müssen reingehalten, dürfen nicht vergeudet werden. Unter dem Begriff »Geist« verstehen wir das bewußte Atmen (vgl. Atemlehre, Ziff. 2). Das »Eintreten in das Reich Gottes« ist die Wiedergeburt. Sie bedeutet die Wiedererlangung jugendlicher Schöpferkraft. So wie die Natur nicht alt wird und Gott ewig jung bleibt, kann auch der Mensch, die Krone der Schöpfung, das gleiche Ziel erreichen, wenn er sich den Gesetzen der Natur unterordnet. Dazu gehört u. a. die genaue Kenntnis des Körpers und seiner Funktionen, insbesondere die Ernährungs- und Geschlechtswissenschaft (Näheres vgl. Ziff. 3).

2. Die Atemlehre ist bis ins kleinste ausgearbeitet. Sie macht uns die verschütteten Geheimnisse der Atmung wieder zugänglich und lehrt in Übungskursen, wie der Mensch den ererbten, zu kurzen Naturatem zum individuellen Tiefatem entwickeln kann. Dadurch werden Krankheiten und Giftstoffe aller Art aus dem Körper ausgeschieden und Edelelemente zu unserer Höherentwicklung dem Blute vermittelt. Alle Gebete und geistlichen Gesänge sind nach unserer Lehre Atem- und Konzentrationsübungen, die diesem hohen Ziel dienen.

3. Die Drüsen- und Ernährungslehre. Sie war schon vor tausenden von Jahren erforscht und wird uns wieder in ihrer wahren Bedeutung nahegebracht. Nach diesen Auslegungen haben insbesondere die innersekretorischen Drüsen eine weit wichtigere Aufgabe, als dies im allgemeinen bekannt ist. In den alten Lehren werden sie als »Feuerherde« bezeichnet, in denen die feinen magnetischen und elektrischen Strahlkräfte erzeugt werden. Sie erhalten das Leben und erneuern es. Aus diesem Grunde ist eine genaue Kenntnis der Zeugungsvorgänge sowie die Hygiene der Geschlechtsorgane für Männer und Frauen erforderlich. Außerdem ist eine besondere Lebensweise anzustreben. Der Mensch muß die Schwingungen seines Körpers durch reine, lebendige und unblutige Nahrung verfeinern und veredeln. Nur so kann das göttliche ICH oder der Geist Gottes in uns sein Werk tun. Die Natur gibt uns reichlich feine und frische Nahrung, wir sind nicht gezwungen, unsere Mitgeschöpfe zu töten und uns von ihrem Fleisch und Blut zu ernähren. Die von der Mazdaznan-Bewegung gelehrte Ernährungsweise ist individuell, den Jahreszeiten, dem Lebensalter sowie der jeweiligen Tätigkeit angepaßt.

4. Die Harmonie- und Tonlehre. Sie dient dazu, die vielfältigen Schwingungen, die durch die Vokale und ihre mannigfachen Verbindungen erzeugt werden, in harmonischen Einklang mit den Geistes- und Seelenkräften zu bringen. Zu diesem Zweck werden bestimmte Sprüche oder Formeln verwendet, die häufig wiederholt werden müssen (entsprechend den indischen mantras). Wir können unseren Körper mit einem Musikinstrument vergleichen, das wir wie ein Künstler täglich neu zu stimmen haben. Diese Harmonieübungen durchdringen gleichermaßen Körper, Seele und Geist. Sie beeinflussen die Stimmung des Menschen und wirken harmonisierend auf das Gemüt.
5. Die Selbstdiagnostik. Durch sie kann der Mensch Zweck und Ziel seines Erdendaseins erforschen, seine eigenen Schwächen und Mängel erkennen und sie überwinden lernen. Er wird dadurch befähigt, seine Talente zu seinem eigenen Nutzen und zu dem der ganzen Menschheit zu entwickeln (»Erkenne Dich selbst, und Du schaust Gott«).
6. Die Stellung der Frau. Eine besondere Bedeutung wird der Frau zuerkannt, um sie wieder an den Platz zu stellen, der ihr von Natur aus zukommt. Sie ist der höchste Ausdruck der Natur, das gebärende Prinzip. Deshalb muß sie wieder mit den Menschwerdungsgesetzen bekanntgemacht werden. Die wichtigste Erziehung des Kindes findet in den neun Monaten vor der Geburt statt, ja sie beginnt sogar schon vor der Empfängnis. Die Gedanken der Mutter während der Schwangerschaft sind für ihr Kind von größter Bedeutung. Viele Mütter werden intuitiv so geleitet, daß sie dem werdenden Kinde eine gute geistige und körperliche Förderung angedeihen lassen. Im allgemeinen aber kommen die Kinder nicht unter den Umständen und Bedingungen zur Welt, wie sie sein müßten. Deshalb hat Mazdaznan Grundsätze für die »vorgeburtliche Erziehung« entwickelt. Ihre Anwendung führt dazu, Kindern das Leben zu schenken, die in der Lage sind, hohe Aufgaben im Dienste der Menschheit zu erfüllen. Dessen sollte sich die Jugend bewußt werden und nicht ihre Kräfte in sinnloser Leidenschaft vergeuden.
7. Die Eugenik. Die Mazdaznan-Rassenlehre basiert auf pazifistischen Gedanken. Aufgabe der Eugenik soll es sein, den Weg zu zeigen, auf dem die weiße Rasse aus den gegenwärtigen unnatürlichen Verhältnissen herauskommen kann. Der weiße Mensch soll sich seiner Stellung stärker bewußt werden und die Verantwortung erkennen, die für die Weiterentwicklung der Menschheit auf ihm ruht. Nach unserer Lehre ist die weiße Rasse dazu ausersehen, der Menschheit das große Friedensreich zu bringen. Die Weltführung der weißen Rasse soll

durch ihre geistigkulturelle Leistung, nicht aber durch Gewalt (Krieg) erreicht werden.

Rechtsform, Organisation, Gemeindearbeit

Die Mazdaznan-Bewegung beruht nicht auf einer Rechtsgrundlage, vielmehr sind die Gruppen in den einzelnen Städten lose Zusammenschlüsse von Gleichgesinnten. Wenn sich eine Gruppe in der Rechtsform eines Eingetragenen Vereins betätigen will, so steht ihr das frei; aber dies sind Ausnahmen. Es gibt keine »Mitgliedschaft«, auch wird kein Kirchenaustritt verlangt, wenn sich jemand der Mazdaznan-Bewegung anschließen will. Wir haben auch keine hauptamtlichen Geistlichen, vielmehr werden die Gottesdienste (Weihestunden) von den Mitgliedern selbst gestaltet. In der Regel treten begabte Persönlichkeiten als Redner hervor und gestalten die Andachten in freier Form. Eine Liturgie ist nicht vorhanden. Lesungen wechseln mit Gesängen ab, wobei auf eine künstlerische Ausgestaltung Wert gelegt wird. Im Mittelpunkt steht eine Ansprache des Leiters. Besondere Feiertage gibt es nicht, jedoch findet zur Osterzeit ein Bundesmahl in den Gemeinden statt (entsprechend dem Abendmahl), und im November ein Erntedankfest, bei dem auch der Ahnenreihe gedacht wird. Einmal im Jahr treffen sich die Gruppen, die miteinander in Verbindung stehen, zu einer »Gahanbar«. Es handelt sich hier um mehrtätige Konferenzen mit Vorträgen, künstlerischen Darbietungen und Übungsstunden, die vor allem der Atemschulung dienen. Bei diesen Versammlungen an denen auch Gäste teilnehmen können, werden nur vegetarische Speisen angeboten. Die Kosten für diese Veranstaltungen bringen die Teilnehmer selbst auf. Über Vermögenswerte verfügt die Mazdaznan-Bewegung nicht.

Literatur

Die maßgebenden Bücher über die Mazdaznan-Lehre stammen von Dr. *Hanish*, sind aber meist vergriffen. Nachstehend sind nur Werke von ihm aufgeführt, die in letzter Zeit neu aufgelegt wurden. Hieran sind drei Verlage beteiligt, die wie folgt abgekürzt sind:

B = Arthur Buschmann, Feigentalweg 18, 7770 Überlingen;
E = Robert Ehlers, Kiebitzheim 25, 3000 Hannover;
W = Wilm Windrath, Niederrheinstr. 1 a, 4000 Düsseldorf 30.

1. Werke von Dr. O. Z. Hanish

Wiedergeburtslehre, Verlag B.

Atmungs- und Heilkunde, Verlag W.

Drüsenlehre, Verlag E.

Anyahita; die köstliche Perle von Tibet, Verlag E, enthält inspirierte Gespräche mit Gott Mazda.

Panopraktik (Chiropraktik), enthält Yogaübungen zur Erlangung vollkommener Gesundheit und Bewahrung vor Alterserscheinungen, Verlag W.

Avesta im Gesang, Verlag B.

Manthra, enthält Lieder, Harmonielehre, Anrufungen und Gebete mit Erläuterungen, Verlag W.

2. Andere Autoren

Winke zur Gesundheitspflege nach Mazdaznan, von Dr. med. Werner Ludwig, 7241 Mühringen.

Kleines Atembuch mit Abbildungen, hg. von Gertrud Koch, Levetzowstr. 19, 1000 Berlin 21.

3. Monatszeitschriften

Mazdaznan-Nachrichten, Verlag W.

Der Ruf an die Welt, Verlag E.

Der Lichtweg, hg. von G. Schröder, 3423 Bad Sachsa, Gesundungshaus.

Gertrud Koch

Partnerschaft und Gleichberechtigung von Kirchen und Religionsgesellschaften

Das Beispiel der Berliner Arbeitsgemeinschaft

Vorbemerkung. Dieser Aufsatz des verstorbenen Berliner Sozialpfarrers Dr. Harald Poelchau ist entnommen dem Buch »Aktiver Friede«, einer Gedenkschrift für Prof. D. Dr. Friedrich Siegmund-Schultze, herausgegeben von Dr. Hermann Delfs im Verlag Mocker & Jahn, Soest 1972. Einige Stellen des Originals mußten gekürzt werden, um den Aufsatz auf den neuesten Stand zu bringen; die vom Herausgeber gemachten Zusätze sind kursiv gedruckt.

Im Jahre 1945 hatte die Sowjetische Militäradministration allein die Verantwortung für das schwergeprüfte Berlin übernommen, bevor die Stadt entsprechend dem Viermächtestatut in vier Sektoren eingeteilt wurde. Im Rahmen des von ihr gebildeten Magistrats von Groß-berlin schuf sie in Anlehnung an die Verhältnisse in der Sowjetunion einen »Beirat für kirchliche Angelegenheiten«. Dieser hatte die Aufgabe, Mittler zu sein zwischen Magistrat, Besatzungsmacht und den Religionsgemeinschaften; auch hatte er die wirtschaftlichen Interessen aller religiösen Gruppen innerhalb der Stadtverwaltung zu vertreten.

Dem Beirat gehörten drei Vertreter der großen Konfessionen an: der Evangelischen und der Katholischen Kirche sowie der Jüdischen Gemeinde. Ihre Zusammenarbeit war sehr harmonisch; sie suchten ihren neuen Aufgaben nach besten Kräften gerecht zu werden. Bald mußten sie jedoch erkennen, daß ihnen Grenzen gesetzt waren; insbesondere sahen sie sich nicht in der Lage, die Interessen der zahlreichen kleinen Glaubensgemeinschaften genügend wahrzunehmen. Da keine Möglichkeit bestand, den Kirchlichen Beirat zu erweitern, schien ihnen eine Gesamtvertretung aller Kirchen und Religionsgemeinschaften gegenüber Staat und Öffentlichkeit notwendig zu sein.

Der Gedanke einer solchen selbständigen Organisation erwuchs aus gemeinsamen Arbeitskonferenzen. Unter der Leitung von Heinrich Grüber versammelten sich neben den dafür ernannten Bezirks-Beauftragten der Evangelischen Kirche die Vertreter der Evangeli-

schen Freikirchen und der übrigen christlichen Gemeinschaften regelmäßig im Stadthaus in der Klosterstraße. Diese Begegnungen waren etwas erstmaliges; dank der Persönlichkeit Grübers hatten sie von vornherein einen freimütigen und vertrauensvollen Charakter. So kam es schon sehr bald zu einem Ergebnis, das allgemein als befriedigend betrachtet wurde: Die Annahme einer Satzung im April 1947, die heute noch die Basis der Zusammenarbeit bildet.[42] Das Wichtigste dabei ist die geistige Grundlage, die in ihrer Präambel verankert ist. Sie hat folgenden Wortlaut:

»Die unterzeichneten Kirchen und Religionsgesellschaften, getragen von dem Willen, in gegenseitiger Achtung ihrer Eigenständigkeit für die Werte und die Freiheit religiösen Wirkens gemeinsam einzutreten, schließen sich nach Maßgabe dieser Satzung zu einer Arbeitsgemeinschaft der Kirchen und Religionsgesellschaften in Großberlin zusammen.«

Demnach ist das Hauptziel der Arbeitsgemeinschaft (AKR) das gemeinsame Eintreten für die Werte und die Freiheit des religiösen Wirkens, wobei vorausgesetzt wird, daß die Mitglieder, d. h. die angeschlossenen Kirchen und Religionsgemeinschaften, sich gegenseitig achten.
Bei dem Aufbau der Organisation galt es, der Gefahr zu begegnen, die durch die große Verschiedenheit der Kirchen und Religionsgemeinschaften gegeben war. Wie leicht konnte die AKR als »Überkirche«, d. h. als Mammutorganisation mißverstanden werden, die kleine Gemeinschaften überstimmt oder nicht zur Geltung kommen läßt! Die Satzung hat dagegen hinreichende Sicherungen eingebaut. Nach § 3 sind als Organe der AKR vorgesehen der Rat (Vorstand) und die Delegiertenversammlung. Der Rat hat alle der AKR obliegenden Aufgaben zu erfüllen und die AKR zu vertreten. Er besteht aus sieben Mitgliedern. Je ein Mitglied wird von folgenden Gruppen bestellt: 1. von der Evangelischen Kirche, 2. von der Römisch-Katholischen Kirche (Bistum Berlin), 3. von der Jüdischen Gemeinde und sonstigen nichtchristlichen monotheistischen Religionsgemeinschaften, 4. von der Evangelisch-freikirchlichen Gruppe, 5. von den Lutherischen Freikirchen, 6. von den romfreien katholischen Kirchen und 7. von der Gruppe der übrigen Religionsgesellschaften und religiösen Organisationen.

42. Diese kursiv gedruckten Sätze sind der Festschrift entnommen, die die AKR anläßlich ihres 20jährigen Bestehens 1967 veröffentlicht hat.

Der Rat der AKR ist so zusammengesetzt, daß auch die Evangelische Kirche (d. h. 72 % der Bevölkerung) und die Katholische Kirche (11 %) als die größten nur durch je einen Delegierten ihrer Kirchenleitungen vertreten sind. Den Delegierten der beiden großen Kirchen, die demnach 83 % der Berliner Bevölkerung repräsentieren, stehen fünf Delegierte von Freikirchen und kleinen Gemeinschaften gegenüber, zu denen insgesamt nur 3 % der Bevölkerung gehören. (Die restlichen 14 % haben keine kirchlichen Bindungen.) Dennoch sind alle sieben Ratsmitglieder gleichberechtigt. Dies kommt in § 5 der Satzung zum Ausdruck, wo es heißt: »Beschlüsse des Rates sind zustande gekommen, wenn kein Mitglied widerspricht.« Es gibt also ein Vetorecht für jedes Ratsmitglied. Durch Anerkennung dieser Regelung haben die beiden großen Kirchen zwar eine Selbstbeschränkung auf sich genommen, soweit es sich um die gemeinsamen Interessen der AKR handelt; dafür konnten sie aber eine echte Partnerschaft und ein gutes Einvernehmen mit den kleinen Gruppen finden, das der Zusammenarbeit je länger je mehr zugute kommt.
Neben dem Rat bestehen die Mitgliederversammlungen, sie finden zweimal im Jahr statt. In ihnen treten die Vielseitigkeit der AKR und ihr weites Spannungsfeld in Erscheinung. Zu diesen Versammlungen werden die Delegierten der angeschlossenen dreißig Kirchen und Religionsgemeinschaften eingeladen, auch ihre Mitarbeiter nehmen daran teil, so daß im Durchschnitt etwa 50 Gäste anwesend sind. Das regelmäßige Programm dieser Versammlungen enthält die Entgegennahme eines Tätigkeitsberichtes, den der Geschäftsführer zu geben hat, und eine Aussprache darüber, ferner können die Delegierten Anregungen oder Kritik zur Sprache bringen. Außerdem wird ein allgemein interessierender Vortrag gehalten. Dabei kommt jedesmal eine andere Gruppe zu Wort. Für diese Vorträge werden vom Rat der AKR Referenten ausgewählt, die aus eigener Anschauung und Erfahrung über die jeweiligen Themen berichten können. Damit tragen die Veranstaltungen zur Objektivierung der Beziehungen der Religionsgemeinschaften untereinander bei und schaffen ein gegenseitiges Vertrauensverhältnis. Eine wichtige Hilfe dabei war und ist die freundliche Atmosphäre im Nachbarschaftsheim »Mittelhof«, einer Quäkergründung, wo die Delegiertenversammlungen regelmäßig stattfinden; die Zusammenkünfte werden stets mit einer gemeinsamen Kaffeetafel eingeleitet.
Seit 1973 werden die Mitgliederversammlungen in Gemeindesälen abgehalten, die von einem der Mitglieder zur Verfügung gestellt

werden. Mit der Wahl der Versammlungsorte wird abgewechselt, so daß sich die AKR-Mitglieder an ihren zentralen Wirkungsstätten begegnen.

Die AKR hat eine permanent arbeitende Geschäftsstelle. Von ihr geht nicht nur bürokratische Ordnung aus, sondern Geist und Leben. Es ist im wesentlichen das Verdienst des Geschäftsführers Kurt Eberhardt und seiner inneren Beteiligung, daß es nicht bei der gegenseitigen Kenntnisnahme und einer gewissen Achtung untereinander geblieben ist, sondern daß Aufgaben gefunden und in Angriff genommen wurden, die allen gemeinsam sind. Was hält so divergierende und so besonders empfindliche Gebilde wie religiöse Gemeinschaften zusammen? Was bringt sie davon ab, sich mit religiöser Leidenschaft anzugreifen und statt dessen zusammen zu arbeiten? Eine ausgleichende Persönlichkeit und gemeinsame Aufgaben. Im folgenden wird über die gemeinsamen Aktivitäten berichtet, die dem unermüdlichen Nachdenken und der einfallsreichen Arbeit des Geschäftsführers zu danken sind.

a) Im öffentlichen Leben Berlins ist die AKR durch ihre Mitwirkung im Rundfunk hervorgetreten. Seit dem 1. Januar 1952 können sich auch die kleineren Glaubensgemeinschaften an einer interkonfessionellen Sendereihe von Morgenandachten beteiligen. Dies stellt eine Besonderheit des Berliner Rundfunkwesens dar. Bei diesen Sendungen kommen abwechselnd 16 Gruppen zu Wort.

b) Die Mitarbeit von Persönlichkeiten aus Kirchen und Religionsgemeinschaften an den Volkshochschulen verschiedener Bezirke Berlins wurde im jahre 1953 begonnen. Dadurch ist die AKR als Trägerin von Vortragsreihen mit religiösen Themen bekanntgeworden, die einen starken Zuspruch finden. Einige Themen lauteten: »Die Konfessionen haben das Wort« und »Was glauben die andern?«. Sie wurden als Zwiegespräche des Geschäftsführers mit Repräsentanten aus zwanzig Kirchen und Gemeinschaften durchgeführt. Diese Form der Selbstdarstellung entspricht dem von der AKR vertretenen Prinzip, die religiösen Anschauungen jeder einzelnen Gruppe gelten zu lassen. Die Vorträge haben also informatorischen Charakter. Ihr Sinn liegt nicht darin, die verschiedenen Lehren zu kritisieren, sondern sie ernstzunehmen und auf Fragen aus dem Hörerkreis in allgemein verständlicher Form zu antworten. Es bleibt dann dem einzelnen Hörer überlassen, sich selbst ein Urteil zu bilden.

Seit 1972 hat sich die Vortragstätigkeit der AKR auf sechs Volkshochschulen ausgeweitet: Charlottenburg, Spandau, Reinickendorf, Tier-

garten, Neukölln und Steglitz. Hier werden interkonfessionelle Kurse mit immer neuen Themen angeboten, z. B. wurden vor und nach der Weltkirchenkonferenz in Nairobi (1975) Ökumenische Seminare in Spandau und Steglitz durchgeführt. Ein Programm besonderer Art stellt die Besichtigung verschiedenster Kirchen dar. Bei diesen Besuchen werden Informationsblätter verteilt, die von den amtierenden Geistlichen ausgearbeitet wurden.

Unabhängig von den Volkshochschulen sind Theologische Seminare von der AKR eingerichtet worden, für die namhafte Dozenten der Kirchlichen Hochschule Berlin gewonnen werden konnten. An diesen Seminaren nehmen Mitarbeiter und Jugendleiter als Delegierte ihrer Kirchen teil. Sie nutzen diese Gelegenheit zu Information, Erweiterung ihres Wissens, Gedankenaustausch und gemeinsamer Besinnung.

c) Auf Anregung einiger Mitglieder hat es die AKR schon seit vielen Jahren übernommen, die konfessionskundliche Literatur zu überprüfen und gewissermaßen als neutraler Beobachter die Verleger von Büchern und Zeitschriften auf Irrtümer und schiefe Darstellungen aufmerksam zu machen. Dies geschieht sowohl im Interesse der betroffenen Religionsgemeinschaften wie auch der Öffentlichkeit, die einen Anspruch auf sachgemäße Informationen hat. Die meisten von der AKR angesprochenen Verlage und Autoren haben auf diese Hinweise und Berichtigungswünsche positiv reagiert, d. h. sie in späteren Auflagen berücksichtigt. Dies trifft besonders auf Sammelwerke zu (Handwörterbücher, Lexika), die Abhandlungen über die verschiedensten Kirchen und Religionsgemeinschaften bringen. Dies von der AKR ausgeübte »Wächteramt« kommt besonders den kleinen Gemeinschaften zugute, die sich oft nicht richtig verstanden oder unsachgemäß interpretiert sehen.

d) Aus der AKR sind zwei rechtsfähige Vereine hervorgegangen. Die »Arbeitsgemeinschaft der religiösen Jugend in Berlin e. V.« entstand 1953. In diesem Verband wird die Jugendarbeit von elf kleineren Kirchen und Religionsgemeinschaften mit insgesamt etwa 2000 Jugendlichen auf verschiedenen Gebieten koordiniert. Den Mitgliedern werden durch ihre Dachorganisation mancherlei praktische Vorteile geboten. Bei gemeinsamen Veranstaltungen haben die Jugendlichen aus den verschiedenen Kreisen Gelegenheit, sich gegenseitig kennenzulernen. – Das 1976 ins Leben gerufene »Bildungswerk der Arbeitsgemeinschaft der Kirchen und Religionsgesellschaften e. V.« gibt der AKR eine festere Rechtsgrundlage.

Zusammenfassend ist über die Gesamtarbeit dieser interkonfessionellen Arbeitsgemeinschaft der Kirchen und Religionsgesellschaften zu berichten: In der AKR wurde eine Form entwickelt, die in kleinen Schritten Partnerschaft und Gleichberechtigung aller Kirchen und Glaubensgemeinschaften erstrebt.

Pfarrer Dr. Harald Poelchau († 1972)

Namen- und Sachregister

Begriffe, die den Anmerkungen oder den Literaturangaben entnommen wurden, sind durch * gekennzeichnet.